매일 하나씩 꺼내 쓰는 신체 놀이 아이디어

쏭쌤의 매일매일
교실 놀이 190

매일 하나씩 꺼내 쓰는 신체 놀이 아이디어
쏭쌤의 매일매일 교실놀이 190

초판 1쇄 인쇄 2025년 11월 21일
초판 1쇄 발행 2025년 11월 28일

지은이 송성근 박경재   그린이 김서리
펴낸이 김현준   편 집 류석균   디자인 전영진
펴낸곳 소금나무
주소 (07314) 서울시 영등포구 신길로 214, B 101-1호 ㈜시간팩토리
전화 02-720-9696   팩스 070-7756-2000
메일 sogeumnamu@naver.com
출판등록 제2025-000036호(2025.03.11.)

ISBN 979-11-989090-8-4 00370

이 책의 저작권은 지은이에게 있으며, 무단 전재와 복제를 금합니다.
잘못된 책은 구입하신 곳에서 교환해 드립니다. 책값은 뒤표지에 있습니다.

소금나무는 ㈜시간팩토리의 출판 브랜드입니다.

글 송성근 박경재
그림 김서리

매일 하나씩 꺼내 쓰는 신체 놀이 아이디어

쏭쌤의 매일매일 교실 놀이 190

소금나무

들어가는 글

아이들의 눈으로 본 교실, 가고 싶은 학급을 위하여

"아이들이 학교에 가고 싶은 이유는 뭘까요?" 교사를 대상으로 하는 연수에서 제가 가장 먼저 던지는 질문입니다. 학교는 단순한 의무의 공간일까요? 아니면 설렘과 기대를 안고 오는 곳일까요?

돌아보면 우리 역시 학창 시절 체육 시간과 쉬는 시간을 기다리며 "오늘은 또 뭐하고 놀까?" 기대하곤 했습니다. 결국 아이들이 학교에 오고 싶은 가장 큰 이유는 친구들과 함께 웃고 뛰며 어울릴 수 있는 순간이었습니다.

그래서 저는 교실을 억지로 오는 공간이 아니라 스스로 오고 싶은 공간으로 만들고자 했습니다. 그 출발점은 '아이들의 눈으로 교실을 바라보는 것'이었습니다. 아이들은 놀이 속에서 서로 가까워지고, 선생님과의 추억을 쌓으며, 교실을 기대되는 공간으로 느낍니다. "우리 반은 재밌어요. 다른 반 친구들이 부러워해요."라는 아이들의 말은 그 무엇보다 큰 보람이었습니다.

가끔의 특별함이 교실을 빛나게 한다

학교는 매일 같은 일상으로 지루해질 수 있습니다. 그러나 교사가 준비한 작은 특별함은 그 일상 속에서 반짝이는 기대와 설렘을 만들어 줍니다.

하지만 교사라면 누구나 한 번쯤 이런 부담을 느낍니다. "아이들과 놀아주고 싶긴 한데, 특별한 활동을 준비해야 한다는 압박감 때문에 실제로 시도하기 어려워요."

그러나 특별함은 반드시 큰 행사이어야 할 필요가 없습니다. 오히려 항상 반복되는 루틴 속의 작은 활동이 아이들에게는 더 큰 힘을 발휘할 때가 많습니다.

아침마다 하는 인사, 줄서기 시간의 짧은 구호, 수업 전 가벼운 몸풀기, 손뼉치기 같은 간단한 활동도 아이들에게는 '오늘 우리 반에서 즐거운 일이 시작된다'라는 신호가 됩니다. 여기에 간단한 용품을 활용한 짧은 신체 놀이까지 더해진다면 교실은 자연스럽게 활력을 되찾습니다.

특별함은 반드시 거창할 필요가 없습니다. 작은 일상의 변주가 곧 아이들에게는 학교를 기다리게 하는 특별한 순간이 됩니다.

무엇보다 중요한 것은 아이들이 "우리 반은 언제나 즐거운 일이 있어."라고 스스로 느끼는 경험을 쌓아 가는 것입니다.

<놀이 수업의 세 가지 원칙>

❶ 놀이의 목적은 승, 패가 아니라 모두의 즐거움에 있다는 것을 아이들에게 명확히 인식시켜 준다.
❷ 놀이에 임하는 올바른 태도와 마음가짐을 수업 전, 중, 후에 반복적으로 지도한다.
❸ 교사도 함께 즐거울 수 있는 놀이 수업을 진행한다.

놀이 수업이 특별한 이유

놀이 수업은 단순히 재미만을 위한 것이 아닙니다. 배려와 협동 그리고 규칙 준수를 배우는 교육의 장이자 교실 문화를 만들어 가는 중요한 과정이며, 동시에 가장 높은 난이도의 수업이기도 합니다.

긴장이 풀리면서 감정이 드러나고, 안전사고 위험도 커지며, 승부욕으로 갈등이 생기기 쉽습니다. 그래서 저는 놀이 수업에서 세 가지 원칙을 지켜왔습니다.

이 과정을 거칠 때 놀이 수업은 단순한 활동을 넘어 아이들이 서로를 이해하고 존중하며 함께 성장하는 배움의 시간이 됩니다.

놀이와 사회정서학습

놀이 수업은 곧 사회정서학습(SEL: Social Emotional Learning)의 장이 됩니다.

* 놀이 속에서 아이들은 자기인식을 배우고 자신의 감정을 깨닫습니다.
* 규칙을 지키고 승부욕을 다스리며 자기관리를 훈련합니다.
* 친구의 감정을 헤아리며 사회적 인식을 키웁니다.
* 협동하고 갈등을 조정하며 관계 기술을 익힙니다.
* 문제 상황에서 함께 해결책을 찾으며 책임 있는 의사결정을 경험합니다.

즉 교실 놀이 한 장면 속에는 아이들이 정서 조절과 관계 형성 그리고 공동체 의식을 기르는 모든 과정이 담겨 있습니다. 교사는 놀이를 통해 웃음을 이끌어낼 뿐 아니라 미래 사회를 살아갈 핵심 역량을 키워 주는 것입니다.

지속 가능한 놀이 시간을 위해서

놀이 중간에 문제가 발생했을 때 교사가 가장 경계해야 할 것은 감정적으로 대응하는 것입니다. 순간의 화와 실망을 드러내기보다는 차분히 모두를 자리에 앉힌 뒤 아이들에게 되묻습니다.
"왜 선생님이 활동을 멈췄을까요?"
"그렇다면 이런 문제가 다시 생긴다면 어떻게 해야 할까요?"

아이들의 대답에 맞추어 재발 방지책을 함께 세우고, 약속한 기준을 실제 상황 속에 적용합니다. "경고 두 번이면 3분간 놀이에서 제외합니다."와 같은 구체적이고 합의된 제재는 반드시 행동으로 이어져야 합니다. 그래야 아이들은 교사가 말뿐인 사람이 아니라 말과 행동이 일치하는 지도자임을 신뢰하게 됩니다. 동시에 '어떻게 행동해야 안전하게 모두가 즐겁게 놀 수 있는지'를 스스로 깨닫게 됩니다.

놀이가 끝난 후에는 반드시 이렇게 마무리합니다.
"이긴 팀을 축하합니다. 하지만 진짜 우승자는 안전하고 즐겁게 즐긴 친구입니다."

    이 짧은 멘트들은 놀이가 단순한 활동을 넘어 생활지도와 인성 교육의 장이 되도록 만들어 줍니다.

**용품 사용 최소화, 책상 이동 불필요,
탈락 없는 참여, 신체 능력 무관**

이 책은 지난 9년간 유튜브 채널을 통해 소개해 온 수많은 교실 놀이 중 교실 현실에 꼭 맞는 놀이만 선별해 담았습니다.

    총 190개의 놀이가 수록되어 있으며, 아침 맞이 놀이, 1~2분 간단 놀이, 틈새 놀이부터 40분 수업까지 교실 상황에 맞게 활용할 수 있습니다. 각 활동은 활동 전 준비 - 활동 방법 - 활동 TIP(원활한 놀이 적용을 위한 안전 사항, 규칙 변형, 놀이 적용 팁)과 활동 영상으로 정리되어 있어 처음 보는 놀이도 바로 실행할 수 있습니다.

이 책은 단순한 놀이집이 아닙니다. 인사, 예절, 집중, 협동, 학습 효과까지 담은 교육적 놀이집이자 아이들이 "오늘도 학교 가고 싶다!"라는 마음을 품게 만드는 교사의 실천 도구 상자입니다.

    유튜브 누적 조회수 5천만 회가 증명한 쏭쌤표 교실 놀이. 이제는 한 권의 책으로 언제 어디서든 펼쳐볼 수 있습니다.

    이 책이 선생님들의 교실을 조금 더 따뜻하게, 아이들에게는 조금 더 기대되는 공간으로 바꾸는 데 도움이 되기를 바랍니다.

쏭쌤. 송성근

목차

PART 01
시작 놀이

인사 놀이
- 001 가위바위보 인성 인사 놀이 — 014
- 002 하교 인사 놀이 — 016
- 003 한 줄 기차 줄 서기 놀이 — 018
- 004 손에 손잡고 하교 인사 놀이 — 020
- 005 의미 & 재미있는 인사 놀이 3종 — 022

준비 놀이
- 006 책상을 활용한 스트레칭 — 024
- 007 책상과 의자를 활용한 스트레칭 — 026
- 008 서서 하는 전신 스트레칭 — 028
- 009 상·하체 합체 놀이 — 030
- 010 팔벌려 가위바위보 놀이 ① — 032
- 011 팔벌려 가위바위보 놀이 ② — 034
- 012 팔벌려 가위바위보 놀이 ③ — 036
- 013 관절 풀기 가위바위보 놀이 — 038
- 014 손이 발이 되어 놀이 — 040
- 015 짝과 함께 준비 운동 놀이 — 042
- 016 다리 찢기 놀이 3종 — 044

PART 02
몸풀기 놀이

가위바위보 놀이
- 017 레벨 업! 놀이 — 048
- 018 왕과 신하 놀이 — 050
- 019 가위바위보 왕을 이겨라! 놀이 — 052
- 020 친구와 함께 만세 놀이 — 054
- 021 친구 사랑 빼빼로 손뼉치기 놀이 — 056
- 022 돌고 돌아 가위바위보 놀이 — 058
- 023 색연필 가위바위보 놀이 — 060
- 024 가위바위보 유연성 놀이 — 062
- 025 다리 찢어 의자 뺏기 놀이 2종 — 064
- 026 2인 가위바위보 놀이 — 066
- 027 3인 가위바위보 놀이 — 068
- 028 4인 다리 찢기 가위바위보 놀이 — 070
- 029 다리 찢기 가위바위보 놀이 — 072

맨손 놀이 I
- 030 숨은 교실 찾기 놀이 — 074
- 031 종이 따라 놀이 — 076
- 032 앞뒤오왼 놀이 — 078
- 033 우르르 쾅! 놀이 — 080
- 034 교실 대문 놀이 — 082
- 035 손잡고 돌고 돌아 놀이 — 084
- 036 한 줄 묵찌빠 놀이 — 086
- 037 아~ 어~ 놀이 — 088

맨손 놀이 II
- 038 대장 찾기 놀이 — 090
- 039 팀 경쟁 눈치 놀이 — 092
- 040 협동 눈치 게임 — 094
- 041 가위바위보 씨름 놀이 5종 — 096
- 042 3 대 1 꼬리잡기 놀이 — 098
- 043 인간숫자 폭탄 놀이 — 100
- 044 인간숫자 맞히기 릴레이 놀이 — 102
- 045 인간숫자 데려오기 놀이 — 104

원형 의자 놀이
- 046 원형 자리 바꾸기 놀이 — 106
- 047 강강술래 놀이 3종 — 108
- 048 손에 손잡고 놀이 — 110

| 049 | 유령 열차 자리 앉기 놀이 | 112 |

PART 03
관계 및 학습 놀이

선생님의 이벤트
050	어린이날 선생님과 팔씨름 놀이	116
051	어린이날 보물찾기 놀이	118
052	선생님이 술래를 하면?	120
053	마니또 놀이	122
054	그림책 읽어 주는 선생님	124
055	하루 종일 놀아요!	126

집중 놀이
056	집중 & 발표 놀이	128
057	말로 하는 집중 놀이	130
058	가라사대 놀이	132
059	단어 뜀뛰기 놀이	134
060	구구단 교과서 펴기 놀이	136
061	숨은 글자 찾기 놀이	138
062	뒤죽박죽 미션 챌린지	140

친교 놀이
063	밸런스 야구 놀이	142
064	레벨 업! 밸런스 놀이	144
065	친구 이름 빙고 놀이	146
066	이름으로 단어 만들기 놀이	148

학습 놀이
067	열려라! 사물함 놀이	150
068	보물찾기 학습 놀이	152
069	가위바위보 학습 놀이	154
070	찢기 점수 빙고 놀이	156

071	여름 방학 개학 초성 퀴즈	158
072	여름 방학 진진가 빙고 놀이	160
073	누워서 그림 그리기 놀이	162

PART 04
움직임 놀이

술래잡기 I
074	짝꿍 술래잡기	166
075	이면지 & 팀조끼 술래잡기	168
076	물티슈 청소 술래잡기	170
077	실내화 술래잡기	172
078	자리 이동 술래잡기	174
079	0123 걸음 술래잡기	176
080	종소리 술래잡기	178
081	대포 한 걸음 술래잡기	180
082	팀조끼 부활 술래잡기	182

술래잡기 II
083	그물을 피해! 어부 술래잡기	184
084	무궁화 꽃 술래잡기	186
085	공 튕기기 무궁화 꽃 놀이	188
086	안전지대 술래잡기	190
087	천사 술래잡기	192
088	나도 피하고 너도 피해야 하는 의자 술래잡기	194
089	팔짱 얼음땡 놀이	196
090	색연필 얼음땡 놀이	198
091	도망가! 술래잡기	200
092	훌라후프 술래잡기	202
093	팀조끼 술래잡기	204

공놀이	094 교실 달팽이 놀이	206
	095 공 굴리기 협동 놀이	208
	096 공 굴려 훌라후프 넣기 놀이	210
	097 공 전달 달리기 놀이	212
	098 원바운딩 놀이	214
	099 다리 벌려 공 굴리기 놀이 2종	216
	100 쓰로볼(배구형) 놀이	218
	101 4칸 쓰로볼 놀이	220
	102 신과 함께(핸드볼형) 놀이	222
	103 점퍼 공 전달 놀이	224
피구 놀이	104 공 굴려 교실 피구	226
	105 공 굴려 부활 피구	228
	106 벽 치기 피구	230
	107 바운딩 피구	232
	108 닷지비 교실 피구	234

PART 05
다양한 용품 놀이 ①

팀조끼 놀이 I	109 팀조끼 가위바위보 놀이	238
	110 모두 함께! 수건돌리기 놀이	240
	111 진주 조개 파도 놀이	242
	112 팀조끼 옮겨 입기 놀이	244
	113 팀조끼 먼저 잡기 놀이	246
	114 떨어지는 팀조끼 잡기 놀이	248
	115 팀조끼 가져오기 놀이	250
	116 교실 한 바퀴 놀이	252

팀조끼 놀이 II	117 지그재그 돌기 놀이	254
	118 교실 눈싸움 놀이	256
	119 줄 넘기 협동 놀이	258
	120 팀조끼 꽃이 피었습니다 놀이	260
	121 한 줄 팀조끼 옮기기 놀이	262
	122 돌아라! 잡아라! 놀이	264
	123 팀조끼를 피해라! 놀이	266
	124 팀조끼 터치 피구 놀이	268
	125 팀조끼 피구 놀이	270
	126 팀조끼를 던지고 잡아라! 놀이	272
	127 팀조끼 옮기기 놀이	274
우산 놀이	128 우산 속 친구 찾기 놀이	276
	129 우산 세우기 놀이	278
	130 점수제 표적 놀이	280
	131 우산 골대 농구 놀이	282
	132 우산 속에 넣어라! 놀이	284
풍선 놀이	133 책상에 앉아 풍선 피구 놀이	286
	134 자유 이동 풍선 피구 놀이	288
	135 풍선 치기 피구 놀이	290
	136 훌라후프에 풍선 넣기 놀이	292
	137 풍선 띄우기 놀이	294
	138 풍선 넘기기 놀이	296
	139 스틱 풍선 치기 협동 놀이	298
	140 풍선 위 탁구공 튕기기 놀이	300
	141 바구니에 풍선 넣기 놀이	302
	142 탁구공으로 풍선 터뜨리기 놀이	304
고리 놀이	143 고리 협동 놀이	306
	144 내 골대를 지켜라! 교실 놀이	308
	145 고리를 피해라! 놀이 2종	310

탁구공 놀이	146	고리 사냥꾼 점수제 놀이 2종	312
147	고리 피구 놀이 2종	314
148	고리 팽이 놀이	316
149	고리 던지기 놀이 2종	318
150	탁구공 튕기기 놀이	320
151	탁구공 전달 놀이 2종	322
152	탁구공 협동 놀이 3종	324
153	튕겨라! 탁구공 점수제 놀이	326
154	탁구공과 컵을 활용한 협동 놀이	328
155	탁구공 종이컵 넣기 놀이	330
156	떨어지는 탁구공 잡기 놀이	332
157	탁구공 움켜잡기 놀이	334
종이컵 놀이	158	입으로 컵 불기 놀이	336
159	종이컵 쌓기 놀이	338
160	종이컵 따라 놀이	340
161	종이컵 가져오기 놀이	342

PART 06

다양한 용품 놀이 ②

계란판 놀이	162	계란판 탁구공 빙고 놀이	346
163	계란판 탁구공 이동 놀이	348
164	계란판 탁구공 쏙! 넣기 놀이	350
스틱 놀이	165	스틱으로 스틱 맞히기 놀이	352
166	스틱 보리 보리 쌀 놀이	354
167	협동 스틱 잡기 놀이	356
168	스틱으로 탁구공 넣기 놀이	358

안대 놀이	169	안대 쓰고 숨바꼭질 술래잡기	360
170	안대 쓰고 손뼉치기 술래잡기	362
171	안대 쓰고 제자리걸음 협동 놀이	364
폐교과서 놀이	172	책기둥 만들기 놀이	366
173	책기둥 쌓기 놀이	368
174	굴려라! 넘어트려라! 놀이	370
175	책 치기 놀이	372
176	교과서 도미노 놀이	374

PART 07

기타 놀이

기타 놀이	177	지우개 잡기 놀이 11종	378
178	볼링핀을 지켜라! 놀이	380
179	손잡고 협동 놀이	382
180	줄 피해 보물 잡기 놀이	384
181	목소리 듣고 이름 맞히기 놀이	386
182	가위바위보 공기 놀이	388
183	공깃돌 제로 놀이	390
184	물병 따라 하기 놀이	392
185	물병 세우기 빙고 놀이	394
186	색연필 먼저 잡기 놀이	396
187	손끝 사인펜 협동 놀이	398
188	손가락 사인펜 놀이	400
189	탈락 없는 눈치 놀이	402
190	무게 맞추기 협동 놀이	404

PART 01
시작 놀이

교실 분위기를 열고 서로를 환영하며 친밀감을 쌓는 놀이입니다.

| 인사 놀이 | 놀이를 통해 친구 및 선생님과 인사를 주고받으며 재미있게 인성을 길러 보아요. |
| 준비 놀이 | 놀이를 통해 준비 운동과 스트레칭을 하며 재미있게 수업을 준비해요. |

001 가위바위보 인성 인사 놀이

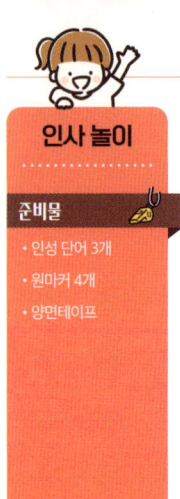

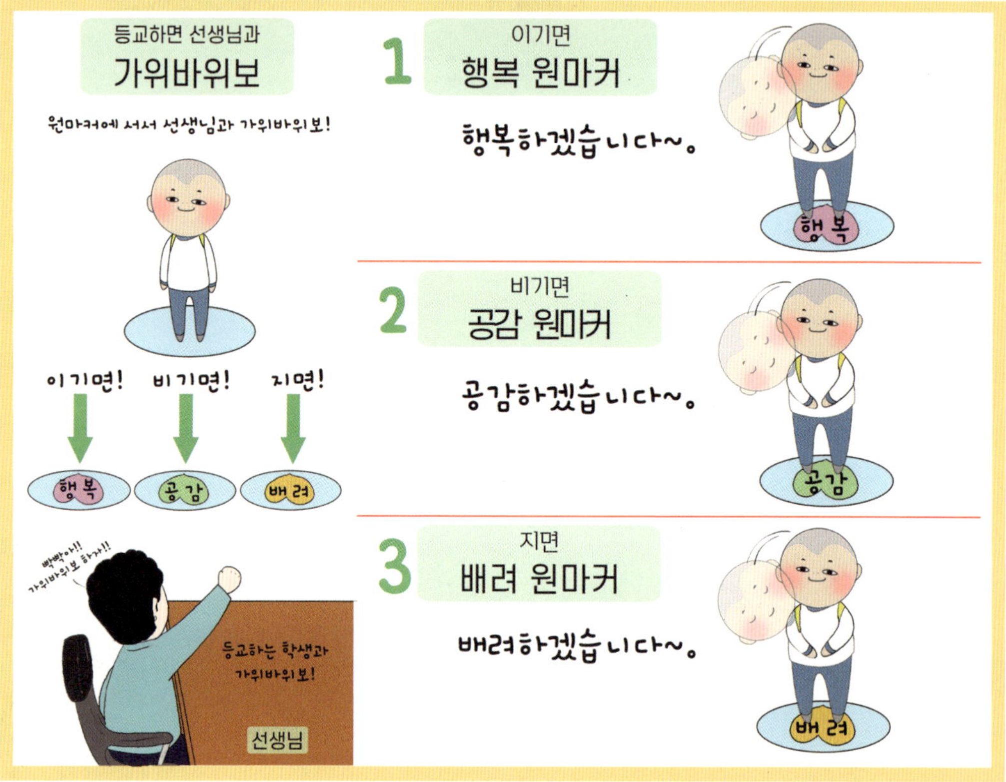

인사 놀이

준비물
- 인성 단어 3개
- 원마커 4개
- 양면테이프

영상 보러 가기

등교하면 선생님과 **가위바위보**

원마커에 서서 선생님과 가위바위보!

이기면! 비기면! 지면!
행복 공감 배려

선생님

1 이기면
행복 원마커

행복하겠습니다~.

2 비기면
공감 원마커

공감하겠습니다~.

3 지면
배려 원마커

배려하겠습니다~.

활동 전 준비

❶ 교사의 자리와 적당한 간격을 두고 원마커 3개를 배치한다.

❷ 원마커 3개에는 교사가 준비한 인성 단어를 붙인다. 행복, 공감, 배려 외에 다른 인성 단어로 해도 괜찮다.

❸ 놀이 시작 전날 학생들에게 가위바위보 인성 인사 놀이의 취지와 방법을 설명한다.
(예: "가위바위보 인성 인사 놀이를 하는 까닭은 우리가 키워야 할 인성 가치를 매일 아침 선생님과 놀이로 즐겁게 다짐하기 위함입니다.")

활동 방법

❶ 학생들은 등교하면 교사 앞에 있는 원마커로 온다.

❷ 원마커 위에서 교사에게 인사한 후에 교사와 가위바위보를 한다.

❸ 가위바위보 결과에 해당하는 인성 단어 원마커로 이동한다.

❹ 해당 원마커에 적힌 인성 단어를 활용하여 교사와 학생은 서로에게 인사를 한다.
(예: 이기면 "행복하겠습니다.", 비기면 "공감하겠습니다." 지면 "배려하겠습니다.")

활동 TIP

- 예의를 지켜 큰 목소리로 인사하도록 지도한다.
- 인성 단어는 교사가 중요하게 생각하는 인성 가치를 고려하거나 학급 회의를 통해 결정한다.
- 가위바위보 대신 묵찌빠 등 다양한 놀이를 활용한다.

002 하교 인사 놀이

인사 놀이

준비물: 없음

영상 보러 가기

활동 전 준비

❶ 학생들은 집에 갈 준비를 모두 마치고 가방을 멘다.

활동 방법

❶ 학생들에게 오늘 목표 승(패) 수를 알려 준다.
❷ 학생들은 목표 승(패) 수를 다 모을 때까지 친구들과 만나서 가위바위보를 한다.
❸ 목표 승(패) 수를 다 모은 학생은 교사와 하이파이브를 한 후에 하교한다.

활동 TIP

- '한 명의 학생과는 한 번만 가위바위보를 할 수 있다'라는 규칙을 설정하면 학생들이 빨리 승(패) 수를 채우기 위하여 자연스럽게 다양한 친구들과 교류할 수 있다.

- 하이파이브 가위바위보 등 다양한 형식의 가위바위보를 활용하면 다채롭게 놀이를 즐길 수 있다.

- 하교 후 일정이 있는 학생을 배려하기 위해 1분 정도 활동 후에 승(패) 수를 모으지 못한 학생은 그냥 오라고 해서 교사와 하이파이브를 한다.

인사 놀이

준비물
없음

003 한 줄 기차 줄 서기 놀이

1 자유롭게 남-남/여-여끼리 가위바위보

2 진 사람이 이긴 사람 뒤에 기차 만들기

3 기차끼리 만나 맨 앞사람끼리 가위바위보

덤벼랏!!!
가위바위보!!!

진 기차는 이긴 기차 뒤에 이어서 하나의 기차로 만들기

4 남-여 각각 하나의 기차가 되면 종료 후, 이동!!

급식실, 특별실 이동 등 학생들을 줄 세워야 하는 상황에서 적용!!

영상 보러 가기

활동 전 준비

❶ 학생들은 책상 주변 정리, 의자 넣기 등 이동할 준비를 마친다.
❷ 책상을 모둠 형태로 배치한다.

활동 방법

❶ 학생들은 자유롭게 돌아다니며 남학생은 남학생끼리, 여학생은 여학생끼리 가위바위보를 한다.
❷ 가위바위보에서 진 학생은 이긴 친구 뒤로 가서 기차를 만든다.
❸ 기차와 기차가 만나면 맨 앞 학생이 대표로 가위바위보를 한다.
❹ 가위바위보에서 진 기차는 이긴 기차 뒤로 가서 계속 기차를 만든다.
❺ 남학생, 여학생이 각각 한 줄을 만들면 강당, 특별실, 급식실 등으로 이동한다.

활동 TIP

- 배경 음악으로 신나는 노래를 틀면 더 즐거운 놀이 분위기를 형성할 수 있다.
- 매일 같은 순서로 줄을 서서 이동하는 것이 익숙해지고 지루해질 때쯤, 이 놀이를 활용하여 줄을 서서 이동하면 교실에 활력을 불어넣을 수 있다.

인사 놀이

준비물: 없음

004 손에 손잡고 하교 인사 놀이

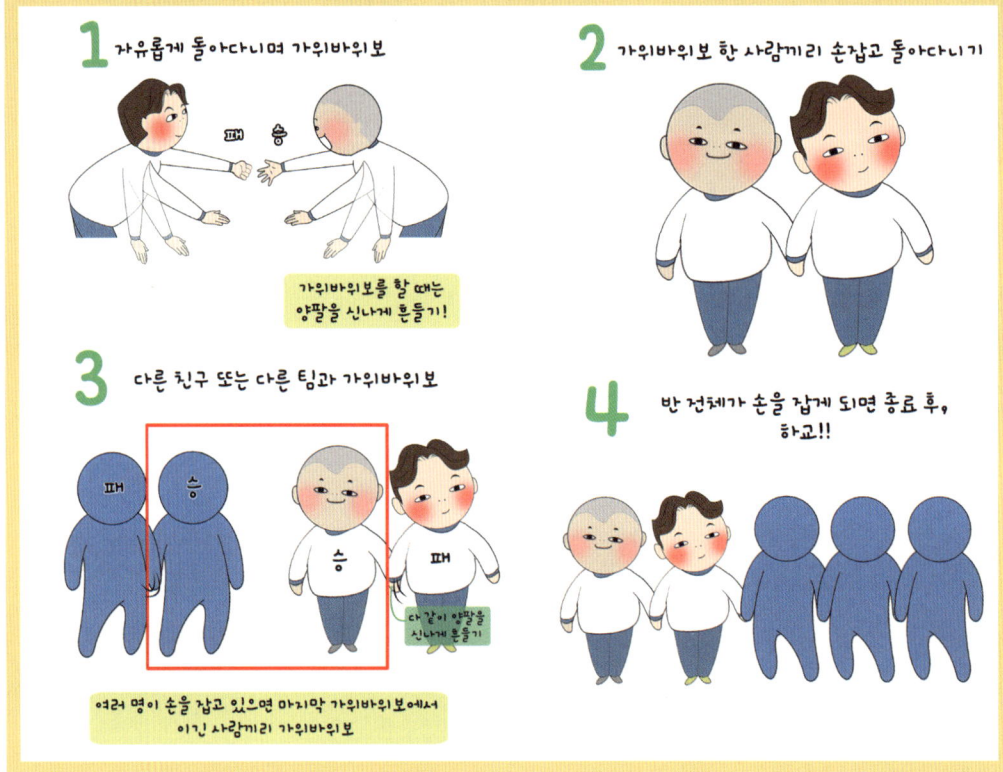

활동 TIP

- 배경 음악으로 신나는 노래를 틀면 더 즐거운 놀이 분위기를 형성할 수 있다.

활동 전 준비

❶ 학생들은 집에 갈 준비를 모두 마치고 가방을 멘다.

활동 방법

❶ 자유롭게 돌아다니며 친구들과 가위바위보를 한다.
   - 가위바위보를 할 때는 양팔을 신나게 흔든다.

❷ 가위바위보를 한 후에는 친구의 손을 잡고 함께 돌아다닌다.

❸ 손을 잡고 돌아다니다가 혼자 있는 친구 혹은 손을 잡고 있는 친구들을 만나면 가위바위보를 한다.
   - 여러 명의 학생이 손을 잡고 있으면 마지막 가위바위보를 이긴 학생이 대표로 가위바위보를 한다.
   - 가위바위보를 하지 않는 학생도 가위바위보를 할 때 함께 양팔을 신나게 흔든다.

❹ 반 전체 학생이 손을 잡을 때까지 놀이를 계속한다.

❺ 반 전체 학생이 손을 잡으면 마지막 가위바위보를 이긴 학생이 인사 반장 역할을 하고, 학급에서 정한 인사말을 활용하여 다 같이 인사하고 하교한다.
   (예: 인사 반장 - "인성이!", 학생 - "미래다!", 다 함께 - "배려하겠습니다!")

005 의미 & 재미있는 인사 놀이 3종

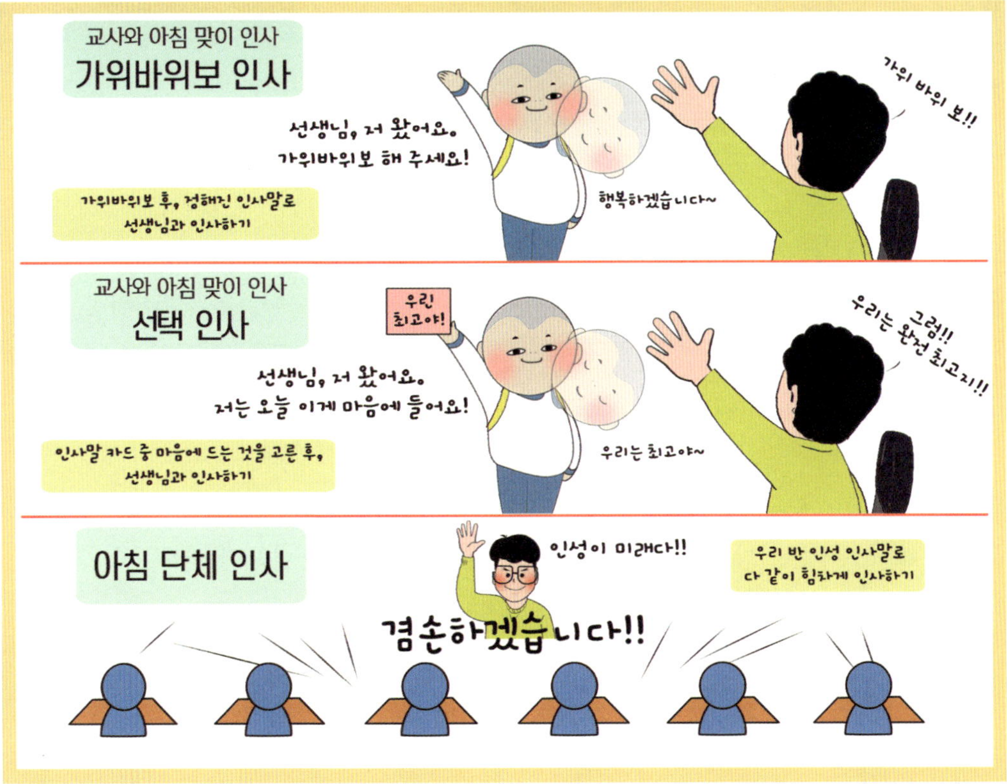

인사 놀이

준비물
• 인사말 카드

교사와 아침 맞이 인사
가위바위보 인사

"선생님, 저 왔어요. 가위바위보 해 주세요!"
"행복하겠습니다~"
"가위 바위 보!!"

가위바위보 후, 정해진 인사말로 선생님과 인사하기

교사와 아침 맞이 인사
선택 인사

"우리 최고야!"
"선생님, 저 왔어요. 저는 오늘 이게 마음에 들어요!"
"우리는 최고야~"
"우리는 그럼!! 완전 최고지!!"

인사말 카드 중 마음에 드는 것을 고른 후, 선생님과 인사하기

아침 단체 인사

"인성이 미래다!!"
"겸손하겠습니다!!"

우리 반 인성 인사말로 다 같이 힘차게 인사하기

영상 보러 가기

활동 전 준비

❶ 아침 맞이 인사(가위바위보 인사): 가위바위보 결과(승, 무, 패)에 대한 인사말을 미리 정한다.
❷ 아침 맞이 인사(선택 인사): 인사말 카드를 칠판 혹은 교사 자리에 미리 배치한다.
❸ 아침 단체 인사: 우리 반 인성 인사말을 미리 만든다.

활동 방법

❶ 교사와 아침 맞이 인사(가위바위보 인사)
  - 학생들은 등교하면 교사에게 가벼운 인사를 하고 교사 앞에 서서 교사와 가위바위보를 한다.
  - 가위바위보 결과에 따라 정해진 인사말로 교사와 인사한다. (예: "행복하겠습니다.")

❷ 교사와 아침 맞이 인사(선택 인사)
  - 학생들은 등교하면 교사에게 가벼운 인사를 하고 교사 앞에 선다.
  - 인사말 카드 중 마음에 드는 것을 고른다.
  - 자신이 고른 인사말로 교사와 인사한다. (예: "우리는 최고야!")

❸ 아침 단체 인사
  - 학생들이 모두 등교하고 수업 준비를 마친 후에 자리에 앉는다.
  - 교사와 함께 다 같이 우리 반 인성 인사말로 힘차게 인사한다. (예: "인성이 미래다! 겸손하겠습니다.")
  - 매달 말에 학급 인성 인사말을 다수결을 통해 결정한다. (예: "다음 달에는 어떤 인성 덕목을 함께 정해서 지켜볼까요?")

활동 TIP

- 우리 학급의 목표와 지향하는 가치를 포함하는 인사말을 만들어서 학생들과 매일 인사하며 놀이를 통해 자연스럽게 인성 교육이 이루어질 수 있도록 한다.
- 가위바위보 인사와 선택 인사를 격일로 적용해도 되고, 둘 중 한 가지를 선택하여 꾸준히 적용하는 것도 좋다.
- 교사의 판단에 따라 처음 정한 인사말을 일 년 동안 활용하는 것도 가능하다.

006 책상을 활용한 스트레칭

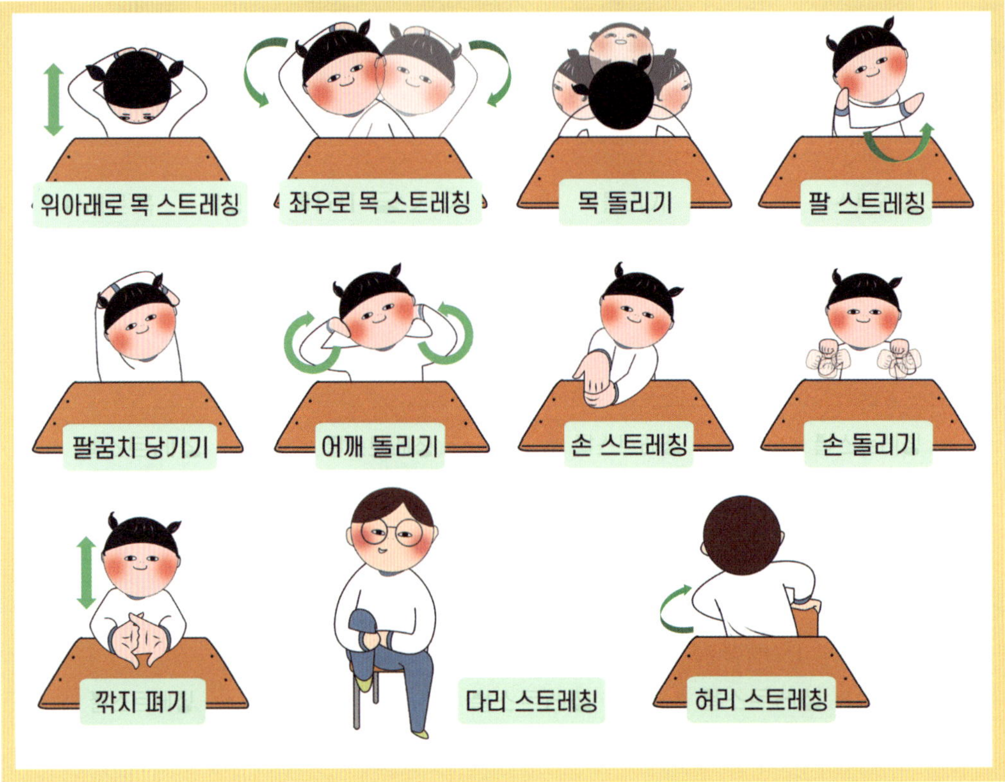

준비 놀이

준비물
없음

영상 보러 가기

- 위아래로 목 스트레칭
- 좌우로 목 스트레칭
- 목 돌리기
- 팔 스트레칭
- 팔꿈치 당기기
- 어깨 돌리기
- 손 스트레칭
- 손 돌리기
- 깍지 펴기
- 다리 스트레칭
- 허리 스트레칭

 활동 전 준비

❶ 학생들은 책상 위에 있는 물건을 모두 치우고 의자에 바른 자세로 앉는다.
❷ 교사는 시범을 위해 모든 학생이 잘 볼 수 있는 곳에 위치한다.

활동 TIP
- 숨을 내쉬면서 관절을 당긴다.
- 영상을 직접 학생들에게 보여 주며 따라 할 수 있도록 한다.
- 교실 놀이 전 준비 운동 및 수업 전 스트레칭으로 좋다.

활동 방법

❶ 목 스트레칭
- 양손을 머리 뒤에 대고 몸에 힘을 빼면서 관절을 늘린다.
- 팔을 활용하여 좌우로 목을 스트레칭을 한다.
- 최대한 큰 원을 그리며 머리를 돌린다.

❷ 팔 스트레칭
- 왼팔을 오른쪽으로 쭉 펴고, 오른팔 'ㄴ' 모양을 만든 후에 오른팔로 왼팔을 지그시 눌러서 스트레칭을 한다. 반대 방향으로도 스트레칭을 한다.
- 양팔을 머리 뒤로 넘기고 오른팔로 왼쪽 팔꿈치를 누른다. 반대 방향으로도 스트레칭을 한다.

❸ 어깨 스트레칭
- 양손을 양쪽 어깨에 올리고 원을 그리며 어깨를 돌린다.

❹ 손 스트레칭
- 팔을 쭉 펴고 손목을 위, 아래로 꺾어서 스트레칭을 한다.
- 손목을 원을 그리며 돌린다.

❺ 몸통 스트레칭
- 양팔을 위로 쭉 뻗고 몸통을 좌우로 스트레칭을 한다.
- 몸통을 큰 원을 그리며 돌린다.

❻ 다리 스트레칭
- 책상을 조금 밀어 공간을 확보한다.
- 무릎을 가슴에 밀착시킨다는 느낌으로 쭉 잡아 당겨 올린다.

❼ 허리 스트레칭
- 하체는 고정한 후에 허리를 좌우로 틀어서 스트레칭을 한다.

007 책상과 의자를 활용한 스트레칭

준비 놀이

준비물: 없음

- 고개 들어 천장 보기
- 목 돌리기
- 허리 스트레칭
- 허리 스트레칭
- 힘 빼기 / 책상에 눕기
- 의자에 기대 스트레칭
- 상체 돌리기
- 상체 젖히기
- 상체 젖히기
- 상체 기대기
- 뒤로 스트레칭

영상 보러 가기

활동 전 준비

❶ 책상 위에 있는 물건을 모두 치운다.
❷ 학생들은 바른 자세로 의자에 앉는다.

활동 TIP
- 숨을 내쉬면서 관절을 당긴다.
- 영상을 직접 학생들에게 보여 주며 따라 할 수 있도록 한다.
- 교실 놀이 전 준비 운동 및 수업 전 스트레칭으로 좋다.

활동 방법

❶ 고개 들어 천장 보기: 허리를 곧게 펴서 양손으로 책상을 잡고 고개를 들어 천장을 본다.

❷ 목 돌리기: ❶번 상태에서 고개만 천천히 원을 그리며 돌린다.

❸ 허리 스트레칭: 한 손은 책상, 한 손은 의자를 잡고 좌우로 허리를 틀어서 스트레칭을 한다.

❹ 허리 스트레칭: 한 손은 책상 끝 모서리, 한 손은 의자를 잡고 한쪽 가슴을 책상에 붙이며 스트레칭을 한다. 반대 방향으로도 똑같이 스트레칭을 한다.

❺ 책상에 눕기: 몸에 힘을 빼고 양팔을 쭉 편 상태로 상체를 책상에 눕혀서 스트레칭을 한다.

❻ 의자에 기대 스트레칭: 양팔을 하늘 위로 높이 들고 상체를 의자 뒤에 기대면서 스트레칭을 한다.

❼ 상체 돌리기: ❻번 상태에서 허리를 큰 원을 그리며 돌린다.

❽ 상체 젖히기: 몸을 정반대로 돌려 책상을 등지고 앉은 후에 양손으로 의자를 잡고 상체를 뒤로 젖혀서 책상에 기대며 스트레칭을 한다.

❾ 상체 젖히기: ❽번 상태에서 상체를 책상에 완전히 기대고 양손을 머리 위로 올려서 스트레칭을 한다.

❿ 상체 기대기: 몸에 힘을 빼고 상체를 의자에 완전히 기대고 양손을 의자 아래로 뻗어서 스트레칭을 한다.

⓫ 뒤로 스트레칭: 시선은 앞을 보고 양손만 뒤로 뻗어 책상을 잡고 스트레칭을 한다.

008 서서 하는 전신 스트레칭

준비 놀이

준비물
없음

영상 보러 가기

- 다리 짧게 누르기
- 다리 길게 누르기
- 무릎 끌어 올리기
- 발 뒤로 올리기
- 팔꿈치 당기기 (앞/뒤)
- 목 당기기 (앞,뒤,오른쪽,왼쪽)

체육 시간 전신 스트레칭

아래에서 위로, 좌우를 모두 실시

활동 전 준비

❶ 학생들은 바른 자세로 선다.
❷ 옆 친구와 신체 접촉이 일어나지 않도록 충분한 공간을 확보한다.

활동 TIP

- 가동 범위 이상으로 억지로 스트레칭을 하면 부상이 있을 수 있으므로 주의한다.
- 유튜브에 있는 '실내 스트레칭', '책상 춤' 등 다양한 맨손 체조나 스트레칭 영상 자료를 활용한다.

활동 방법

❶ 다리 짧게 누르기
  - 다리를 쭉 편 상태에서 오른 다리를 오른쪽으로 조금 뻗는다.
  - 허리를 오른쪽으로 살짝 굽히면서 오른손으로 오른쪽 허벅지를 살짝 누르며 스트레칭을 한다.
  - 반대 방향으로도 같은 방식으로 스트레칭을 한다.

❷ 다리 길게 누르기
  - 낮게 앉아서 오른 다리를 오른쪽으로 쭉 뻗는다.
  - 오른손으로 오른쪽 무릎 위를 살짝 누르면서 스트레칭을 한다
  - 반대 방향으로도 같은 방식으로 스트레칭을 한다.

❸ 무릎 끌어 올리기
  - 양손으로 무릎을 잡아 끌어올리며 스트레칭을 한다.

❹ 발 뒤로 올리기
  - 오른발을 뒤로 접어 올린다.
  - 오른손으로 발목을 잡아 허벅지 앞부분 스트레칭을 한다.
  - 반대 방향으로도 같은 방식으로 스트레칭을 한다.

❺ 팔꿈치 당기기
  - 양팔을 머리 뒤로 넘기고 오른손으로 왼쪽 팔꿈치를 누른다.
  - 반대 방향으로도 같은 방식으로 스트레칭을 한다.

❻ 목 스트레칭
  - 양손을 머리 뒤에 대고 몸에 힘을 빼면서 관절을 늘린다.
  - 양손을 턱 아래에 대고 고개를 뒤로 젖힌다.
  - 원을 그리며 머리를 돌린다.

준비 놀이

준비물
없음

009 상·하체 합체 놀이

활동 전 준비

❶ 학생들은 바른 자세로 선다.
❷ 옆 친구와 신체 접촉이 일어나지 않도록 충분한 공간을 확보한다.

활동 방법

❶ 술래 2명을 뽑는다.
❷ 술래 2명은 가위바위보를 한다.
❸ 가위바위보에서 이긴 학생이 먼저 상체와 하체 중 어떤 부분을 맡을지 결정하고, 진 학생은 남은 부분을 맡는다.
❹ 하체술래는 팔짱을 끼고 하체만 움직인다.
❺ 상체술래는 하체는 움직이지 않고 상체만 움직인다.
❻ 다른 친구들은 상체술래와 하체술래의 행동을 동시에 따라 한다.

활동 TIP

- 교사도 술래가 되어 참여하면 학생들과의 래포 형성에 큰 도움이 된다.
- 다음 술래를 정할 때는 기존 술래가 한 명씩 지목해도 되고, 교사가 학급에서 에너지가 많은 학생을 지목해도 좋다.
- 놀이를 시작하기 전에 상체술래 따라 하기, 하체술래 따라 하기를 따로 연습하면 학생들이 술래의 행동을 조금 더 잘 따라 할 수 있다.
- 한 라운드는 1분 정도가 적당하며, 서로 번갈아 가면서 술래를 하면 놀이가 더욱 즐겁다.

준비 놀이

준비물
없음

영상 보러 가기

010 팔벌려 가위바위보 놀이 ①

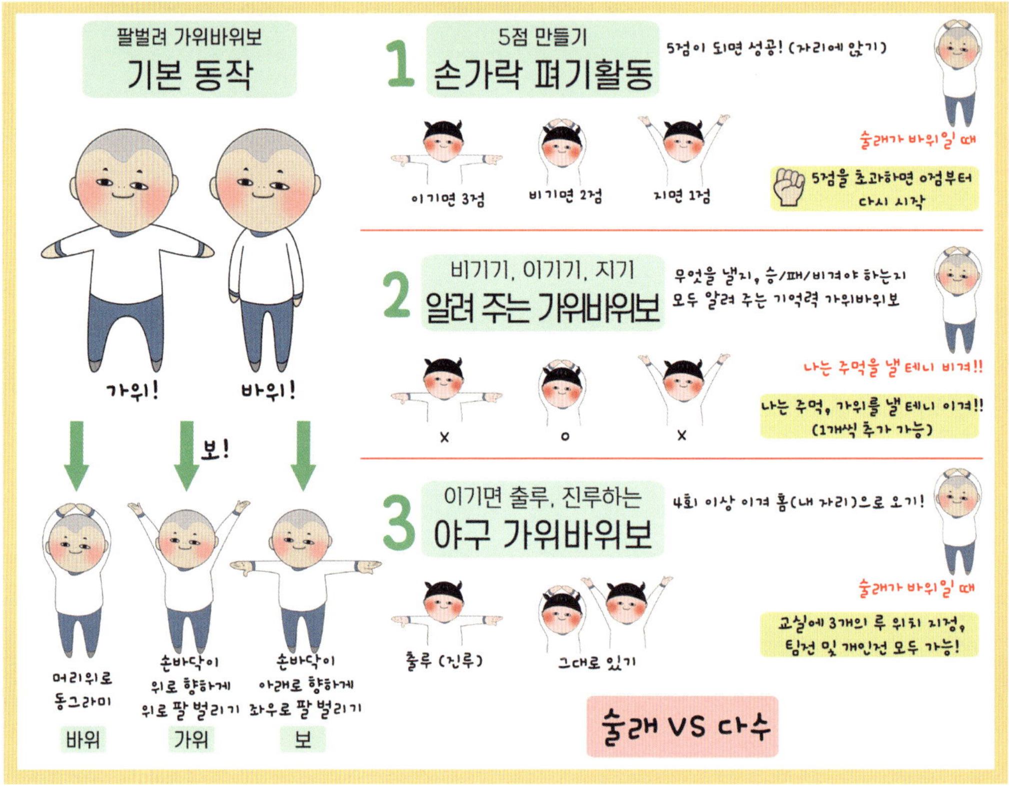

팔벌려 가위바위보
기본 동작

가위! 바위!

↓ ↓ 보! ↓

머리위로 동그라미 — **바위**
손바닥이 위로 향하게 위로 팔 벌리기 — **가위**
손바닥이 아래로 향하게 좌우로 팔 벌리기 — **보**

1 5점 만들기
손가락 펴기활동

이기면 3점 비기면 2점 지면 1점

5점이 되면 성공! (자리에 앉기)

술래가 바위일 때
5점을 초과하면 0점부터 다시 시작

2 비기기, 이기기, 지기
알려 주는 가위바위보

무엇을 낼지, 승/패/비겨야 하는지 모두 알려 주는 기억력 가위바위보

× o ×

나는 주먹을 낼 테니 비겨!!
나는 주먹, 가위를 낼 테니 이겨!!
(1개씩 추가 가능)

3 이기면 출루, 진루하는
야구 가위바위보

4회 이상 이겨 홈(내 자리)으로 오기!

출루 (진루) 그대로 있기

술래가 바위일 때
교실에 3개의 루 위치 지정, 팀전 및 개인전 모두 가능!

술래 VS 다수

활동 전 준비

❶ 교사와 함께 팔벌려 가위바위보 기본 동작을 익힌다.

활동 TIP
- 팔벌려 가위바위보를 하기 전에 "준비", "시작"이라는 구호를 붙여야 동작이 잘 맞는다.
- 알려 주는 가위바위보에서 술래가 조건을 알려 주고 나서 생각할 시간을 주지 않고 바로 가위바위보를 하면 놀이의 난이도를 올릴 수 있다.
- 야구 가위바위보를 개인전으로 진행하여 방식을 익힌 후에 팀전으로 진행하면 더 재미있게 즐길 수 있다.
- 팀전으로 진행 시 팀별로 점수판을 놓고 몇 점인지 보면서 활동하면 학생들의 참여도를 높일 수 있다.

활동 방법

❶ 5점 만들기
- 술래를 1명 뽑는다.
- 술래는 친구들 앞에 선다.
- 술래와 다른 학생들은 팔벌려 가위바위보를 한다.
- 술래에게 이기면 3점, 비기면 2점, 지면 1점을 얻는다.
- 5점을 먼저 만들면 승리한다.
- 5점을 초과하면 0점부터 다시 시작한다.

  (예: 4점에서 가위바위보를 이겨 7점이 된 경우에는 0점부터 다시 시작)
- 놀이에서 승리한 학생은 자리에 앉는다.

❷ 알려 주는 가위바위보
- 술래가 가위바위보를 하기 전에 무엇을 낼지, 이겨야 하는지, 비겨야 하는지, 져야 하는지 먼저 말을 한다.

  (예: 술래가 한 가지를 말하는 경우에는 "나는 보를 낼 테니 비겨.", 술래가 두 가지를 말하는 경우에는 "나는 주먹, 가위 중 한 가지를 낼 테니 이겨.")
- 술래와 팔벌려 가위바위보를 한다.
- 술래가 말한 대로 한 학생이 승리한다.
- 놀이에서 승리한 학생은 자리에 앉는다.

❸ 야구 가위바위보
- 교실에 출발 위치와 3개의 루를 만든다.

  (예: 자신의 자리 - 홈, 교사 책상 쪽 - 1루, 사물함 - 2루, 복도 쪽 - 3루)
- 술래와 팔벌려 가위바위보를 한다.
- 이긴 학생은 1루씩 진루하고, 진 학생은 자리에 그대로 있는다.
- 먼저 출발 위치로 돌아온 학생이 승리한다.
- 놀이에서 승리한 학생은 자리에 앉는다.

준비 놀이

준비물
• 팀조끼 5개

영상 보러 가기

011 팔벌려 가위바위보 놀이 ②

목표 수를 채우는
1vs1 가위바위보

교사가 말하는 목표 수에 맞게
자유롭게 돌아다니며 승(패) 수 채워 오기

목표 : 3번 패하기

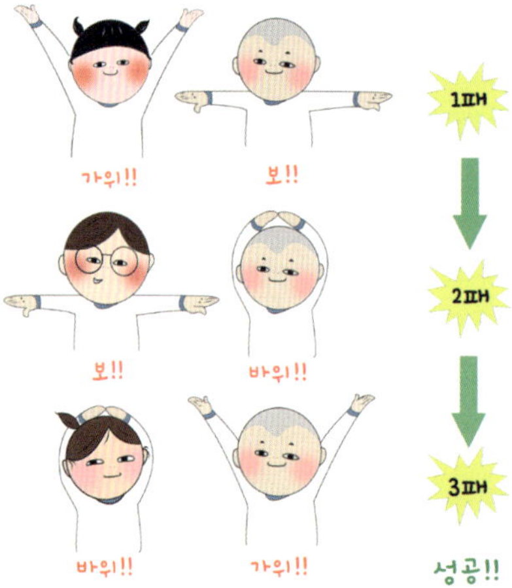

1패 → 2패 → 3패 성공!!

가위!! 보!!
보!! 바위!!
바위!! 가위!!

1 VS 1

같은 단계끼리
레벨 업 가위바위보

나와 같은 레벨을 만나 승 수를 쌓아 만렙 도달하기
패했을 시, -1레벨 / 그대로 / 0레벨부터 시작 등 설정 가능!

목표 : 교사 재량

가위!! 보!!
보!! 바위!!

레벨 업
손가락으로 레벨 표시

레벨 업

만렙 성공

팀조끼로 구분

배려 친구
낮은 레벨 친구와
가위바위보 하여
레벨 업 시켜 주기

활동 전 준비

❶ 교사와 함께 팔벌려 가위바위보 기본 동작을 익힌다.

활동 TIP

- 팔벌려 가위바위보를 하기 전에 "준비", "시작"이라는 구호를 붙여야 동작이 잘 맞는다.
- 배려 친구는 가급적 낮은 단계의 학생들과 가위바위보를 하여 그 친구가 레벨업을 할 수 있도록 도와준다.
- 체육 시간 준비 운동 루틴으로 2가지를 번갈아 활용하면 좋다.

활동 방법

❶ 목표 승(패) 수 채우기
- 목표 승(패) 수를 정한다.
- 학생들은 돌아다니며 친구들을 만나 가위바위보를 하여 목표 승(패) 수를 모은다.
- 목표를 달성한 학생들은 자리에 앉는다.

❷ 레벨 업 가위바위보
- 처음에는 모든 학생이 0단계이며, 최종 단계는 교사가 설정한다.
- 학생들은 손가락을 머리 위로 올려서 자신의 레벨을 표시한다.
- 가위바위보에서 이기면 한 단계 레벨 업을 한다.
- 가위바위보는 같은 단계끼리만 할 수 있다.
- 최종 레벨을 달성한 학생은 팀조끼를 입고 배려 친구 역할을 한다.
- 배려 친구는 모든 단계의 학생들과 가위바위보를 할 수 있다.

❸ 레벨 업 가위바위보 놀이 마무리 방식
- 시간제 방식: 정해진 시간이 되면 팀조끼를 입은 배려 친구가 박수를 받으며 마무리한다.
- 단체 타임 도전 방식: 모든 학생이 팀조끼를 입는 데 걸리는 시간을 단축하는 것을 목표로 놀이를 여러 번 반복하고, 시간을 단축하는 데 성공하면 다 같이 박수로 놀이를 마무리한다.

012 팔벌려 가위바위보 놀이 ③

준비 놀이

준비물
• 팀조끼 5개

사슴 VS 사자

1 팔벌려 가위바위보

2 이기면 사자, 지면 사슴

패! 승!

3 교사가 하나, 둘, 셋! 할 때 마주 보면 사자 승!

헉!! 예스!!

등을 대고 서기

술래 VS 다수

무엇을 낼지, 승/패/비겨야 하는지 모두 알려 주기 (팔벌려 가위바위보 참고)

나는 주먹을 낼 테니 비겨!!

X O X

승(패) 수 모으기

목표 수에 맞게 승(패) 수 채워 오기
(팔벌려 가위바위보 참고)

목표 승(패) 수 : 교사 자율

1패 ➡ 2패 ➡ 3패 성공!!

레벨 업

나와 같은 레벨을 만나 가위바위보
(팔벌려 가위바위보 참고)

목표 레벨 : 교사 자율

레벨 업 ➡ 레벨 업 ➡ 만렙 성공

손가락으로 레벨 표시

배려친구

팔벌려 가위바위보 놀이

영상 보러 가기

활동 전 준비

❶ 교사와 함께 팔벌려 가위바위보 기본 동작을 익힌다.

활동 방법

❶ 사슴 vs 사자
- 2명씩 짝을 지어 팔벌려 가위바위보를 한다.
- 이긴 학생은 사자 역할, 진 학생은 사슴 역할을 맡는다.
- 사자와 사슴은 서로 등지고 선다.
- 교사의 신호에 맞춰 동시에 왼쪽 또는 오른쪽으로 돌아본다.
- 같은 방향을 보면 사자의 승리, 다른 방향을 보면 사슴의 승리이다.

❷ 술래 vs 다수
- 술래와 다수가 팔벌려 가위바위보를 하기 전에 술래가 조건을 말한다. (예: "주먹을 낼 테니 나를 이겨.")
- 가위바위보가 끝난 후에 조건과 다르게 반응한 학생은 간단한 신체 활동을 한다. (예: 앉았다 일어서기 3회 등)

❸ 승(패) 수 모으기
- 팔벌려 가위바위보 놀이 ② 활동 방법 참고

❹ 레벨 업 가위바위보
- 팔벌려 가위바위보 놀이 ② 활동 방법 참고

활동 TIP
- 팔벌려 가위바위보를 하기 전에 "준비", "시작"이라는 구호를 붙여야 동작이 잘 맞는다.
- 한 명과 두 번 이상 가위바위보를 할 수 없다는 규칙을 정하면 다양한 친구들과 가위바위보를 할 수 있다.
- 체육 시간에 다양한 팔벌려 가위바위보 놀이를 활용해 나만의 체육 시간 준비 활동 루틴을 만들면 좋다.
- 전신을 활용한 팔벌려 가위바위보는 손으로 하는 가위바위보보다 신체 활동량이 많기 때문에 기존 가위바위보 놀이를 팔벌려 가위바위보 놀이로 변형하여 진행하는 것도 좋다. (예: 돌고 돌아 가위바위보 놀이를 팔벌려 가위바위보로 진행)

준비 놀이

준비물
• 팀조끼 5개

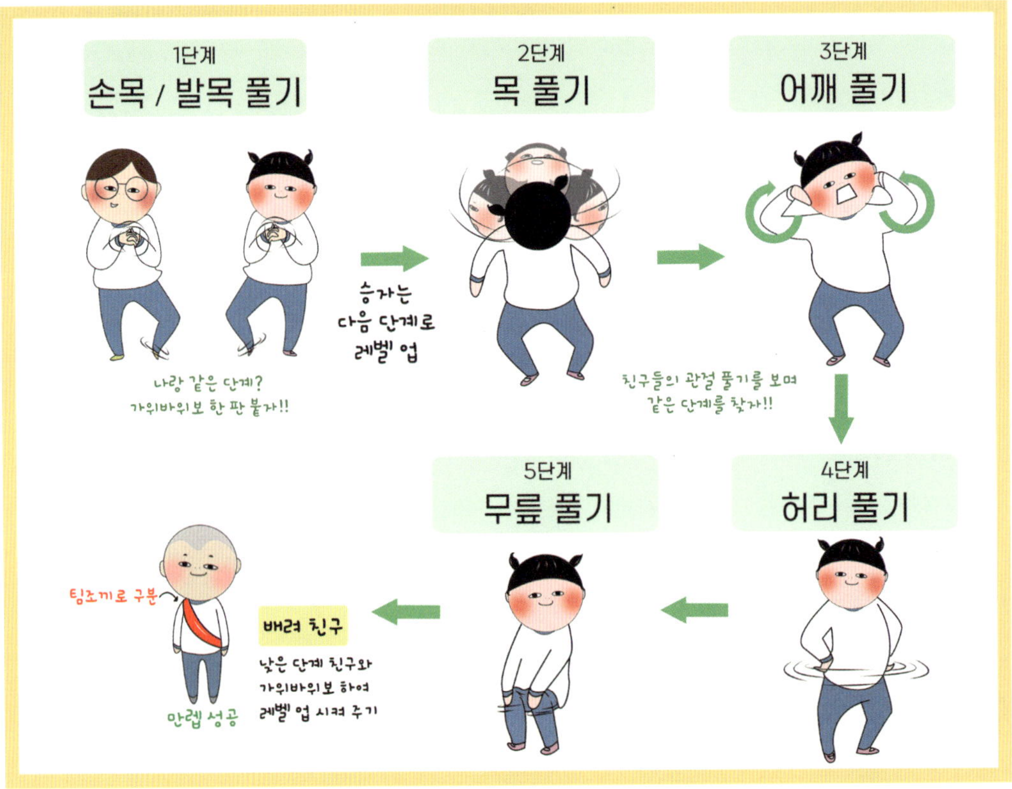

013 관절 풀기 가위바위보 놀이

1단계 손목 / 발목 풀기
2단계 목 풀기
3단계 어깨 풀기
4단계 허리 풀기
5단계 무릎 풀기

승자는 다음 단계로 레벨 업

나랑 같은 단계? 가위바위보 한 판 붙자!!

친구들의 관절 풀기를 보며 같은 단계를 찾자!!

배려 친구
팀조끼로 구분
낮은 단계 친구와 가위바위보 하여 레벨 업 시켜 주기
만렙 성공

영상 보러 가기

활동 전 준비

❶ 놀이를 시작하기 전 관절 풀기 순서와 방법을 익힌다.
❷ 칠판에 단계별 관절을 적어서 학생들이 보고 따라 할 수 있도록 한다.

활동 방법

❶ 학생들은 자신의 단계에 맞는 관절 풀기를 진행하며 돌아다닌다.
❷ 같은 단계의 친구를 만나면 같이 관절을 풀고 하이파이브를 두 번 한 후에 가위바위보를 한다.
❸ 가위바위보에서 이긴 학생은 다음 단계로 올라가고, 진 학생은 그 단계에 머문다.
❹ 무릎 단계까지 통과한 학생은 배려 친구 역할을 한다.
  - 배려 친구는 팀조끼를 입는다.
  - 배려 친구는 낮은 단계의 친구와 가위바위보를 하여 그 친구의 레벨을 올려 줄 수 있다.

활동 TIP

- 관절은 최대한 큰 동작, 정확한 자세로 풀도록 지도한다.
- 교실 신체 놀이 또는 체육 시간에 활용하면 준비 운동을 지루하지 않고 재미있게 진행할 수 있다.
- 교실에서 매일 아침 5분 정도 이 놀이를 진행하여 건강하고 활기차게 하루를 시작한다.

014 손이 발이 되어 놀이

준비 놀이

준비물: 없음

영상 보러 가기

교사와 함께 — 손 : 교사, 발 : 학생들

짝꿍과 함께 — 손 : 학생, 발 : 짝꿍

손동작을 보고 → 발로 나타내기

활동 전 준비

❶ 학생들은 바른 자세로 선다.
❷ 옆 친구와 신체 접촉이 일어나지 않도록 충분한 공간을 확보한다.

활동 방법

❶ 교사와 함께
- 교사는 손으로 다양한 동작을 한다.
- 학생들은 교사의 손동작을 발로 똑같이 따라 한다.

❷ 짝꿍과 함께
- 학생들은 2인 1조를 만든다.
- A학생이 먼저 손으로 다양한 동작을 한다.
- B학생은 A학생의 손동작을 발로 똑같이 따라 한다.
- 정해진 시간이 되면 역할을 바꿔서 진행한다.

활동 TIP

- 각자의 자리를 벗어나지 않고 활동해야 안전하게 놀이를 즐길 수 있다.
- 창의적인 손동작으로 다양한 움직임을 만들도록 노력하면 재미있게 놀이를 즐길 수 있다.

015 짝과 함께 준비 운동 놀이

준비 놀이

준비물
없음

상체 스트레칭

손뼉씨름

체육 시간 짝 준비 운동

허리 돌려 손뼉 치기

손씨름

활동 전 준비

❶ 학생들은 2인 1조를 만든다.

활동 TIP
- 허리 돌려 손뼉 치기 활동에서 교사가 신호를 점점 빨리 주면 조금 더 재미있게 스트레칭을 할 수 있다.
- 손뼉씨름에서 '상대방의 손을 피할 수 있다'라는 규칙을 만들면 균형 감각을 길러주는 준비 놀이가 된다.

활동 방법

❶ 상체 스트레칭
- 짝과 서로 마주 보고 선다.
- 짝 어깨에 서로의 양손을 올린다.
- 다리를 벌리고 서로의 상체를 아래로 지그시 누르면서 스트레칭을 한다.
- 상체를 90도로 숙인 상태에서 왼쪽 어깨를 조금 더 내려서 스트레칭을 하고, 원 상태로 돌아온 다음에 오른쪽 어깨를 조금 더 내려서 스트레칭을 한다.

❷ 손뼉씨름
- 적당한 간격을 두고 짝과 마주 본다.
- "하나, 둘, 셋!" 신호에 맞춰 동시에 상대방의 손뼉을 친다.
- 먼저 중심을 잃는 학생이 패배한다.

❸ 허리 돌며 손뼉 치기
- 짝과 등지고 선다.
- 교사의 신호에 맞춰 서로 반대로 돌면서 손뼉을 친다.

❹ 손씨름
- 짝과 앞발을 붙이고 손을 잡는다.
- 놀이가 시작되면 자신의 방향으로 상대방을 당긴다.
- 먼저 중심을 잃는 학생이 패배한다.

준비 놀이
준비물: 없음

016 다리 찢기 놀이 3종

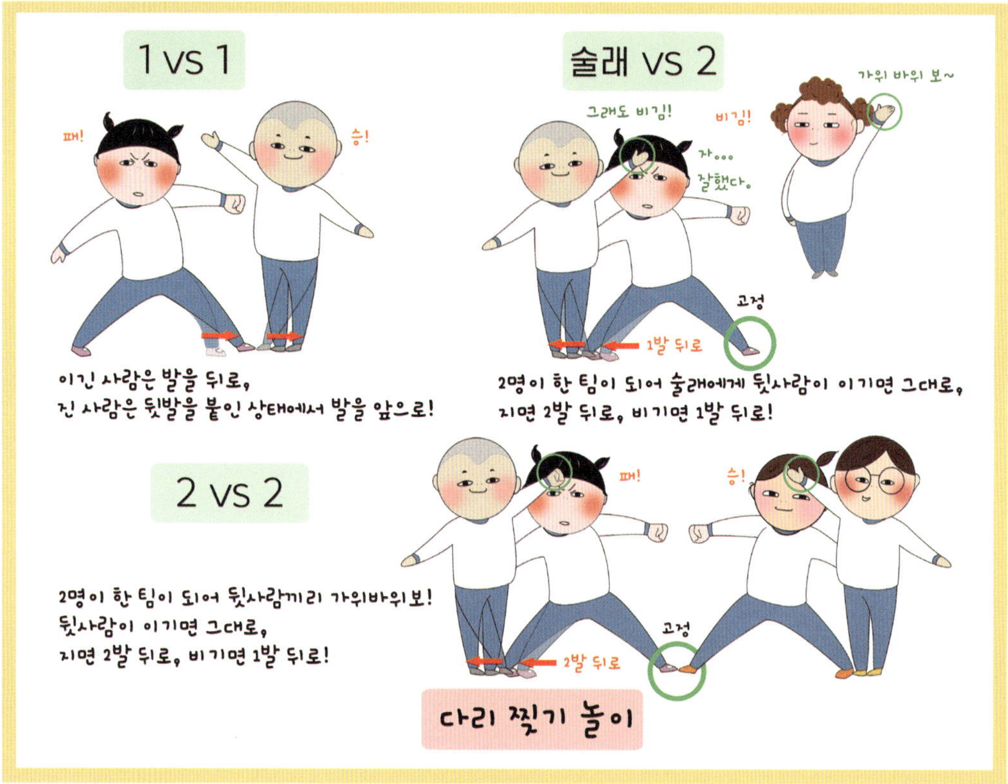

1 vs 1
이긴 사람은 발을 뒤로,
진 사람은 뒷발을 붙인 상태에서 발을 앞으로!

술래 vs 2
2명이 한 팀이 되어 술래에게 뒷사람이 이기면 그대로,
지면 2발 뒤로, 비기면 1발 뒤로!

2 vs 2
2명이 한 팀이 되어 뒷사람끼리 가위바위보!
뒷사람이 이기면 그대로,
지면 2발 뒤로, 비기면 1발 뒤로!

다리 찢기 놀이

활동 전 준비

❶ 부상을 방지하기 위하여 놀이 시작 전 스트레칭을 한다.

활동 TIP
- 술래 vs 2 놀이와 2 vs 2 놀이에서는 놀이가 한 번 끝날 때마다 역할을 바꿔가면서 놀이를 진행하는 것이 좋다.

활동 방법

❶ 1 vs 1
- 학생들은 2인 1조를 만들고 서로 마주 보고 선다.
- 가위바위보에서 이긴 학생은 한 발 뒤로 가고, 진 학생은 뒷발을 고정한 상태로 앞발을 짝의 앞발까지 뻗는다.
- 가위바위보에서 졌는데 짝의 앞발까지 닿지 못하면 패배한다.

❷ 술래 vs 2
- 학생들은 3인 1조를 만들고 술래를 1명 정한다.
- 술래를 제외한 나머지 2명은 앞, 뒤로 나란히 서고, 술래는 반대편에 마주보고 선다.
- 뒤에 있는 학생과 술래가 가위바위보를 하여 뒤에 있는 학생이 이기면 그대로 있고, 비기면 뒤에 있는 학생이 한 발 뒤로 가고, 지면 두 발 뒤로 간다. 이때 앞에 있는 학생은 앞발을 고정한 상태로 뒷발을 뒤에 있는 학생이 뒤로 간 만큼 뻗는다.
- 앞의 학생이 더 이상 다리를 뻗지 못하면 술래를 바꿔서 놀이를 진행한다.

❸ 2 vs 2
- 학생들은 4인 1조를 만들고, 조 내에서 2인 1팀을 만든다.
- 팀끼리 앞, 뒤로 나란히 선다.
- 뒤에 있는 학생끼리 가위바위보를 한다.
- 가위바위보 결과에 따른 학생들의 이동 방식은 술래 vs 2 놀이와 동일하다.
- 앞의 학생이 다리를 더 이상 뻗지 못한 팀이 패배한다.

PART 02
몸풀기 놀이

도구 없이 몸을 가볍게 움직이며 에너지를 깨우는 놀이입니다.

| 가위바위보 놀이 | 가위바위보를 활용한 인기 만점! 흥미진진! 놀이에요. 놀이를 활용해 자율 시간, 자투리 시간을 즐겁게 보내요. |

| 맨손 놀이 I | 준비물이 필요 없는 쉽고 간단한 맨손 놀이를 통해 즐거운 시간을 보내요. |

| 맨손 놀이 II | 맨손 놀이 I 보다는 조금 어려운 놀이를 담았어요. 어려운 만큼 규칙만 잘 이해하면 더 재미있는 놀이 시간을 보낼 수 있어요. |

| 원형 의자 놀이 | 의자를 원형으로 배치하고 모두 함께 모여 즐겁게 놀이해요. |

017 레벨 업! 놀이

가위바위보 놀이

준비물
• 팀조끼

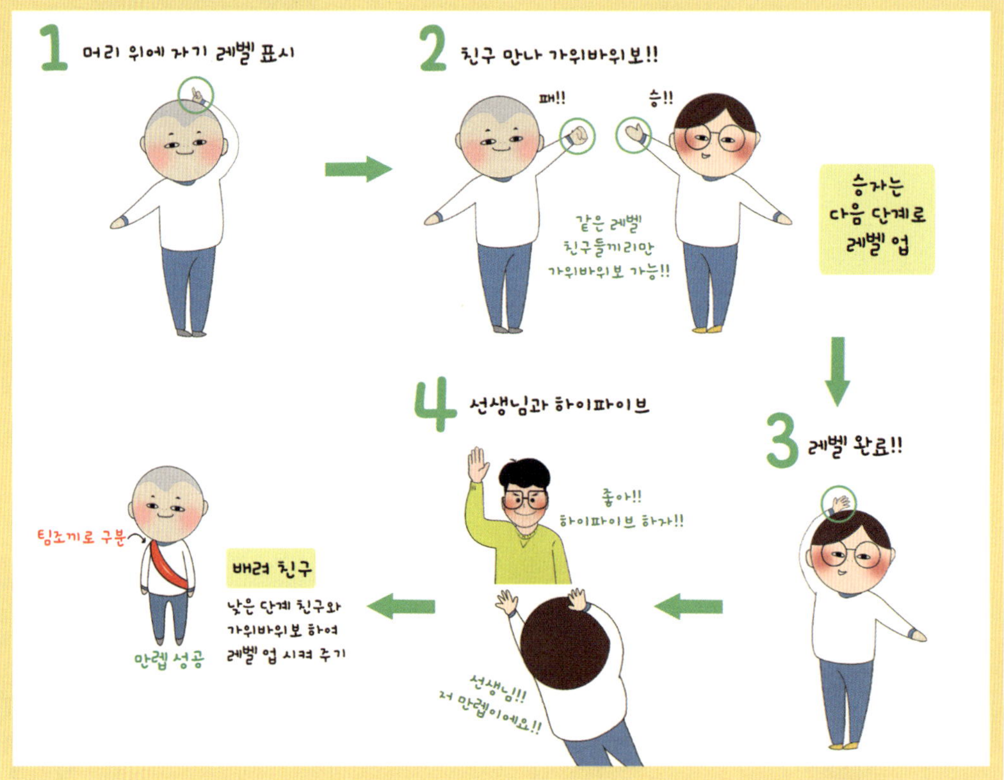

 **활동 전 준비**

❶ 책상을 모둠 형태로 배치한다.
❷ 최종 레벨을 몇으로 할지 정한다.

활동 방법

❶ 자유롭게 돌아다니며 같은 레벨의 친구들을 만나 가위바위보를 한다.
  - 모든 학생은 한 손을 머리 위로 올려 손가락으로 자신의 레벨을 표시한다.
  - 가위바위보는 같은 레벨의 친구와만 할 수 있다.
  - 가위바위보에서 이긴 학생은 레벨 업을 하고, 진 학생은 레벨을 유지한다.
❷ 최종 레벨을 달성한 학생은 교사와 하이파이브를 한 후에 팀조끼를 입고 배려 친구 역할을 한다. 배려 친구는 모든 단계의 학생들과 가위바위보를 할 수 있다.
❸ 모든 학생이 최종 레벨을 달성하면 놀이를 종료한다.

활동 TIP

- '가위바위보에서 지면 레벨이 떨어진다'라는 규칙을 설정하면 놀이를 조금 더 오랫동안 긴장감 있게 즐길 수 있다.
- 하이파이브 가위바위보 등 변형 가위바위보 방식을 활용하면 조금 더 재미있게 놀이를 즐길 수 있다.
- 배려 친구는 가급적 낮은 단계의 학생과 가위바위보를 하여 그 친구가 레벨 업을 할 수 있도록 도와준다.

018 왕과 신하 놀이

활동 전 준비

❶ 책상을 모둠 형태로 배치한다.

> **활동 TIP**
> • 신체 가위바위보 등 변형 가위바위보 방식을 활용하면 조금 더 재미있게 놀이를 즐길 수 있다.

활동 방법

❶ 처음 왕이 마지막 왕(위치 바꾸지 않기)
- 처음 시작할 때는 모든 학생이 왕이다.
- 가위바위보는 왕끼리만 할 수 있다.
- 가위바위보에서 졌는데 신하가 없으면 자신이 상대방 왕의 신하가 된다.
- 가위바위보에서 졌는데 신하가 있으면 자신의 신하 중 맨 뒤에 있는 신하를 상대방 왕의 맨 뒤로 보낸다.
- 신하는 왕 뒤로 가서 신하의 포즈를 취하며 왕을 따라다닌다. (신하의 포즈: 삽화 속 녹색 옷을 입은 캐릭터 포즈 참고)
- 정해진 시간이 되면 교사가 학생들을 모은다.
- 신하를 가장 많이 거느리고 있는 왕이 왕 중의 왕이 된다.
- 왕이 거느린 신하의 수가 같으면 왕끼리 가위바위보를 해서 왕 중의 왕을 뽑는다.

❷ 지면 왕이 바뀌는 놀이(위치 바꾸기)
- 왕끼리 만나서 가위바위보를 한다.
- 가위바위보에서 진 왕의 신하 중 맨 뒤에 있는 신하를 상대방 왕의 맨 뒤로 보낸다.
- 신하를 보내고 나서도 신하가 남아 있으면 가위바위보에서 진 왕은 뒤로 가고, 왕의 바로 뒤에 있는 신하가 앞으로 와서 왕 역할을 한다.
- 나머지 활동 방법은 ❶과 동일하다.

019 가위바위보 왕을 이겨라! 놀이

가위바위보 놀이

준비물
• 점수판 1개

활동 전 준비

❶ 학생들은 8인 1팀을 만든다.

❷ 왕팀과 도전팀을 정한다.

❸ 도전팀들은 도전 순서를 정한다.

❹ 왕팀은 왕을 기준으로 1명(왕) - 2명(3단계) - 2명(2단계) - 3명(1단계) 순으로 선다.

❺ 첫 번째 도전팀은 세 줄로 나눠서 1단계 3명 앞에 일렬로 선다.

활동 TIP

- 가위바위보 대신 팔벌려 가위바위보로 바꿔서 진행하면 조금 더 역동적인 놀이가 된다.
- 한 팀에 들어가는 학생 수는 교실 상황을 고려하여 유동적으로 조절한다.

활동 방법

❶ 교사의 출발 신호와 함께 도전팀 학생들은 왕팀의 1단계 학생들을 만나 가위바위보를 한다.

❷ 가위바위보에서 이긴 학생들은 다음 단계의 학생들에게 도전한다.

❸ 어떤 단계에서든 가위바위보에서 진 학생들은 다시 줄을 서서 1단계 학생들부터 이기면서 올라와야 한다.

❹ 도전팀의 학생이 1단계, 2단계, 3단계, 왕까지 연속으로 가위바위보를 이기면 점수판의 점수를 올린다.

❺ 정해진 시간이 되면 두 번째 도전팀이 같은 방식으로 도전한다.

❻ 모든 팀이 한 번씩 왕팀 역할을 한 후, 점수를 확인했을 때 점수가 가장 낮은 팀이 승리한다.

- 왕팀이 가위바위보에서 졌을 때 점수판의 점수가 올라가기 때문에 놀이가 끝났을 때 점수가 낮은 팀(가위바위보에서 적게 진 팀)이 승리한다.

020 친구와 함께 만세 놀이

가위바위보 놀이

준비물
없음

1 팔짱 낀 친구들끼리 가위바위보

2 진 사람이 이긴 사람 뒤에 기차 만들기

선두가 가위바위보에서 지면 맨 뒤의 사람이 상대 팀에 가서 붙기

3 3명의 친구를 모아 만세 외치기

만세~ 만세~ 만세~!!

4 각자 다시 팔짱 끼고 왕으로 돌아가기

영상 보러 가기

활동 전 준비

❶ 책상과 의자를 밀고 공간을 넓게 확보한다.

활동 방법

❶ 처음 시작할 때는 모든 학생이 왕이다. 왕은 팔짱을 낀다.
❷ 왕끼리 가위바위보를 한다.
❸ 가위바위보에서 졌는데 신하가 없으면 자신이 상대방 왕의 신하가 된다.
❹ 가위바위보에서 졌는데 신하가 있으면 자신의 신하 중 맨 뒤에 있는 신하를 상대방 왕의 맨 뒤로 보낸다.
❺ 신하는 왕 뒤로 가서 왕의 양어깨에 양손을 올린 상태로 왕을 따라다닌다.
❻ 왕이 신하 3명을 모으면 신하들은 왕의 이름을 넣어 만세삼창을 한다.
(예: "000 만세, 000 만세, 000 만세!")
❼ 만세삼창이 끝나면 다시 각자 왕이 되어 흩어져서 정해진 시간이 될 때까지 ❶~❻의 내용을 반복한다.

활동 TIP

- 신하 3명을 모으는 데 시간이 많이 걸리면 신하 2명을 모은 후에 만세삼창을 해도 된다.

021 친구 사랑 빼빼로 손뼉치기 놀이

활동 전 준비

❶ 영상 또는 교사의 시범을 통해 학생들과 함께 노래와 손동작을 익힌다.

활동 방법

❶ 술래 vs 다른 학생들
- 술래 1명을 정한다.
- 처음에는 모든 학생이 양손의 검지만 편 상태로 시작한다.
- 술래와 함께 노래를 부르며 친구 사랑 빼빼로 손뼉치기 놀이를 하고 가위바위보를 한다.
- 술래와의 가위바위보에서 이길 때마다 양손의 손가락을 1개씩 편다.
- 5판을 진행했을 때 손가락을 많이 편 학생이 승리한다.

❷ 짝지어 활동하기
- 학생들은 2인 1조를 만들고, 각 조 내에서 술래를 정한다.
- 조별로 노래를 부르며 친구 사랑 빼빼로 손뼉치기 놀이를 하고 가위바위보를 한다.
- 5판을 진행했을 때 손가락을 많이 편 학생이 승리한다.

활동 TIP

- 코로나19 등 감염병의 위험이 있는 상황이라면 짝과 적당한 거리를 두고 서로를 터치하지 않으면서 놀이를 진행하고, 감염병의 위험이 없는 상황이라면 짝과 손뼉을 치며 놀이를 진행한다.

022 돌고 돌아 가위바위보 놀이

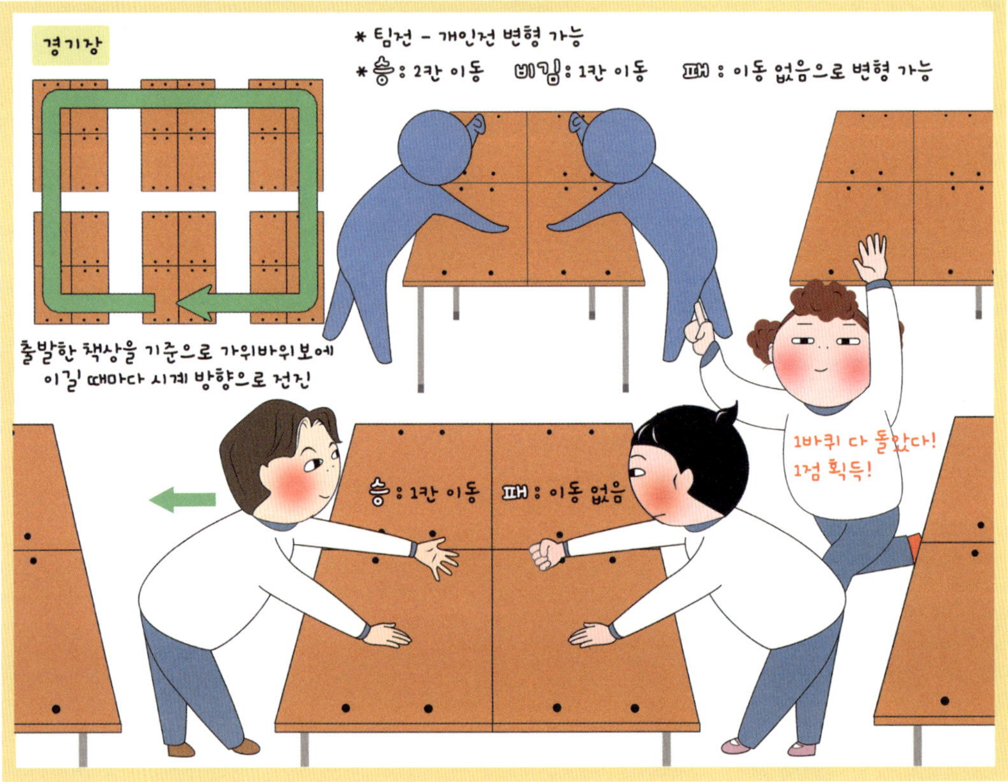

경기장

* 팀전 – 개인전 변형 가능
* 승 : 2칸 이동   비김 : 1칸 이동   패 : 이동 없음으로 변형 가능

출발한 책상을 기준으로 가위바위보에 이길 때마다 시계 방향으로 전진

승 : 1칸 이동   패 : 이동 없음

1바퀴 다 돌았다! 1점 획득!

활동 전 준비

❶ 책상을 모둠 형태로 배치한다.

활동 TIP
- 가위바위보를 묵찌빠로 바꾸어 진행해도 된다.
- 규칙을 '가위바위보에서 이기면 2칸 이동, 비기면 두 친구 모두 1칸 이동, 지면 이동 안 하기'로 바꿔도 된다.

활동 방법

❶ 개인전

- 같은 모둠 내에서 2명씩 짝을 지어 1 대 1로 마주 보고 가위바위보를 한다.
- 가위바위보를 할 때는 한 손을 책상 위에 올려 자신이 속한 모둠을 다른 학생들에게 명확히 표시한다.
- 가위바위보는 손을 올린 같은 모둠에 있는 학생 중 누구와도 할 수 있다.
- 가위바위보에서 진 학생은 이길 때까지 이동할 수 없다.
- 가위바위보에서 이긴 학생은 시계 방향에 있는 옆 모둠으로 이동한다.
- 한 바퀴를 돌아 원래 시작한 자리로 돌아오면 1점을 얻는다.
- 정해진 시간이 됐을 때 점수가 가장 높은 학생이 승리한다.

❷ 팀전

- 모둠원이 한 팀이 된다.
- 개인전과 동일한 방식으로 놀이를 진행한다.
- 각자 한 바퀴를 돌 때마다 모둠 점수판에 1점을 올린다.
- 정해진 시간이 됐을 때 점수가 가장 높은 모둠이 승리한다.

준비물

- 12색 색연필 한 다스 (학생 수)

영상 보러 가기

023 색연필 가위바위보 놀이

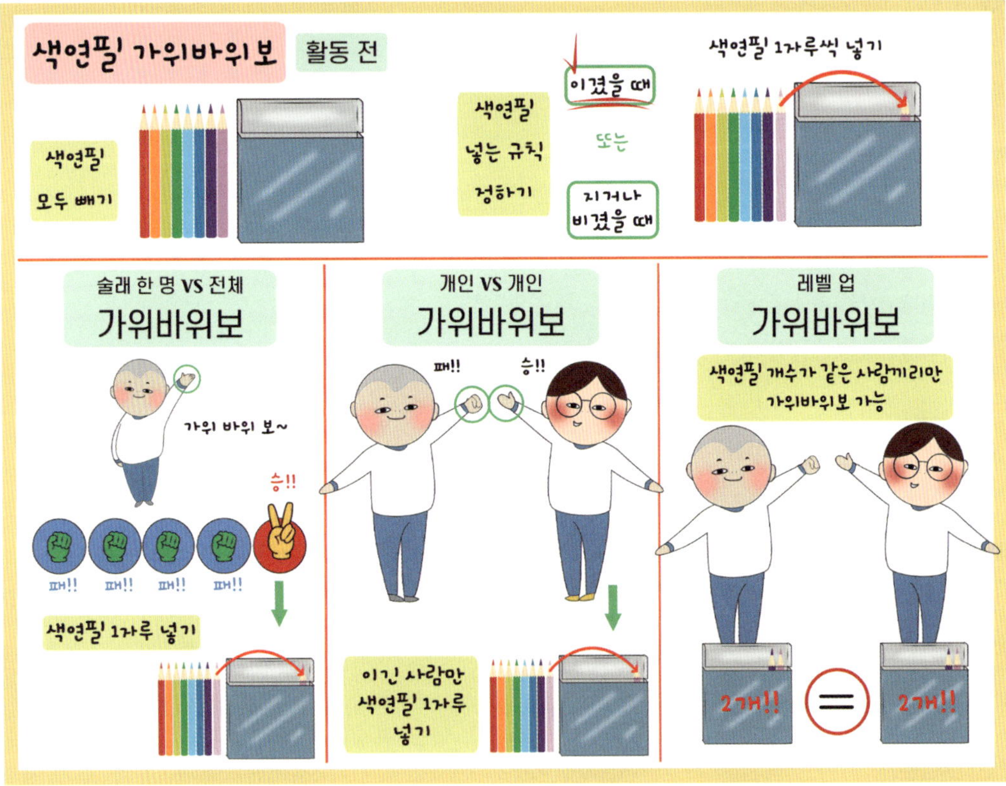

활동 전 준비

❶ 학생들은 각자 12색 색연필 한 다스를 준비한다.

활동 방법

❶ 술래와 가위바위보
- 색연필 12개를 모두 꺼낸다.
- 술래 1명을 정하고, 색연필을 케이스에 넣는 규칙을 정한다. (예: 이기면 넣기, 비기거나 지면 넣기 등)
- 술래가 앞으로 나와서 전체 학생을 대상으로 가위바위보를 하고, 다른 학생들은 규칙에 따라 색연필을 케이스에 넣는다.
- 가장 먼저 모든 색연필을 케이스에 넣은 학생이 승리한다.

❷ 친구와 가위바위보
- 자유롭게 돌아다니며 친구를 만나 가위바위보를 한다.
- 나머지 활동 방법은 ❶과 동일하다.

❸ 레벨 업 가위바위보
- 기본적인 활동 방법은 ❷와 동일하다.
- 차이점은 남은 색연필의 개수가 동일한 학생끼리만 가위바위보가 가능하다는 것이다.

활동 TIP
- 가위바위보를 할 때 팔벌려 가위바위보 방식을 활용하면 조금 더 역동적인 놀이가 된다.
- 색연필이 없다면 연필과 필통 등 다른 물건을 활용하여 동일한 방식으로 놀이를 진행해도 된다.

024 가위바위보 유연성 놀이

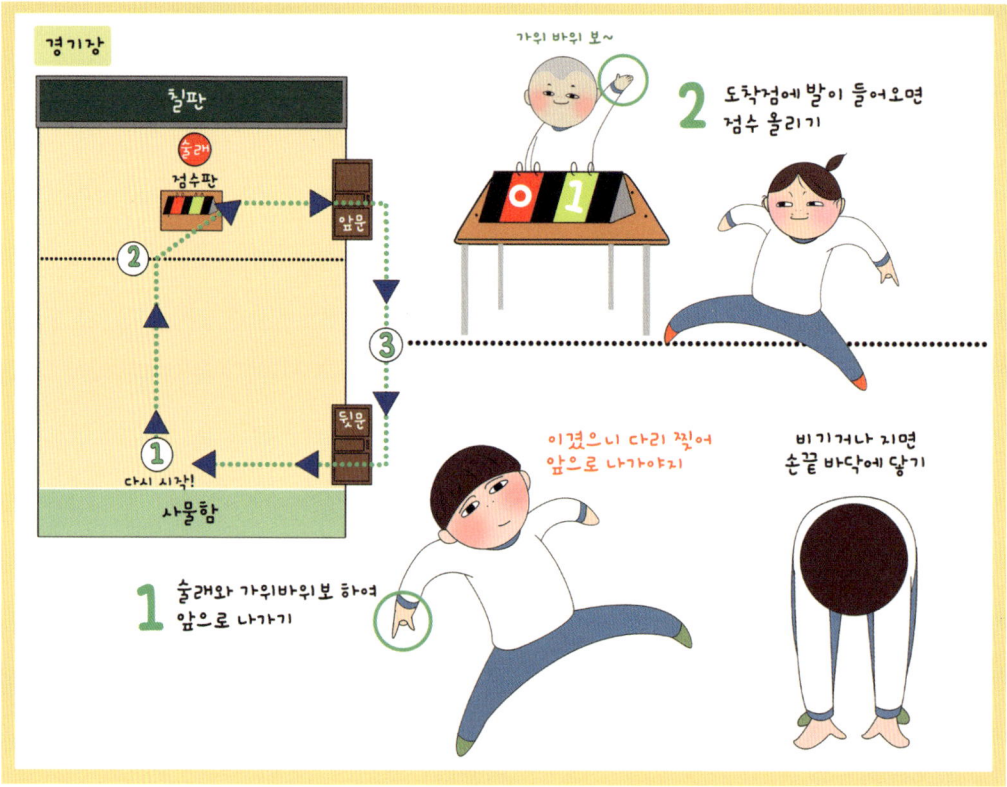

활동 전 준비

❶ 책상과 의자를 밀고 공간을 넓게 확보한다.

❷ 교실 앞에 책상 1개를 배치하고, 그 위에 점수판 1개를 올려놓는다.

❸ 놀이 시작 전 충분히 스트레칭을 한다.
  - 숨을 내쉬면서 근육과 관절을 풀어 준다.

활동 방법

❶ 학생들을 두 팀으로 나누고 술래 1명을 뽑는다.

❷ 술래는 교실 앞에 위치하고, 다른 학생들은 팀끼리 모여서 교실 뒤에 위치한다.

❸ 학생들은 술래와 가위바위보를 해서 이기면 다리를 찢어 앞으로 나아갈 수 있다. 지거나 비기면 손끝 바닥에 닿기를 3초 동안 한다.
  - 앞으로 나아갈 때는 뒷발을 고정시킨 상태로 앞발을 최대한 뻗어서 나아간다.
  - 뒷발이 움직이면 반칙이며, 반칙을 한 학생은 출발 지점으로 돌아가야 한다.

❹ 도착 지점(점수판 책상)에 앞발이 들어오면 점수판의 점수를 올린다.

❺ 그 후 교실 앞문으로 나가서 교실 뒷문으로 들어와 처음 시작 자리(교실 뒤)에서 같은 방식으로 도착 지점으로 들어오는 것을 반복한다.

❻ 정해진 시간이 됐을 때 득점을 많이 한 팀이 승리한다.

활동 TIP

• 놀이 시작 전 2명이 대결하는 가위바위보 다리 찢기 놀이 등을 활용하면 재미있게 스트레칭을 할 수 있다.

• 술래는 "가위바위보"를 큰 소리로 천천히, 정확하게 외친다.

• 점수판이 없으면 칠판에 바를 정(正)으로 점수를 표시한다.

가위바위보 놀이

준비물

- 의자 9개
- 두 가지 색의 팀조끼 (학생 수)

영상 보러 가기

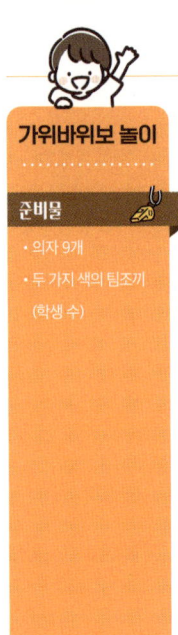

025 다리 찢어 의자 뺏기 놀이 2종

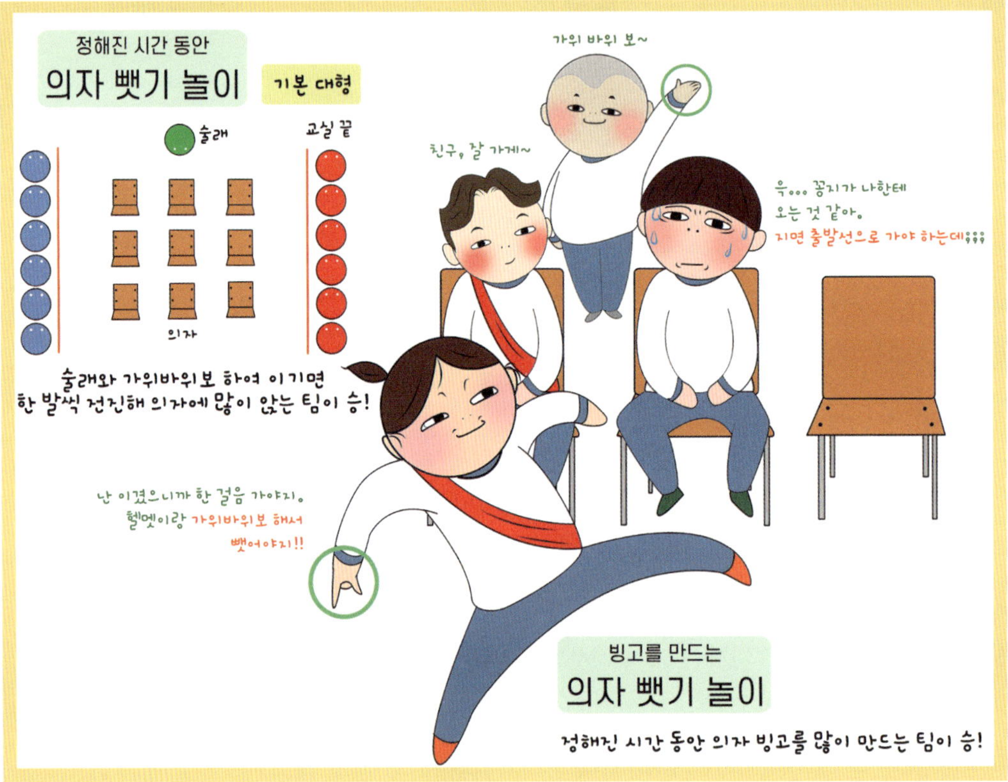

활동 전 준비

❶ 책상과 의자를 밀고 공간을 넓게 확보한다.
❷ 교실 중앙에 의자 9개를 3x3 형태로 배치한다.
❸ 학생들과 함께 충분한 스트레칭을 한다.
❹ 학생들을 두 팀으로 나누고, 팀별로 팀조끼를 입는다.

활동 TIP

- 의자 배치를 2x2 또는 4x4 등으로 변형하면 놀이를 더 빨리 끝내거나 더 오래 할 수 있다.

활동 방법

❶ 정해진 시간 동안 의자 뺏기 놀이
  - A팀은 교실 앞에, B팀은 교실 뒤에 위치한다.
  - 전체 학생은 교사 또는 술래와 가위바위보를 해서 이기면 뒷발을 땅에 붙인 상태로 앞발을 최대한 벌려 한 발 앞으로 간다.
  - 지거나 비긴 학생은 제자리에서 손끝이 바닥에 닿도록 한다.
  - 발끝이 의자에 닿으면 의자에 앉을 수 있다.
  - 의자에 앉아 있는 학생도 전체 가위바위보에 참여하여 자리를 이동할 수 있다.
  - 상대 팀이 차지하고 있는 의자에 발끝이 닿으면 의자에 앉아 있는 학생과 가위바위보를 할 수 있다. 가위바위보를 이기면 상대 팀의 의자를 뺏을 수 있고, 의자에 앉아 있던 상대 팀은 시작 지점으로 돌아가야 한다.
  - 상대 팀과의 가위바위보에서 지면 한 발 뒤로 물러난다.
  - 정해진 시간에 의자에 많이 앉아 있는 팀이 승리한다.

❷ 빙고를 만드는 의자 뺏기 놀이
  - 기본적인 활동 방법은 ❶과 동일하다.
  - 가로, 세로, 대각선 중 두 줄 빙고를 먼저 만든 팀이 승리한다.

026 2인 가위바위보 놀이

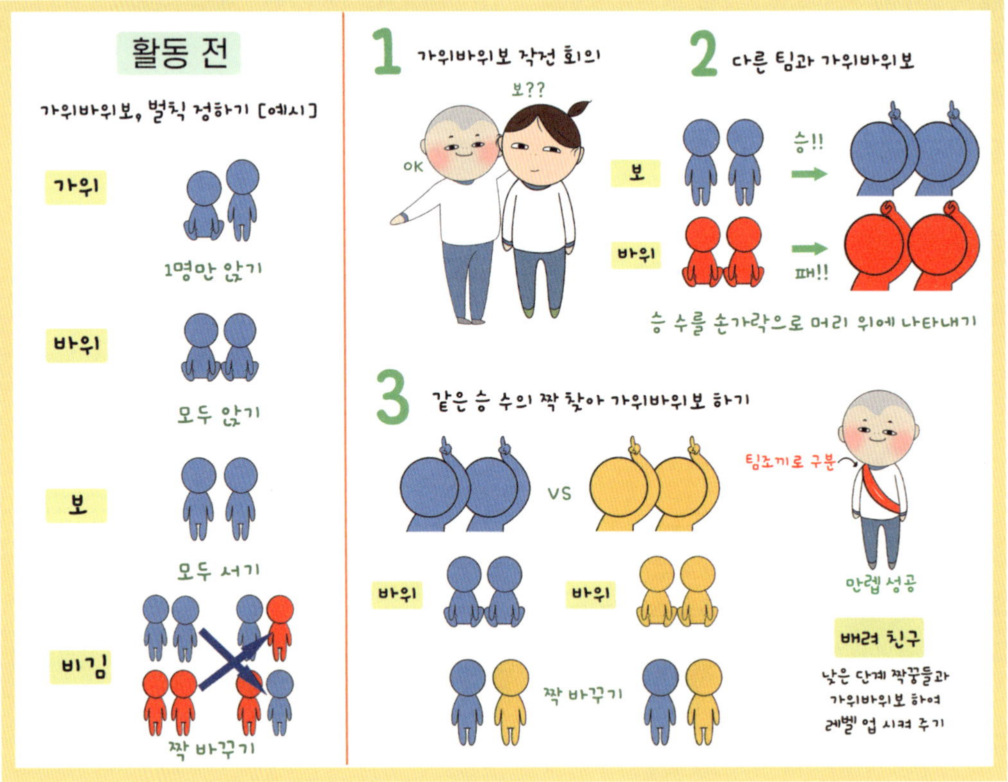

활동 전 준비

❶ 책상을 모둠 형태로 만든다.
❷ 학생들은 2인 1팀을 만든다.
❸ 팀원과 함께 신체를 활용하여 가위바위보를 표현하는 방법
   - 가위: 1명만 앉기 / 바위: 2명 모두 앉기 / 보: 2명 모두 서기

활동 TIP
- 배경 음악으로 즐거운 노래를 틀면 더 즐거운 놀이 분위기를 형성할 수 있다.
- 배려 팀은 가급적 레벨이 낮은 팀과 가위바위보를 하여 그 팀이 레벨 업을 할 수 있도록 도와준다.

활동 방법

❶ 팀원과 함께 교실을 돌아다니다가 다른 팀원을 만나 서로 인사하고, 신체를 활용하여 첫 번째 가위바위보를 한다.
   - 가위바위보를 하기 전에 팀원과 전략 회의를 하여 어떤 것을 낼지 정한다.

❷ 첫 번째 가위바위보 결과에 따라 각 팀은 다음과 같이 행동한다.
   - 이긴 팀: 머리 위에 숫자 1을 표시한다.
   - 진 팀: 머리 위에 숫자 0을 표시한다.
   - 비긴 팀: 상대 팀과 짝을 바꾸어 다시 가위바위보를 한다.

❸ 두 번째 가위바위보부터는 자유롭게 돌아다니며 머리 위에 숫자가 같은 팀을 찾아 가위바위보를 한다.
❹ 레벨 5를 달성한 팀은 팀조끼를 입고 배려 팀 역할을 한다. 배려 팀은 레벨에 상관없이 다른 팀과 가위바위보를 할 수 있다.

027 3인 가위바위보 놀이

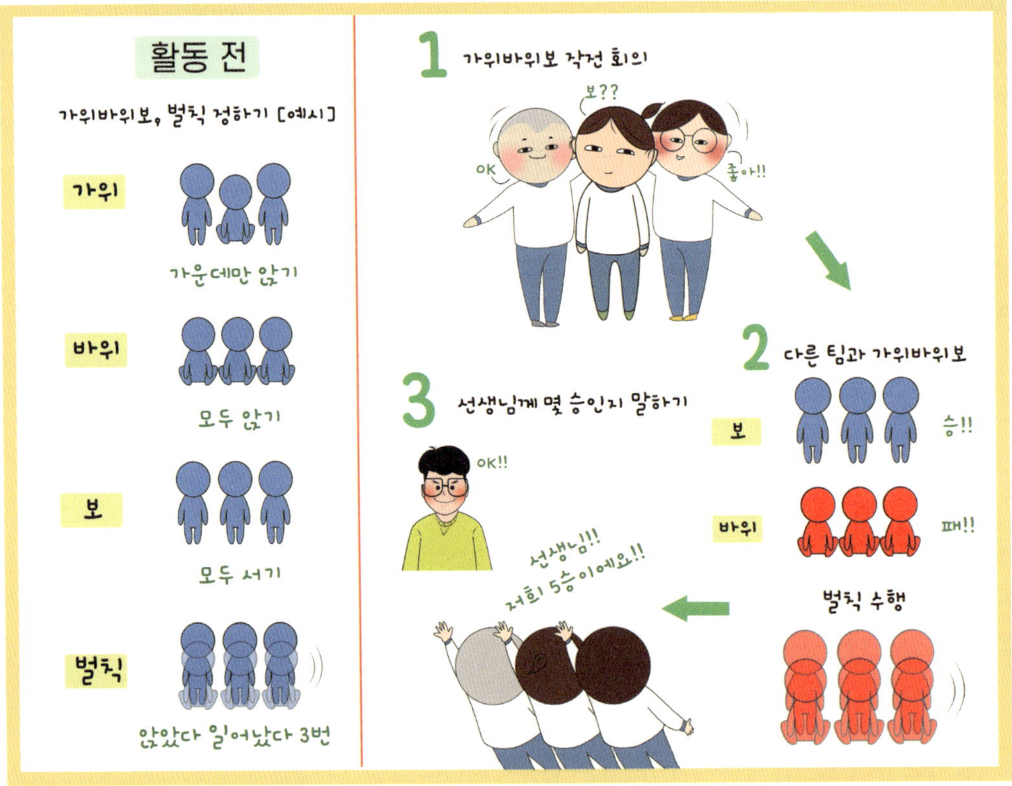

활동 전 준비

❶ 학생들은 3인 1팀을 만든다.

활동 방법

❶ 팀별로 돌아다니며 다른 팀을 만나서 가위바위보를 한다.
❷ 가위바위보 방법
   가위: 가운데 학생만 앉기 / 바위: 3명 모두 앉기 / 보: 모두 일어서기
❸ 가위바위보에서 진 팀은 신체 과제를 수행한다.
   (예: 앉았다 일어나기 3회 등)
❹ 정해진 시간이 되면 팀별로 교사에게 몇 승인지 말한다.

활동 TIP

- 가위바위보 방법을 창의적으로 정하면 재미있는 놀이가 된다. (예: 가위는 3명 동시에 점프하기, 바위는 3명 동시에 바퀴 돌기, 보는 가운데 학생만 춤추기 등)

028 4인 다리 찢기 가위바위보 놀이

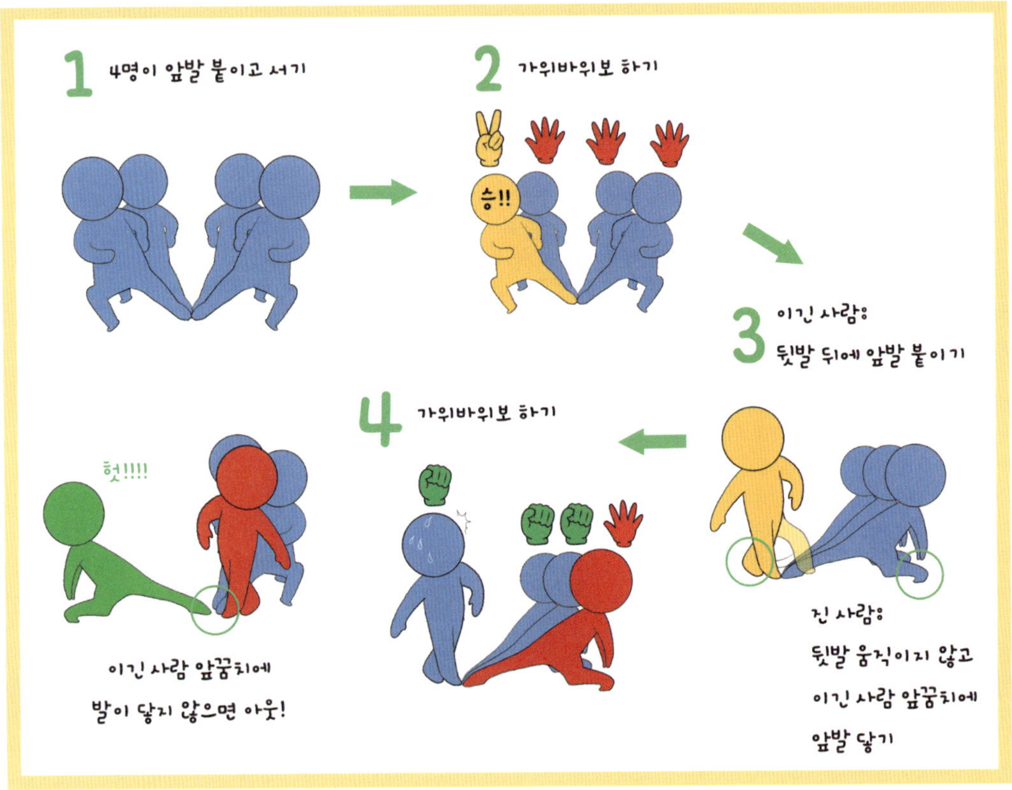

 **활동 전 준비**

❶ 학생들은 4인 1조를 만든다.

활동 방법

❶ 팀별로 동그랗게 모여 앞발을 붙이고 선다.
❷ 4명이 동시에 가위바위보를 한다.
❸ 이긴 학생은 앞발의 앞꿈치를 뒷발의 뒤꿈치에 붙이고, 진 학생은 뒷발을 바닥에 붙인 상태로 이긴 학생의 앞발까지 자신의 앞발로 스트레칭을 하며 뻗는다.
❹ 가위바위보에서 졌는데 가위바위보에서 이긴 학생의 앞발까지 자신의 앞발이 닿지 못하면 아웃이다.
❺ 마지막까지 살아남은 학생이 승리한다.

활동 TIP

• 배경 음악으로 신나는 노래를 틀면 더 즐거운 놀이 분위기를 형성할 수 있다.
• 역전이 쉽게 일어날 수 있는 놀이이므로 학생들에게 끝까지 포기하지 않는 끈기의 중요성을 강조한다.

가위바위보 놀이

준비물

- 두 가지 색의 팀조끼 (학생 수)
- 점수판 2개

영상 보러 가기

029 다리 찢기 가위바위보 놀이

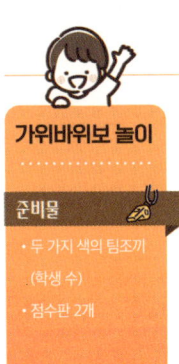

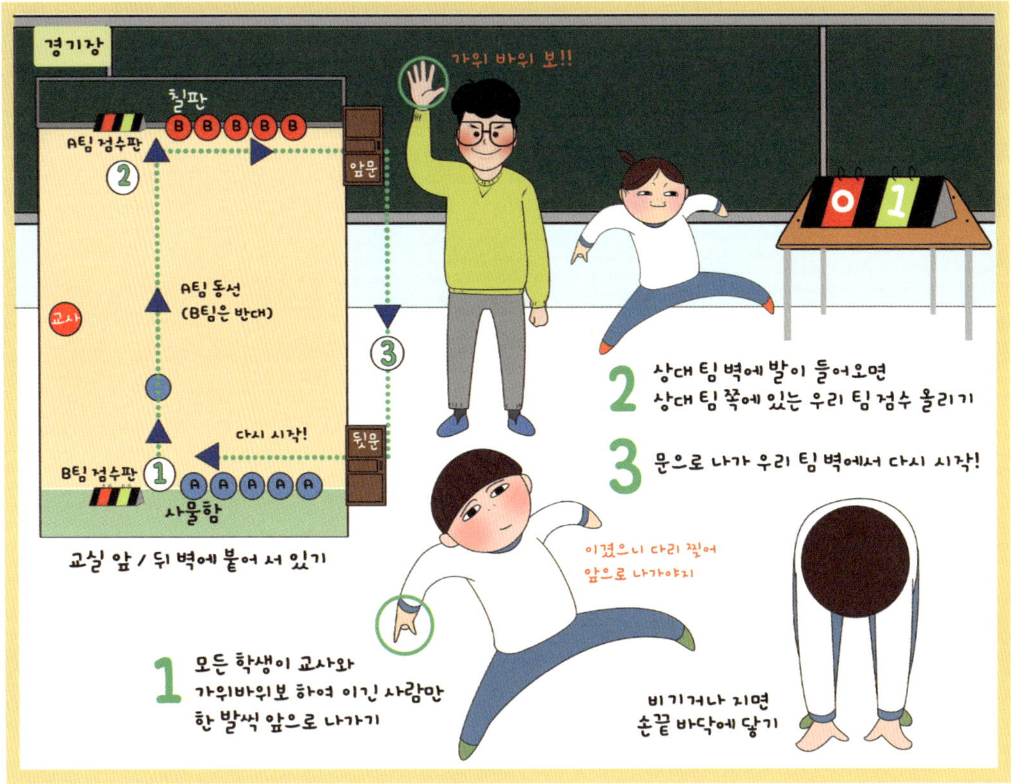

활동 전 준비

❶ 책상과 의자를 밀고 공간을 넓게 확보한다.
❷ 학생들을 두 팀으로 나눈다.
❸ B팀 점수판은 교실 뒤에 배치하고, A팀 점수판은 교실 앞에 배치한다.
❹ 팀별로 팀조끼를 착용한다.
❺ B팀은 교실 앞에 일렬로 서고, A팀은 교실 뒤에 일렬로 선다.

활동 TIP

- 다리 찢기 도중 부상을 당하지 않도록 활동하기 전 스트레칭을 충분히 진행한 후에 놀이를 시작한다.
- 교실 중간에서 A팀과 B팀 학생들이 만날 때 부딪히지 않도록 안전 지도를 한다.
- 교사 역할을 할 학생 한 명을 뽑을 수도 있다.

활동 방법

❶ 교사의 신호에 맞춰 모든 학생은 교사와 가위바위보를 한다.
  - 가위바위보에서 이긴 학생은 한쪽 다리를 바닥에 붙인 상태로 반대쪽 다리를 최대한 찢어서 멀리 나아간다.
  - 가위바위보에서 비기거나 진 학생은 제자리에서 손끝으로 바닥 찍기를 한다.
❷ 가위바위보를 계속하면서 상대 팀 벽 쪽으로 이동한다.
❸ 상대 팀 벽에 발이 닿으면 1점을 획득한다. 점수를 획득하면 점수판의 점수를 올린다.
❹ 점수를 올린 후에는 복도를 통해 자기 팀 벽으로 다시 이동한다.
❺ 정해진 시간까지 ❶~❹의 활동을 반복한다.
❻ 정해진 시간이 됐을 때 점수가 높은 팀이 승리한다.

030 숨은 교실 찾기 놀이

맨손 놀이 I

준비물
• 스마트폰 1개

영상 보러 가기

활동 전

교사는 활동 전, 교실 일부분을 사진으로 찍어 두기

1 교실 사진 일부 확대해서 보여 주기

2 교실을 살펴보며 확대된 사진이 어디일지 찾기
흠~ 어디지??

3 찾은 사람은 어느 장소인지 맞히기
정답!!

사진을 교실이 아닌 사람이나 동물 등으로 변경 가능!!

🧒 활동 전 준비

❶ 학생들은 눈을 감은 상태로 책상 위에 엎드린다.
❷ 교사는 스마트폰을 교실 TV에 미러링한다.
❸ 교사는 교실 속 일부분을 스마트폰으로 찍는다.

🧒 활동 방법

❶ 찍은 사진 중 일부분을 크게 확대한다.
  - 실제 장소가 어디인지 쉽게 유추할 수 없도록 크게 확대한다.
❷ 학생들은 확대된 사진을 보고 교실의 어떤 부분을 찍었는지 추리하여 맞힌다.
  - 정답을 맞힐 때는 근거 없이 말하지 말고 사진 속에서 근거를 찾아 추론하여 맞힐 수 있도록 지도한다.
❸ 정답을 맞히면 학생들은 다시 자리로 돌아가서 눈을 감고 책상 위에 엎드린다.
❹ 정해진 시간이 될 때까지 ❶~❸의 활동을 반복하며 놀이를 이어 나간다.

활동 TIP

- 팀 경쟁 형식으로 놀이를 진행할 수도 있다.
  - 팀원 간에 토의를 통해 근거를 찾는다.
  - 근거를 바탕으로 정답을 다른 팀보다 빨리 찾아 발표하여 점수를 얻는다.
  - 정해진 시간이 됐을 때 점수가 높은 팀이 승리한다.
- 학생들이 정답을 잘 못 찾으면 사진을 살짝 축소하여 힌트를 줄 수도 있다.
- 교실 TV에 스마트폰을 미러링할 수 없다면, 스마트폰으로 찍은 사진을 교실 컴퓨터에 옮겨 TV로 보여주면서 같은 방식으로 놀이를 진행한다.

031 종이 따라 놀이

맨손 놀이 Ⅰ

준비물
• A4 용지 1장

영상 보러 가기

선생님이 들고 있는 종이를 보고 따라 움직이세요!

예시

위로	좌우로	반으로 접기	뒤로
점프!!	흔들어~	폴더 인사!!	뒤로 젖혀!!

활동 전 준비

❶ 학생들은 의자를 책상에 넣고 바른 자세로 선다.

활동 방법

❶ 교사는 A4 용지 1장을 들고 교실 앞에 위치한다.
❷ 학생들은 교사가 A4 용지를 움직이는 것과 똑같은 방식으로 자신들의 몸을 움직인다.
❸ 예시
 - 교사가 A4 용지를 위로 들면 학생들도 점프를 한다.
 - 교사가 A4 용지를 좌우로 흔들면 학생들도 몸을 좌우로 흔든다.
 - 교사가 A4 용지를 반으로 접으면 학생들도 상체를 접어 인사를 한다.
 - 교사가 A4 용지를 뒤로 숙이면 학생들도 상체를 뒤로 숙인다.

활동 TIP

- 종이의 하단을 양 갈래로 찢어서 다리의 움직임을 표현할 수 있다.
- 종이의 양옆을 살짝 찢어서 팔의 움직임을 표현할 수 있다.
- 종이를 움직이는 역할을 교사 대신 학생이 해도 된다.

032 앞뒤오왼 놀이

맨손 놀이 1

준비물: 없음

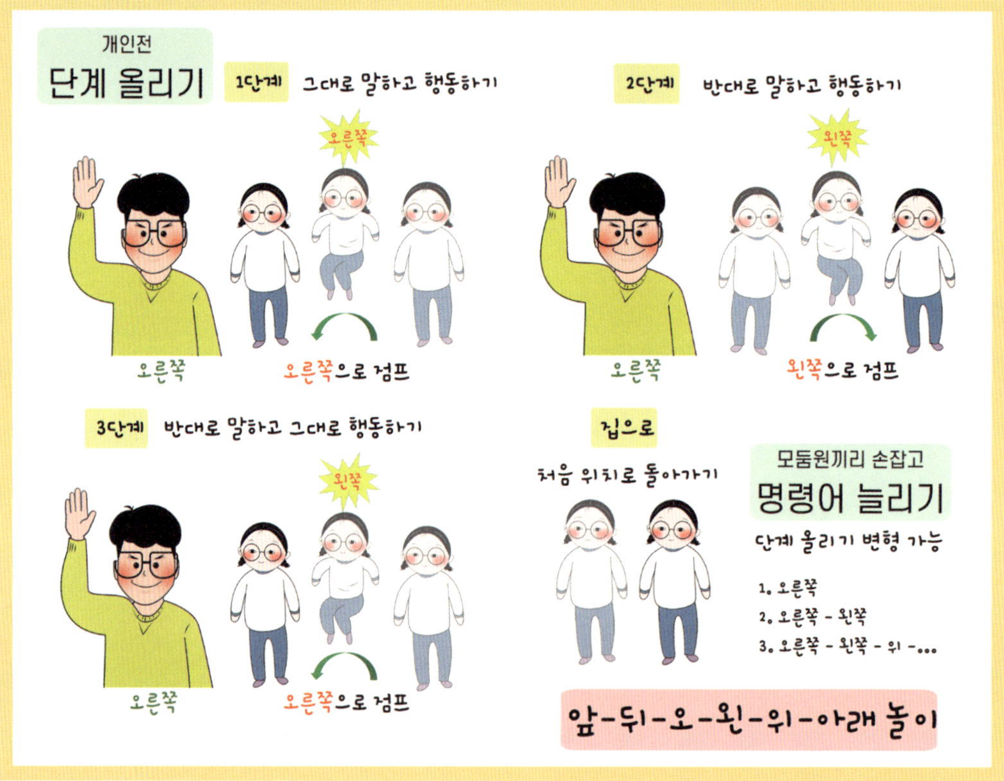

개인전 단계 올리기

1단계 그대로 말하고 행동하기 — 오른쪽 / 오른쪽으로 점프

2단계 반대로 말하고 행동하기 — 오른쪽 / 왼쪽으로 점프

3단계 반대로 말하고 그대로 행동하기 — 오른쪽 / 오른쪽으로 점프

집으로: 처음 위치로 돌아가기

모둠원끼리 손잡고 명령어 늘리기

단계 올리기 변형 가능

1. 오른쪽
2. 오른쪽 - 왼쪽
3. 오른쪽 - 왼쪽 - 위 - …

앞-뒤-오-왼-위-아래 놀이

활동 TIP

- 학생들이 주변 사물과 친구의 위치를 확인하며 안전하게 놀이를 즐길 수 있도록 지도한다.
- 학생들이 부딪힐 것 같으면 '집'으로 이동시킨다.
- 교사는 손가락으로 지시어 방향을 가리켜서 힌트를 줄 수 있고, 지시어 반대 방향을 가리켜서 헷갈리게 할 수도 있다.

활동 전 준비

❶ 학생들은 앞, 뒤, 좌, 우 사이를 양팔 간격으로 벌리고 선다.
❷ 시작할 때 학생들이 서 있는 곳이 '집'의 위치가 된다.

활동 방법

❶ 1단계
  - 교사는 "앞으로, 뒤로, 왼쪽으로, 오른쪽으로" 중 하나의 지시어를 말한다.
  - 학생들은 교사의 지시어를 그대로 따라 말한 후에 그 지시어에 해당하는 방향으로 양발로 점프하여 이동한다.
  - 교사가 "집으로"라고 말하면 처음 시작 위치로 걸어서 이동한다.

❷ 2단계
  - 학생들은 교사의 지시어와 반대로 말할 후에 그 지시어에 반대 방향으로 양발로 점프하여 이동한다.

❸ 3단계
  - 학생들은 교사의 지시어를 그대로 따라 말한 후에 그 지시어에 반대 방향으로 양발로 점프하여 이동한다.

033 우르르 쾅! 놀이

맨손 놀이 I

준비물
없음

영상 보러 가기

1 교사가 [우르르]를 부르고 싶은 만큼 부른 후, [쾅] 외치기

우르르! (1번) 우르르! (2번) 우르르! (3번) 우르르! (4번) 쾅!!

2 [우르르] 소리에 주의하며 교실 돌아다니기

지금 우르르 몇 번이야??
아직 2번이야!!

3 [쾅]을 외칠 때, [우르르] 수만큼 모이기

4명!!!

활동 전 준비

❶ 책상과 의자를 밀고 공간을 넓게 확보한다.

활동 방법

❶ 처음 시작할 때는 모든 학생이 자유롭게 교실을 돌아다닌다.
❷ 적당한 시점에 교사가 "0학년 0반에 비가 내리기 시작했습니다"라고 말하고 원하는 숫자만큼 "우르르"를 외친 후에 마지막에 "쾅"을 외친다.
❸ 교사가 "쾅"을 외치면 학생들은 교사가 "우르르"를 외친 숫자만큼 함께 모인다.
  (예: "우르르"를 세 번 외쳤으면 정확히 3명이 함께 모여야 한다.)
❹ "우르르"를 외친 숫자만큼 모인 학생들은 1점을 얻는다.
❺ "우르르"를 외치는 숫자를 바꿔가며 놀이를 계속한다.
❻ 놀이가 끝났을 때 점수가 높은 학생들이 승리한다.

활동 TIP

- 학생들이 소리를 지르며 뛰어다니면 교사의 "우르르" 소리가 잘 들리지 않을 수 있다. 학생들이 최대한 조용히 돌아다닐 수 있도록 지도한다.
- 교사는 전체 학생 수의 약수로 "우르르"를 외쳐서 짝을 못 만드는 학생이 없도록 한다.

034 교실 대문 놀이

맨손 놀이 I

준비물
없음

영상 보러 가기

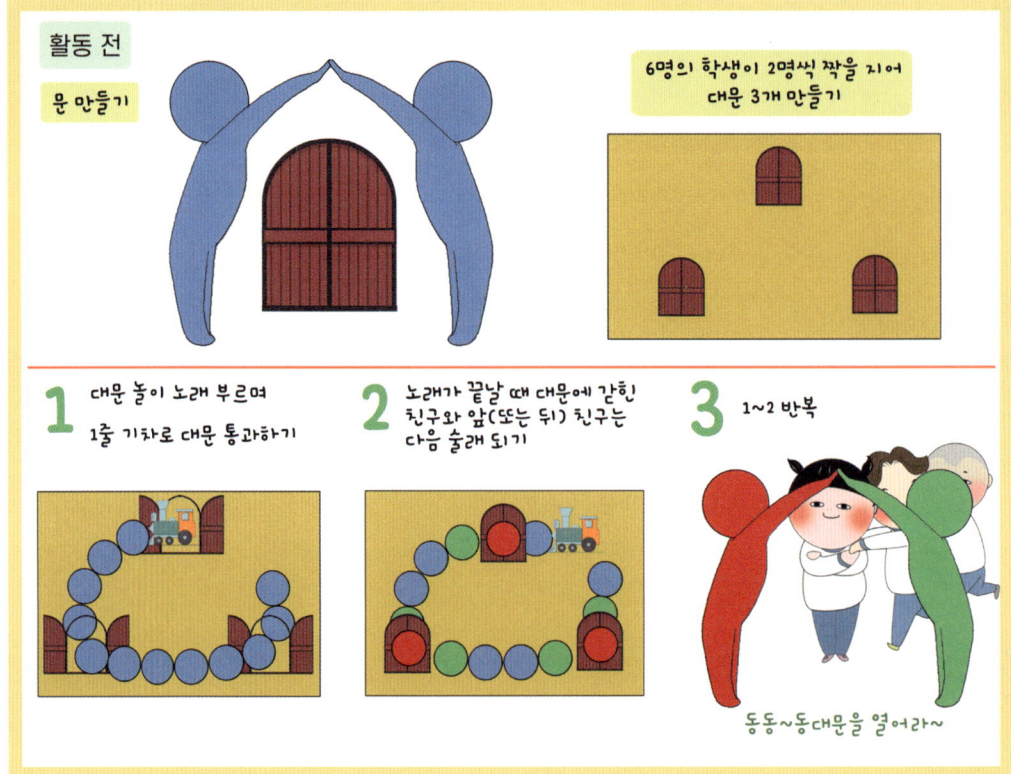

활동 전 준비

❶ 책상과 의자를 밀고 공간을 넓게 확보한다.
❷ 학생들과 함께 대문 놀이 노래를 익힌다.

활동 방법

❶ 술래 6명을 뽑고 대문 3개의 위치를 지정한다.
❷ 술래들은 2인 1팀으로 교사가 지정한 곳으로 가서 대문을 만든다.
❸ 대문이 다 만들어지면 나머지 학생들은 한 줄 기차를 만들고 대문 놀이 노래를 부르며 교실을 돌아다닌다.
❹ 노래가 끝나면 술래는 문을 내린다. 이때 문 안에 들어와 있는 학생들이 다음 술래가 된다.
❺ 술래가 된 학생들은 자신의 바로 앞 또는 뒤 학생 중 1명을 골라 자신이 잡힌 자리에서 대문을 만든다.
❻ 같은 방식으로 술래를 바꿔가며 정해진 시간이 될 때까지 놀이를 이어 나간다.

활동 TIP

- 대문의 개수를 조정하여 놀이의 난이도를 조절한다.
- 대문을 림보로 통과하기 등의 규칙을 추가하면 놀이를 더 재미있게 즐길 수 있다.
- 술래를 두 번 이상 하면 코끼리 코 10바퀴 돌기 등의 규칙을 추가하여 조금 더 긴장감 있게 놀이를 진행한다.
- 학생들이 놀이 도중 흥분하여 뛰거나 넘어지지 않도록 안전에 유의한다.

035 손잡고 돌고 돌아 놀이

1 손잡고 둥글게 서기

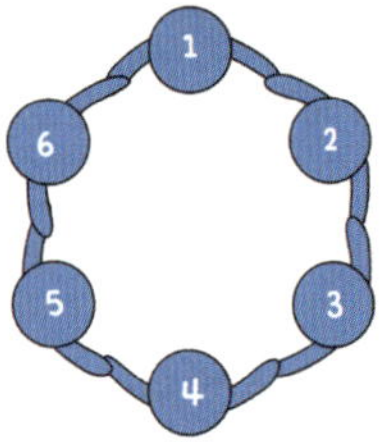

2 1번 학생이 2-3번 사이 통과하기

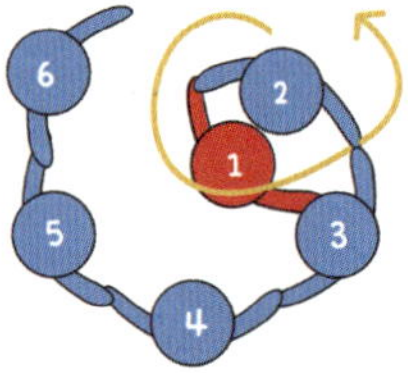

3 1,2번 학생이 3-4번 사이 통과하기

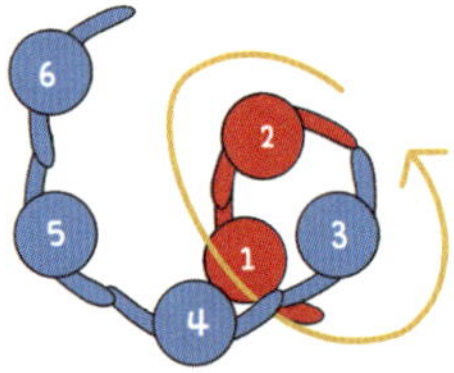

4 마지막 전 학생까지 통과하기

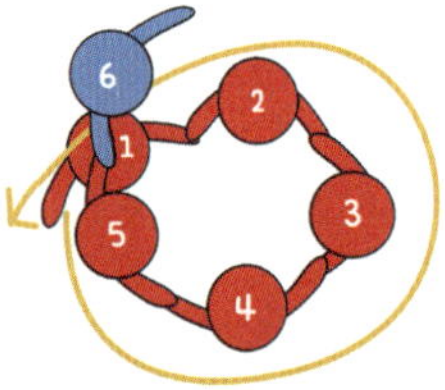

5 모두 통과하면 1,6번 학생이 다시 손잡기

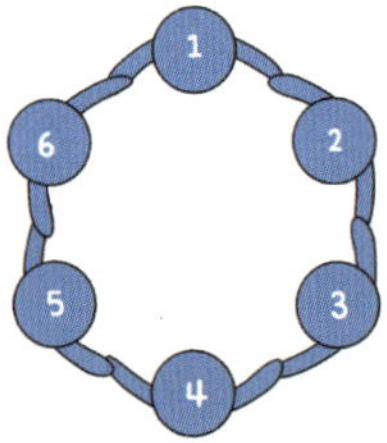

팀별로 완성한 시간을 확인하여 먼저 완성한 팀이 승리!!

활동 전 준비

❶ 책상과 의자를 밀고 공간을 넓게 확보한다.
❷ 학생들을 두 팀으로 나눈다.

활동 방법

❶ B팀 학생들은 교실 외곽에서 대기한다.
❷ A팀 학생들은 교실 중앙에 서서 다 같이 손을 잡고 큰 원을 만든다.
❸ 교사의 시작 신호와 함께 A팀 1번 학생이 2번과 3번 학생 사이로 지나간다.
❹ 2번 학생은 1번 학생이 돌아서 들어올 때 제 자리에서 자연스럽게 한 바퀴 돈다.
❺ 1번, 2번 학생이 3번과 4번 학생 사이로 지나간다.
❻ 3번 학생은 2번 학생이 돌아서 들어올 때 제자리에서 자연스럽게 한 바퀴 돈다.
❼ 위의 흐름 대로 학생들이 차례대로 돌다 보면 A팀의 마지막 번호 직전 학생이 제자리에서 돌았을 때 한 바퀴를 다 돌게 된다.
  - 마지막 번호 학생은 돌지 않는다.
❽ 두 팀이 한 바퀴를 도는 데 걸린 시간을 측정한다.
❾ 더 짧은 시간에 한 바퀴를 다 돈 팀이 승리한다.

활동 TIP

• 너무 빠르게 뛰면 손을 놓칠 수 있고, 제자리에서 돌 때 힘으로 (억지로) 돌리고 해도 손을 놓칠 수 있으므로 적당한 속도로 부드럽게 진행하는 것이 승리하는 방법임을 지도한다.

• 학기 초 아이스브레이킹 및 협동심을 키울 수 있는 좋은 놀이이다.

036 한 줄 묵찌빠 놀이

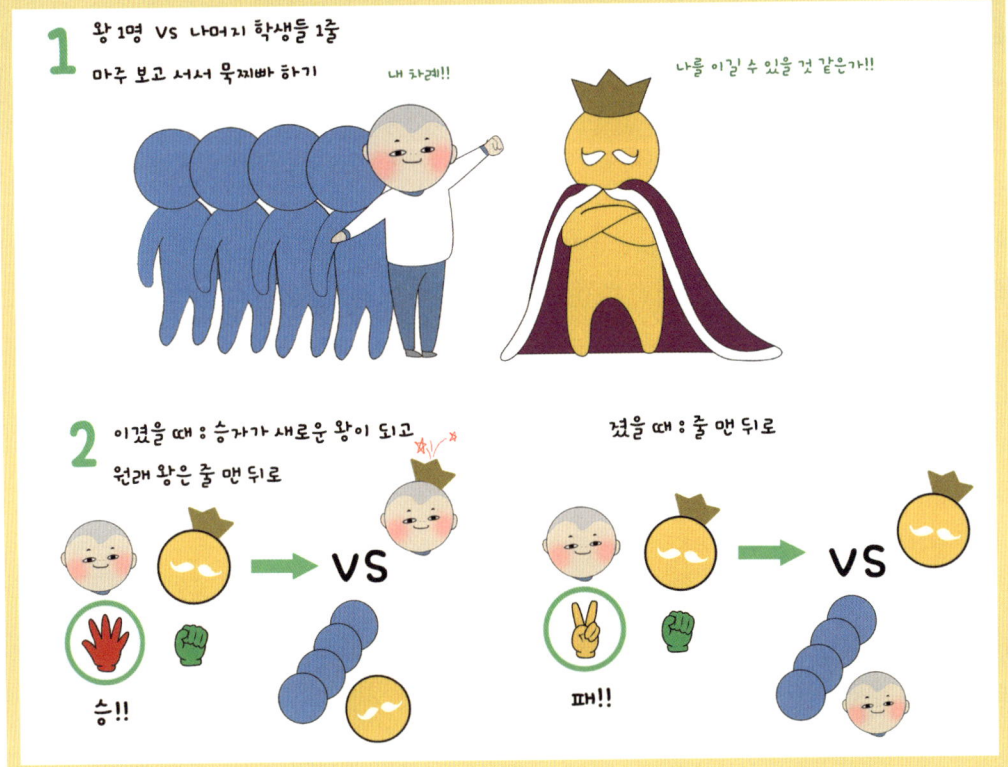

활동 전 준비

❶ 학생들을 네 개 조로 나눈다.
❷ 조별로 왕을 1명씩 뽑는다.
❸ 조별로 한 줄로 서고, 왕은 맨 앞으로 온다.

활동 방법

❶ 줄을 선 순서대로 왕과 묵찌빠를 한다.
❷ 왕에게 묵찌빠를 지면 맨 뒤로 가서 줄을 선다.
❸ 왕에게 묵찌빠를 이기면 새로운 왕이 되고, 기존 왕은 맨 뒤로 가서 줄을 선다.
❹ 정해진 시간이 될 때까지 놀이를 계속한다.

활동 TIP

- 학급 학생 수에 따라서 세 개 조 또는 다섯 개 조로 나누어도 된다.
- 단순한 놀이이기 때문에 저학년에게 적합하다. 놀이를 통해 자연스럽게 규칙과 질서를 지키는 것이 중요함을 익힐 수 있도록 지도한다.
- 처음에는 교사와 함께 놀이를 배우고, 이후에는 학생들이 쉬는 시간에 삼삼오오 모여 자율적으로 놀이를 하면서 친구들과 자연스럽게 친해지는 계기가 될 수 있도록 지도한다.
- 팀별로 한 줄로 설 때 순서로 갈등이 일어나면 가위바위보 등 공평한 방법으로 갈등을 해결할 수 있도록 지도한다.
- 같은 방법으로 한 줄 가위바위보, 한 줄 하나 빼기 가위바위보 등 변형 놀이를 즐길 수도 있다.

037 아~ 어~ 놀이

맨손 놀이 I

준비물: 없음

1 교사가 양손을 [옆으로] 벌리면 [아~~]

2 교사가 양손을 [위아래로] 벌리면 [어~~]

아아아~

어어어~

벌어지는 크기에 따라 소리의 크기도 커지거나 작아진다.

영상 보러 가기

활동 전 준비

❶ 학생들은 자기 자리에서 바른 자세로 선다.

활동 방법

❶ 교사가 손을 옆으로 벌리면 학생들은 "아~"라고 소리를 낸다.
❷ 교사가 손을 위아래로 벌리면 학생들은 "어~"라고 소리를 낸다.
❸ 교사가 손을 흔들면 학생들은 머리를 흔들면서 소리를 낸다.
❹ 교사가 손을 크게 벌릴수록 학생들도 소리를 크게 낸다.
❺ 교사가 손을 완전히 닫으면 학생들은 소리 내는 것을 멈춘다.

활동 TIP

- 머리를 흔들 때 어지러움을 느끼는 학생은 머리를 안 흔들어도 된다고 지도한다.
- 저학년 한글 교육에 유용한 놀이이다. "아", "어" 외에 다른 한글을 활용하여 놀이를 진행하면 재미있게 한글 지도를 할 수 있다.
- 고학년은 헷갈리는 개념 2개를 활용하여 놀이를 진행할 수 있다. (예: 교사가 손을 옆으로 벌리면 "위도", 위아래로 벌리면 "경도"라고 말하기)
- 자연스럽게 시각, 청각 협응 훈련 및 발성 훈련, 집단 리듬 훈련이 되는 놀이이다.

038 대장 찾기 놀이

활동 전 준비

❶ 책상과 의자를 밀고 공간을 넓게 확보한다.

활동 방법

❶ 단체전
- 학생들은 큰 원 형태로 앉고, 술래 2명을 정한다.
- 술래는 잠시 교실 밖에서 대기한다.
- 교실 안에 남아 있는 학생 중에서 대장 역할을 할 학생 1명을 정한다.
- 대장이 정해지면 술래는 교실 안에 있는 학생들이 만든 큰 원의 중앙으로 들어온다.
- 놀이가 시작되면 술래를 제외한 모든 학생은 제자리에서 가볍게 걷기 동작을 한다.
- 대장 역할을 맡은 학생은 10초에 한 번씩 동작을 바꾼다.
- 대장을 제외한 학생들은 대장의 동작을 보고 자신들도 동작을 바꾼다.
- 술래는 동작이 바뀌는 과정에서 대장 역할을 맡은 학생을 찾아야 한다.

❷ 팀전
- 학생들을 두 팀으로 나누고, 팀별로 대장 1명과 술래 1명을 정한다.
- 상대 팀 대장을 먼저 찾는 술래의 팀이 승리한다.

활동 TIP
- 대장은 술래가 다른 곳을 보고 있을 때를 노려서 동작을 바꾸도록 한다.
- 모든 학생이 동시에 대장만 바라보고 있으면 금방 술래에게 들키므로 술래 몰래 대장의 움직임을 따라 하도록 지도한다.

039 팀 경쟁 눈치 놀이

활동 전 준비

❶ 책상을 모둠 대형으로 배치한다.
❷ 자기 차례에 빠르게 일어나기 위해 의자를 책상에서 뺀 후에 의자에 앉는다.

활동 방법

❶ 학생들을 인원수가 비슷하게 두 팀 혹은 세 팀으로 나눈다.
❷ 팀이 정해지면 팀별로 간단하게 전략 회의를 한다.
❸ 교사는 어느 팀부터 일어날지 순서를 정한다.
❹ 놀이가 시작되면 첫 번째 팀에서 1명이 일어나면서 숫자 1을 외친다.
  - 팀원끼리 누가 일어날지에 대해서 서로 말을 할 수 없고, 눈치를 보며 일어나야 한다.
  - 한 팀에서 동시에 2명이 일어나면 그 2명은 아웃이 된다. 아웃이 되면 다른 팀원이 일어나야 한다.
❺ 정해진 순서대로 다음 숫자를 외치며 일어난다.
  - 3초 이내에 해당 팀에서 1명도 일어나지 않으면 그 팀은 탈락이며, 더 이상 일어날 팀원이 없는 팀도 탈락이다.
  - 일어나는 것에 성공한 학생은 그대로 서 있고, 아웃이 된 학생은 자리에 앉아 있다.
❻ 마지막 숫자를 부른 팀이 승리한다.

활동 TIP

- 팀은 자리를 기준으로 나누지 않고 짝수 번호, 홀수 번호 등으로 나누면 학생들이 서로 눈치 보기가 어려워져서 놀이의 난이도를 올릴 수 있다.

맨손 놀이 II

준비물
없음

영상 보러 가기

040 협동 눈치 게임

1 목표 숫자 정하기

목표 숫자는 몇으로 할까?

우리 반이 20명이니까 절반인 10부터 시작해요!!

목표 숫자는 학생 수를 넘을 수 없다!!

2 눈치 보며 1명씩 1부터 말하며 일어나기

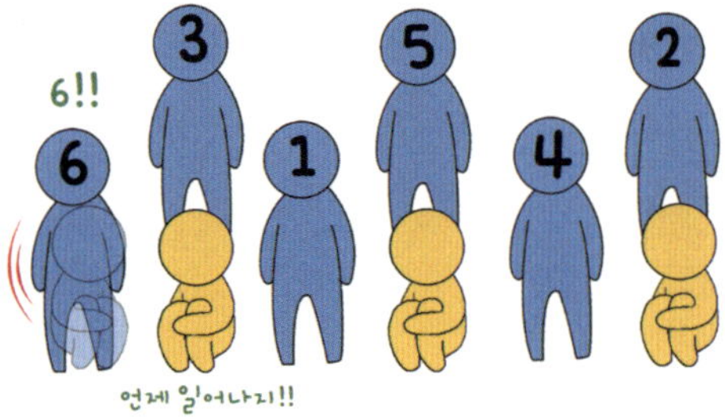

6!! 6 3 1 5 4 2

언제 일어나지!!

3 목표 숫자에 도달하면 도전 성공!!

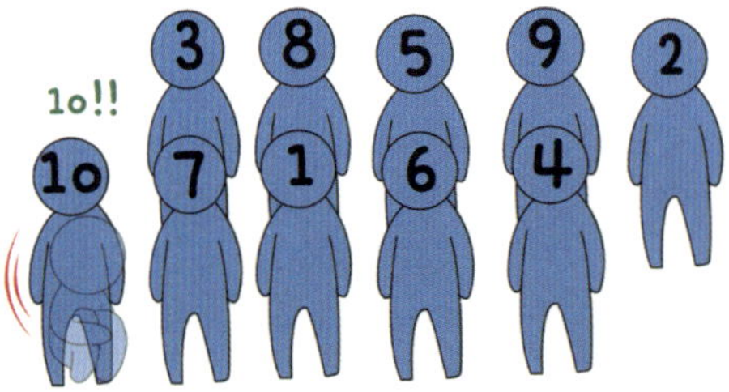

10!! 10 3 7 8 1 5 6 9 4 2

활동 Tip!!

★ 게임이 익숙해지면 목표 숫자를 늘린다.

★ 마피아를 정하여 제한 시간 내에 목표 숫자에 도달하거나 방해하는 마피아를 찾아내면 도전 성공!!

활동 전 준비

❶ 자기 차례에 빠르게 일어나기 위해 의자를 책상에서 뺀 후에 의자에 앉는다.

활동 방법

❶ 교사와 학생들은 목표 숫자를 정한다.
- 목표 숫자는 전체 학생 수를 넘을 수 없다.

❷ 교사의 시작 신호와 함께 학생들은 서로 눈치를 보다가 1명씩 숫자 1부터 말하며 일어난다.
- 2명 이상이 동시에 일어나면 실패이며, 다시 1부터 도전한다.
- 학생들은 놀이 도중 절대 말을 하면 안 된다. 오직 눈빛만을 활용하여 서로 신호를 주고받는다.

❸ 반 전체가 협동하여 목표 숫자에 도달할 때까지 도전한다.

활동 TIP

- 일반적인 눈치 게임과 다르게 공동의 목표를 가지고 있는 협동 눈치 게임이다. 그러므로 교사는 학생들에게 자신만 통과하면 끝이라는 마음가짐이 아니라 공동의 목표를 위하여 서로 협력하는 마음을 가지는 것이 중요하다는 것을 놀이 시작 전에 설명한다.

- 학생들의 실력 향상 정도에 따라 목표 숫자를 높여서 진행하면 더 재미있게 놀이를 즐길 수 있다.

- 마피아 역할을 할 학생 몇 명을 뽑아서 마피아와 일반 학생들 간의 대결 구도로 놀이를 진행할 수도 있다.
  - 마피아는 다른 친구들에게 티 나지 않게 눈치 게임을 방해한다. (게임 중간에 마피아인 것을 들키면 마피아의 패배이다.)
  - 정해진 시간 내에 일반 학생들이 목표 숫자를 달성하면 마피아의 패배이고, 목표를 달성하지 못하면 마피아의 승리이다.

- 학생들이 놀이에 익숙해지면 눈을 감고 놀이를 진행한다.
  - 눈빛으로도 서로 신호를 주고받을 수 없고 오로지 감으로만 놀이를 진행해야 하므로 놀이의 난이도가 훨씬 더 올라간다.

041 가위바위보 씨름 놀이 5종

맨손 놀이 Ⅱ

준비물
- 의자 12개
- 책상 8개

영상 보러 가기

무릎씨름
공격 / 수비를 바꿔 1회씩 진행

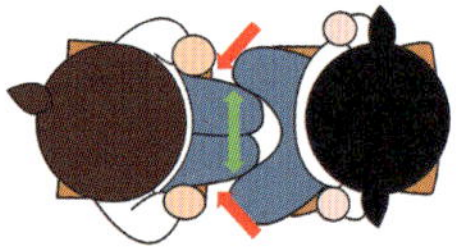

팔씨름
대기자는 심판 역할 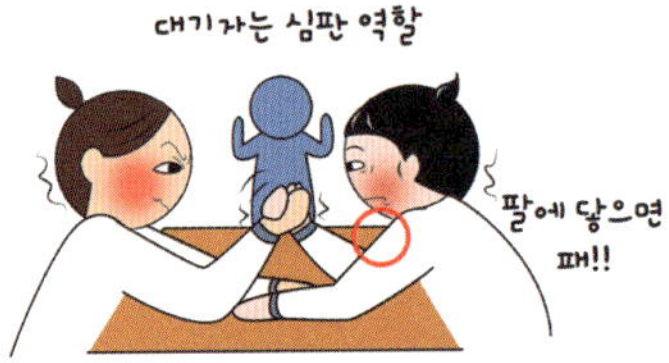
팔에 닿으면 패!!
손을 바꿔 1회씩 진행

10초 안에 승부가 나지 않으면 가위바위보!!

손가락씨름
상대방 엄지손가락 누르기
손을 바꿔 1회씩 진행

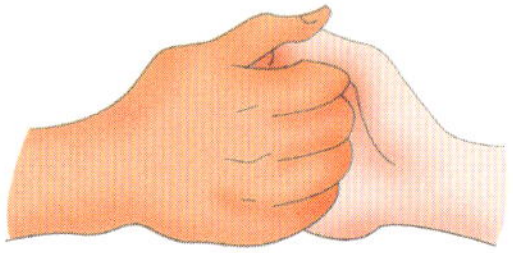

손뼉씨름
다리를 모은 상태에서 손바닥을 부딪혀 발이 먼저 떨어진 사람이 패!

돼지씨름
엉덩이로 밀어 상대방이 손을 놓치거나 넘어지면 승!

경기장

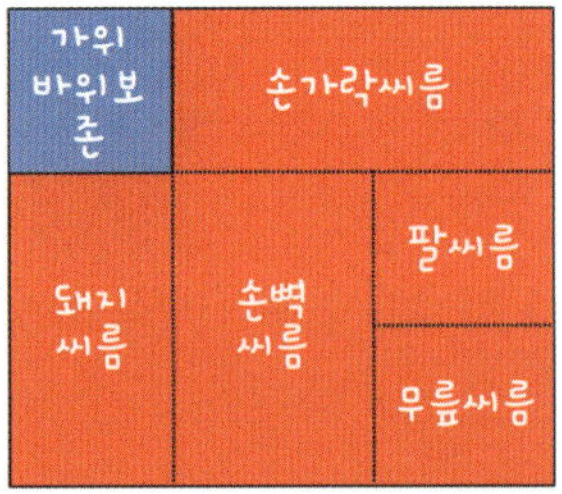

가위바위보 존	손가락씨름	
돼지씨름	손뼉씨름	팔씨름
		무릎씨름

가위바위보 씨름 놀이

 활동 전 준비

❶ 놀이장을 준비한다.
- 무릎씨름 놀이장: 의자를 마주 보게 2쌍 놓는다.
- 팔씨름 놀이장: 책상과 의자를 마주 보게 2쌍 놓는다.
- 손가락씨름 놀이장: 책상과 의자를 마주 보게 2쌍 놓는다.
- 손뼉씨름 놀이장: 중앙에 공간을 넓게 비워 둔다.
- 돼지씨름 놀이장: 한쪽 구석에 공간을 만든다. 의자를 활용하여 경기장의 아웃 라인을 설정한다.
- 가위바위보 장소: 한쪽 구석에 공간을 만든다.

활동 TIP
- 공간에 여유가 있다면 여학생 가위바위보 존과 남학생 가위바위보 존을 따로 만드는 것도 좋다.
- 경쟁이 과열되어 근육통 등 부상이 발생하지 않도록 유의하여 지도한다.

활동 방법

❶ 처음 시작할 때는 모두 가위바위보 존에 모인다.

❷ 같은 성별의 학생 2명이 가위바위보를 한다.

❸ 가위바위보에서 이긴 학생이 진 학생을 원하는 놀이장으로 데리고 간다.

❹ 놀이장에서 놀이를 실시한다.
- 놀이에서 이기면 2점, 지면 1점을 획득한다.
- 놀이장에 학생이 꽉 차 있으면 대기하는 학생은 심판을 본다.

❺ 놀이가 끝나면 다시 가위바위보 장소로 모여 ❶ ~ ❹의 내용을 반복한다.

❻ 정해진 시간이 되면 다 같이 모여 누가 가장 많은 점수를 획득했는지 확인한다.

042 3 대 1 꼬리잡기 놀이

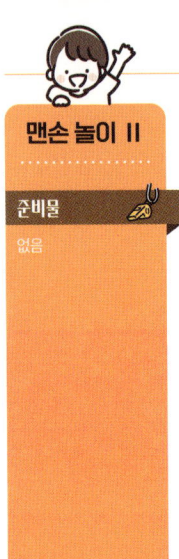

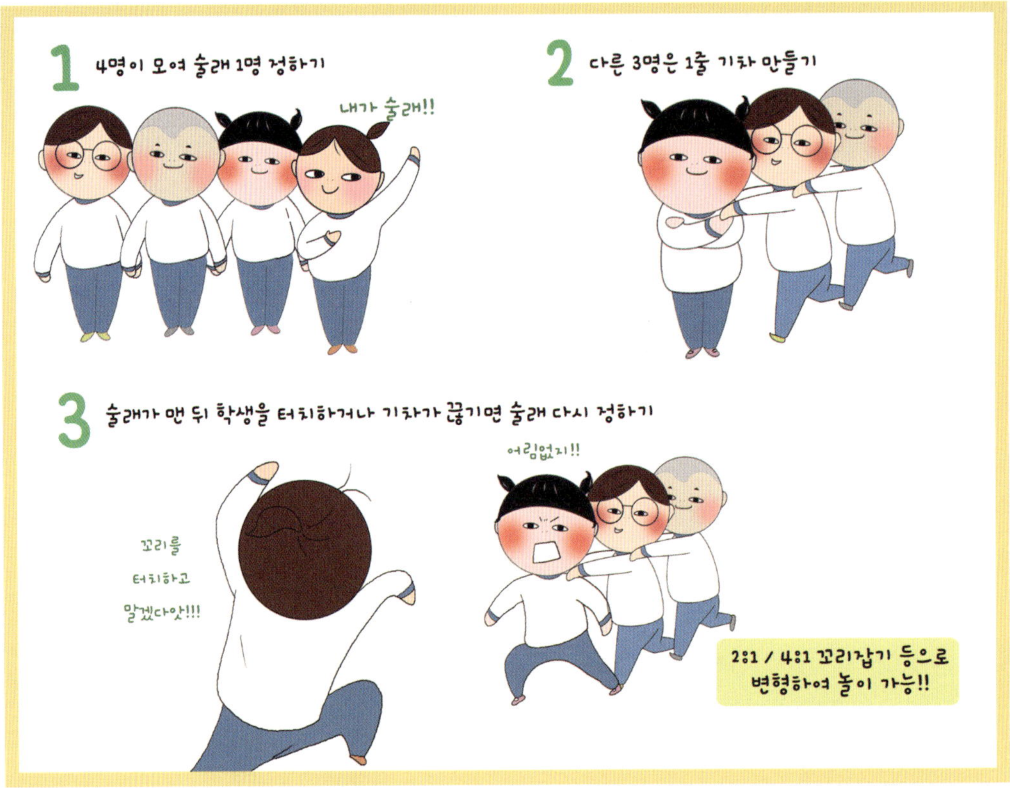

1 4명이 모여 술래 1명 정하기
내가 술래!!

2 다른 3명은 1줄 기차 만들기

3 술래가 맨 뒤 학생을 터치하거나 기차가 끊기면 술래 다시 정하기
꼬리를 터치하고 말겠다앗!!!
어림없지!!

2:1 / 4:1 꼬리잡기 등으로 변형하여 놀이 가능!!

 활동 전 준비

❶ 강당 또는 운동장 등 넓은 공간으로 학생들을 인솔한다.
❷ 학생들은 4인 1조를 만든다.

활동 방법

❶ 조별로 첫 번째 술래를 정한다.
❷ 나머지 3명은 1줄 기차를 만든다.
  - 기차 순서는 3명이 합의하여 정한다.
❸ 교사의 시작 신호와 함께 술래는 기차의 맨 뒤 학생을 터치하려고 노력하고, 나머지 3명은 협력하여 맨 뒤 학생을 보호한다.
❹ 술래가 맨 뒤 학생의 어떤 신체 부위라도 터치하거나 기차의 연결이 조금이라도 끊어지면 술래를 바꿔서 진행한다.
❺ 정해진 시간이 될 때까지 위와 같은 방식으로 놀이를 이어 나간다.

활동 TIP

- 놀이를 진행하는 전체 학생 수를 고려하여 2 대 1 꼬리잡기, 4 대 1 꼬리잡기 등으로 변형하여 놀이를 진행한다.
- 쏠림 현상으로 인해 부상을 입는 학생이 발생하기 쉬운 놀이이다. 학생들이 너무 흥분하여 다치지 않도록 주의한다.

043 인간숫자 폭탄 놀이

맨손 놀이 II

준비물
- 타이머 1개
- 의자 9개
- 책상 1개
- 팀조끼 1개

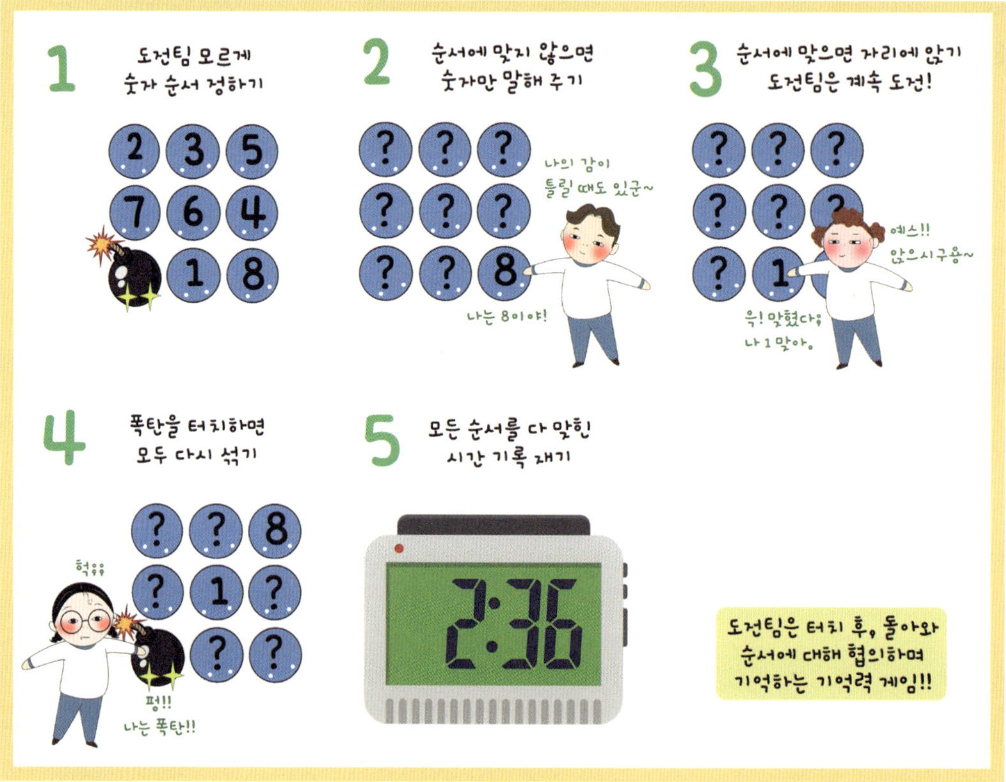

1. 도전팀 모르게 숫자 순서 정하기

2. 순서에 맞지 않으면 숫자만 말해 주기
   - 나의 감이 틀릴 때도 있군~
   - 나는 8이야!

3. 순서에 맞으면 자리에 앉기 도전팀은 계속 도전!
   - 예스!! 앉으시구웅~
   - 윽! 맞혔다 나 1맞아.

4. 폭탄을 터치하면 모두 다시 섞기
   - 헉ㅇㅇ
   - 펑! 나는 폭탄!!

5. 모든 순서를 다 맞힌 시간 기록 재기

도전팀은 터치 후, 돌아와 순서에 대해 협의하며 기억하는 기억력 게임!!

영상 보러 가기

활동 전 준비

❶ 책상과 의자를 밀고 공간을 넓게 확보한다.
❷ 교실 뒤에 의자 9개를 3X3 형태로 배치한다.
❸ 교실 앞에 책상 1개와 팀조끼 1개를 배치한다.
❹ 문제 내는 팀(A팀)을 한 팀 만든다. A팀은 9명이 한 팀이 된다.
❺ 나머지 학생들은 4인 1팀으로 도전팀(B팀)을 만든다.
❻ B팀 학생들은 팀 내에서 도전 순서를 정한다.

활동 TIP
- 팀원끼리 서로의 실패 경험을 공유하고 협의를 진행하면서 침착하게 도전할 때 승리할 확률이 높아진다는 것을 지도한다.

활동 방법

❶ A팀은 B팀 모르게 1명당 숫자 또는 폭탄 1개를 맡는다. 숫자는 1부터 8까지 있고, 폭탄은 1명만 맡는다.
❷ 교사의 시작 신호와 함께 타이머를 작동하고, B팀 첫 번째 학생이 팀조끼(바톤)를 들고 A팀에게 간다.
❸ B팀 학생은 A팀 1번부터 8번 학생까지 순서대로 터치해야 한다.
 - 터치는 한 번에 1명만 할 수 있다.
 - B팀 학생이 순서에 맞게 터치를 하면 A팀 학생은 자리에 앉고, B팀 학생은 이어서 터치를 할 수 있다.
 - B팀 학생이 순서가 틀리면 A팀 학생은 자리에 앉지 않고 자신의 숫자만 B팀 학생에게 말한다.
 - 순서를 틀린 B팀 학생은 앞으로 돌아와 다음 B팀 학생에게 팀조끼(바톤)를 넘긴다.
 - B팀 학생이 폭탄을 터치하면 앉아 있던 모든 A팀 학생이 일어서서 순서를 다시 섞는다.

❹ 가장 빠르게 순서를 맞힌 팀이 승리한다.

044 인간숫자 맞히기 릴레이 놀이

1 인간숫자팀 : 도전팀 모르게 숫자 순서 정하기
도전팀 : 숫자 순서대로 줄서기

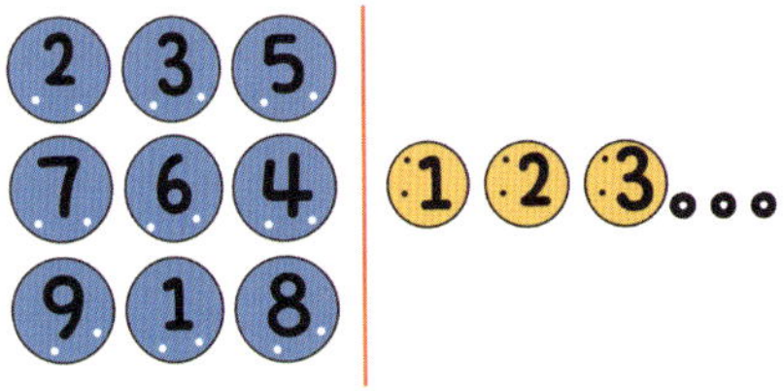

2 도전팀 : 1부터 순서대로 찾기
인간숫자팀 : 도전팀이 말한 숫자가 맞는지 알려 주기

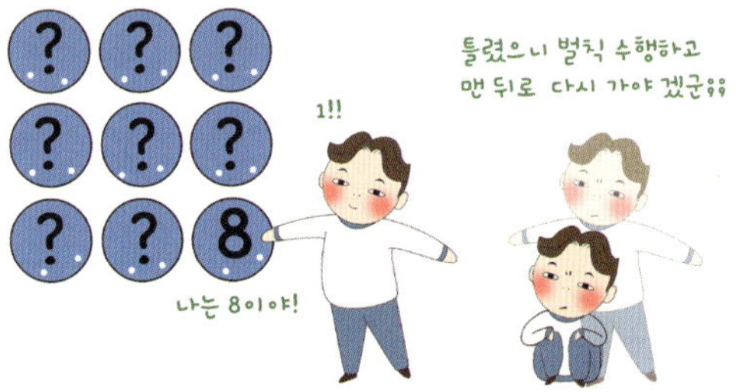

틀렸으니 벌칙 수행하고 맨 뒤로 다시 가야 겠군♡♡

나는 8이야!

3 도전팀이 순서에 맞는 숫자를 말했다면 인간숫자팀 뒤에 앉기

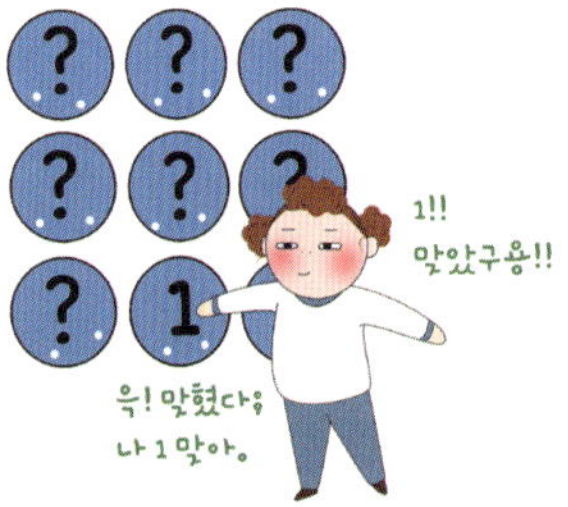

1!!
맞았구용!!

윽! 맞혔다ㅠ 나 1맞아.

4 도전팀이 먼저 인간숫자를 다 맞힌 팀이 승리!!

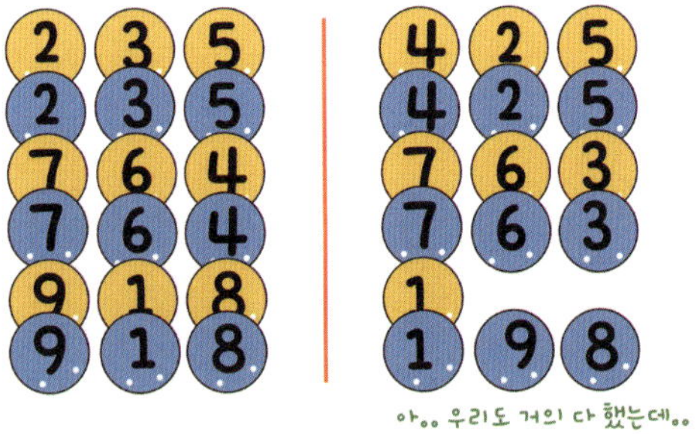

아.. 우리도 거의 다 했는데..

활동 전 준비

❶ 책상과 의자를 밀고 공간을 넓게 확보한다.
❷ 학생 수를 동일하게 하여 세 팀을 만든다.
   - 인간숫자팀 한 팀을 뽑는다. 나머지는 도전팀이 된다.
❸ 인간숫자팀은 도전팀 모르게 각자 숫자를 정한다.
❹ 인간숫자팀은 도전팀이 숫자 순서를 모르도록 자리를 섞는다.
❺ 각 도전팀 내에서도 학생들은 자신들의 숫자를 정하고 숫자 순서대로 일렬로 선다.
❻ 공정한 경기 진행을 위하여 교사는 인간숫자팀 학생들의 숫자를 기억하거나 메모한다.

활동 TIP

- 학생 수가 충분히 많으면 인간숫자팀과 도전팀을 각 두 팀 뽑아서 동시에 도전하여 더 빨리 인간숫자를 모두 맞히는 팀이 승리하는 방식으로 진행해도 된다.
- 도전팀이 인간숫자팀에게 가는 방식을 옆으로 뛰어가기, 한 발로 뛰어가기 등으로 변형하여 진행하면 체육 활동과 연계한 놀이가 된다.

활동 방법

❶ 교사의 시작 신호와 함께 각 도전팀의 1번 숫자 학생들은 인간숫자팀 중 1번 학생을 추측하여 그 학생 앞으로 간다.
❷ 인간숫자팀 학생은 도전팀 학생들에게 정답인지 아닌지만 이야기한다.
❸ 도전팀 학생들은 정답을 맞히면 인간숫자팀 학생 뒤에 가서 앉고, 오답이면 앉았다 일어나기 3회 등 신체과제를 수행한 후에 도전팀 맨 뒷줄로 간다.
❹ 1번 학생의 도전이 끝나면 순서에 맞게 이어서 도전하고, 도전팀 내 모든 학생이 인간숫자를 다 맞히는 시간을 측정한다.
❺ 가장 빠르게 도전에 성공한 팀이 승리한다.

045 인간숫자 데려오기 놀이

맨손 놀이 II

준비물
- 의자
  (학생 수의 절반)

영상 보러 가기

활동 전 준비

❶ 책상과 의자를 밀고 공간을 넓게 확보한다.
❷ 학생 수를 동일하게 하여 네 팀을 만든다.
❸ 팀원 수 만큼의 의자를 원형으로 두 세트 배치한다. 예를 들어 팀원 수가 6명이라면 6개의 의자를 원형으로 두 세트 배치한다.
❹ 네 팀 중 인간숫자팀을 할 두 팀을 뽑는다.
❺ 나머지 팀들은 도전팀이 된다.
 (예: A팀(도전팀) - B팀(인간숫자팀) / C팀(도전팀) - D팀(인간숫자팀))
❻ 인간숫자팀은 도전팀 모르게 각자 숫자를 정한다.
❼ 인간숫자팀은 숫자와 상관없이 의자에 둥글게 앉는다.
❽ 도전팀은 팀 내에서 도전 순서를 정한다.

활동 방법

❶ 도전팀 학생들은 인간숫자팀 학생들의 숫자를 추측하여 1번부터 차례대로 도전팀으로 데려와야 한다.
 - 1명의 도전팀 학생은 한 번에 1명의 인간숫자팀 학생만 데려올 수 있다.
❷ 교사의 시작 신호와 함께 도전팀의 1번 학생은 인간숫자팀의 1번 학생을 추측하고 달려가서 그 학생을 터치한다.
❸ 도전팀의 터치를 받은 인간숫자팀 학생이 1번이 맞으면 도전팀 학생과 손을 잡고 도전팀으로 뛰어가고, 1번이 아니라면 일어서서 큰 소리로 자신의 숫자를 말하고 다시 자리에 앉는다.
❹ ❷ ~ ❸의 활동을 반복한다.
❺ 더 빨리 모든 인간숫자팀 학생을 데려온 도전팀이 승리한다.

활동 TIP
• 인간숫자팀과 도전팀 학생들이 서로 손을 잡기 어려워하면 팀조끼를 잡고 같이 움직이게 할 수도 있다.

046 원형 자리 바꾸기 놀이

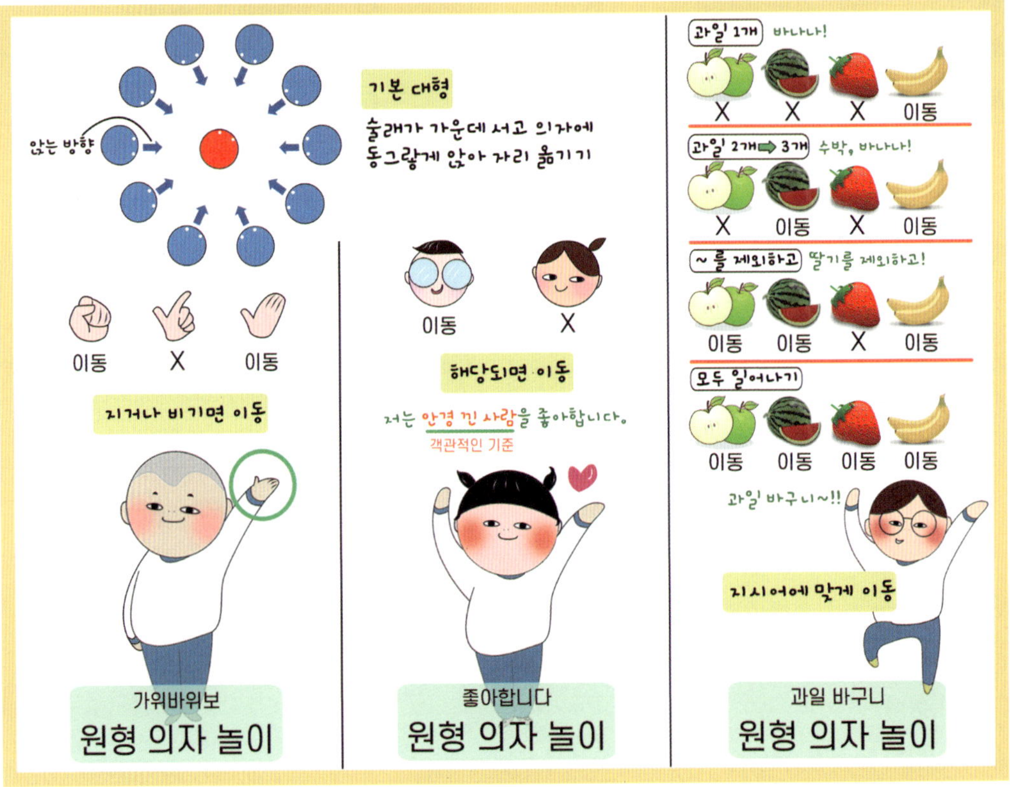

활동 전 준비

❶ 책상과 의자를 밀고 공간을 넓게 확보한다.
❷ 큰 원의 형태로 의자를 배치하고 의자에 앉는다.
❸ 첫 번째 술래를 정하고, 첫 번째 술래의 책상과 의자를 교실 한편에 빼놓는다.

> **활동 TIP**
> • 책상을 모둠 형태로 배치하고, 의자 등받이를 책상에 붙인 상태로 진행하면 놀이를 통해 모둠을 바꿀 수 있다.

활동 방법

❶ 가위바위보 원형 의자 놀이
  - 전체 학생들은 술래와 가위바위보를 한다.
  - 가위바위보에서 비기거나 진 학생은 현재 자신이 앉아 있는 자리에서 다른 자리로 이동하여 앉는다.
  - 술래도 가위바위보 후에 빈자리로 빠르게 이동하여 앉는다.
  - 이동을 제일 늦게 하여 자리가 없는 학생이 다음 술래가 된다.

❷ 좋아합니다 원형 의자 놀이
  - 술래가 "저는 안경 낀 사람을 좋아합니다" 등의 형식으로 말한다.
  - 그 특징에 해당하는 학생들은 자신이 앉아 있는 자리에서 다른 자리로 이동하여 앉는다.
  - 술래도 특징을 말한 후에 빈자리로 빠르게 이동하여 앉는다.
  - 이동을 제일 늦게 하여 자리가 없는 학생이 다음 술래가 된다.

❸ 과일 바구니 원형 의자 놀이
  - 교사가 학생들에게 과일을 정해준다.
    (예: 사과, 수박, 딸기, 바나나 등)
  - 술래는 과일 1개 혹은 2개를 말하거나 '~ 과일'을 제외하고 말하거나 과일 바구니라고 말한다.
  - 술래가 말한 과일에 해당하는 학생들은 모두 이동한다. 술래가 과일 바구니라고 말하면 모든 학생이 이동한다.
  - 술래도 과일을 말한 후에 빈자리로 빠르게 이동하여 앉는다.
  - 이동을 제일 늦게 하여 자리가 없는 학생이 다음 술래가 된다.

원형 의자 놀이

준비물
- 종 1개
- 책상 1개
- 의자 및 팀조끼
  (학생 수의 절반)

영상 보러 가기

047 강강술래 놀이 3종

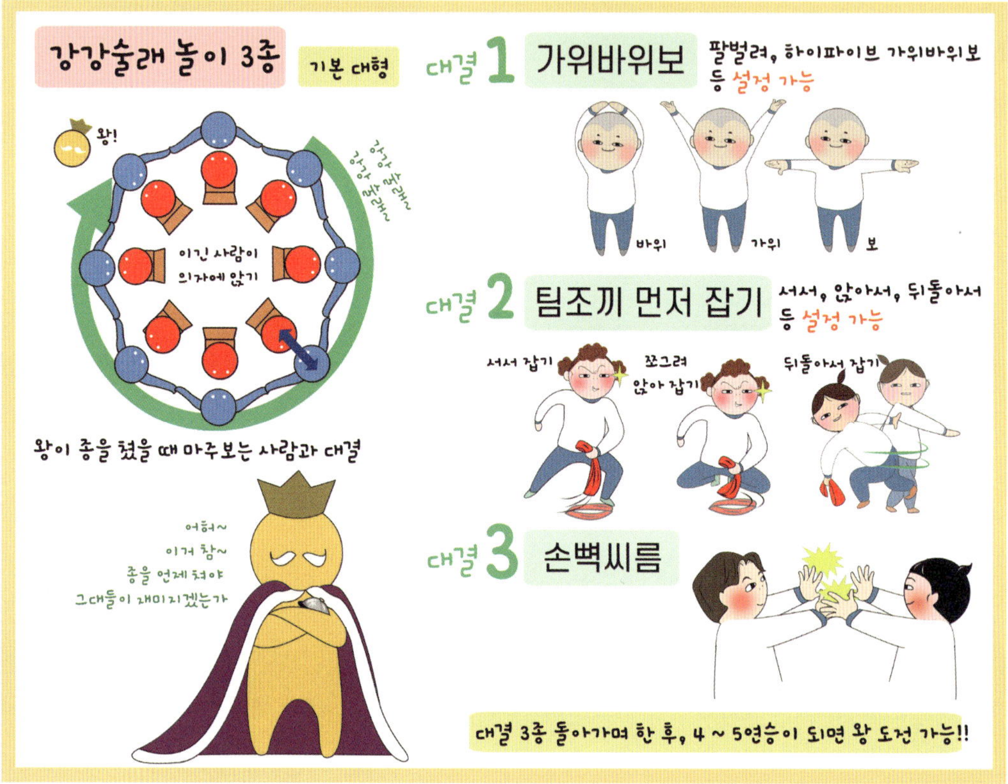

강강술래 놀이 3종

기본 대형

왕이 종을 쳤을 때 마주보는 사람과 대결

어허~
이거 참~
종을 언제 쳐야
그대들이 재미있겠는가

대결 1 가위바위보
팔벌려, 하이파이브 가위바위보 등 설정 가능

바위 가위 보

대결 2 팀조끼 먼저 잡기
서서, 앉아서, 뒤돌아서 등 설정 가능

서서 잡기   쪼그려 앉아 잡기   뒤돌아서 잡기

대결 3 손뼉씨름

대결 3종 돌아가며 한 후, 4~5연승이 되면 왕 도전 가능!!

활동 전 준비

❶ 책상과 의자를 밀고 공간을 넓게 확보한다.
❷ 준비한 의자(학생 수의 절반)를 원형으로 배치한다.
❸ 배치한 의자의 중앙에 책상 1개와 종 1개를 놓는다.
❹ 의자 1개당 팀조끼 1개를 놓는다.

활동 TIP

- 음악 교과와 연계하여 강강술래 노래를 부르며 진행하면 더 즐거운 놀이가 된다.

활동 방법

❶ 왕 역할을 할 학생 1명을 뽑는다.
  - 왕은 책상 위에 앉는다.
❷ 가위바위보에서 이긴 학생은 의자에 앉고, 진 학생은 의자 앞에 선다.
  - 일어서 있는 학생들끼리 서로 손을 잡는다.
❸ 학생 2명씩 짝을 지어 가위바위보를 한다.
❹ 왕이 종을 한 번 치면 손잡은 학생들은 강강술래 노래를 부르며 천천히 돈다.
❺ 왕이 종을 한 번 더 치면 그 자리에 멈춰서 대결 상대를 찾는다. 대결 상대는 의자를 기준 삼아 시계 방향으로 찾는다.
❻ 대결 상대를 찾으면 놀이를 진행한다. 놀이는 가위바위보, 팀조끼 먼저 잡기, 손뼉씨름 중에서 왕이 정한다.
❼ 놀이에서 이긴 학생은 의자에 앉는다.
❽ ❶~❷의 활동을 반복한다.
❾ 네 번 또는 다섯 번 연속으로 이긴 학생은 왕에게 도전할 수 있고, 왕과의 놀이에서 이기면 왕 역할을 할 수 있다.

048 손에 손잡고 놀이

원형 의자 놀이

준비물
- 의자 (학생 수 -1)

영상 보러 가기

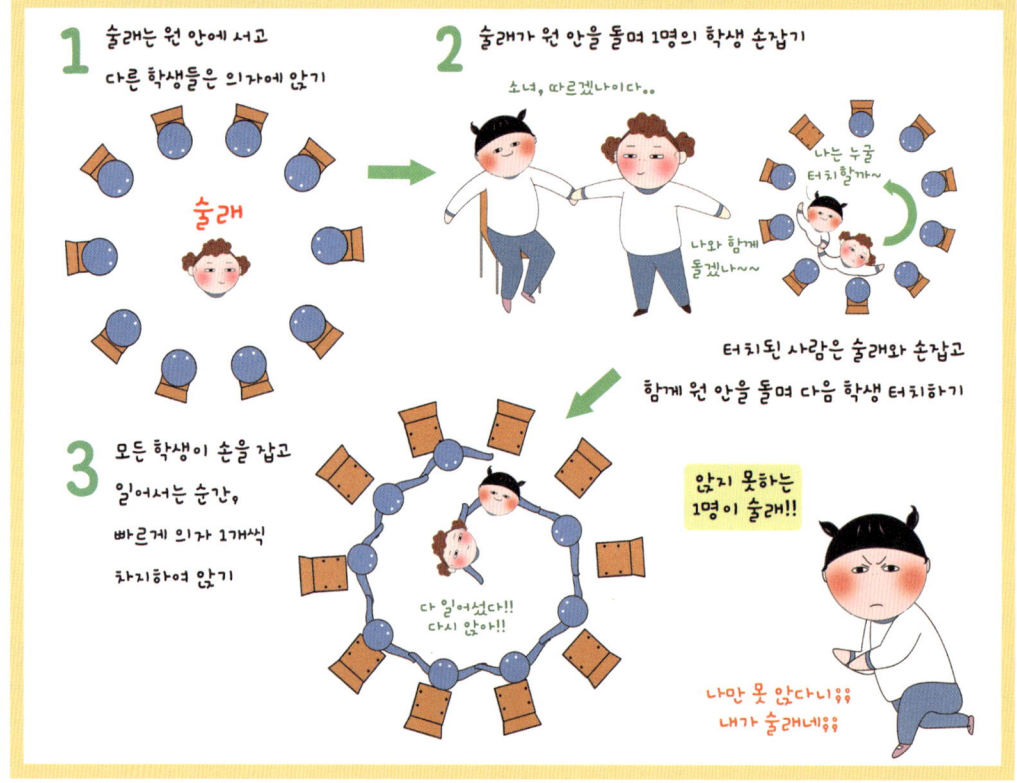

1. 술래는 원 안에 서고 다른 학생들은 의자에 앉기
2. 술래가 원 안을 돌며 1명의 학생 손잡기
   - 터치된 사람은 술래와 손잡고 함께 원 안을 돌며 다음 학생 터치하기
3. 모든 학생이 손을 잡고 일어서는 순간, 빠르게 의자 1개씩 차지하여 앉기

앉지 못하는 1명이 술래!!

활동 전 준비

❶ 책상을 밀고 공간을 넓게 확보한다.
❷ 의자(학생 수 -1)를 큰 원형 형태로 배치한다.

활동 방법

❶ 술래 1명을 뽑는다.
❷ 술래는 원 안에 서 있고, 나머지 학생들은 의자에 앉아 있다.
❸ 술래는 원을 돌면서 자신이 원하는 학생의 손을 잡는다.
❹ 두 번째 학생은 술래를 따라다니며 자신이 원하는 학생의 손을 잡는다.
❺ 마지막에 일어선 학생이 다음 학생을 고르는 방식으로 모든 학생이 일어설 때까지 반복한다.
❻ 모든 학생이 손을 잡고 일어서는 순간에 모든 학생은 동시에 의자에 빠르게 앉는다.
❼ 의자 수가 1개 부족하기 때문에 마지막까지 못 앉는 학생 1명이 생긴다. 그 학생이 다음 술래가 된다.
❽ 다음 술래와 함께 ❶~❼의 내용을 반복하며 정해진 시간이 될 때까지 놀이를 이어나간다.

활동 TIP

- 손잡는 것을 부담스러워하면 소매 끝을 잡는 등의 방법을 활용한다.
- 술래에게 춤 또는 노래 등의 간단한 벌칙을 부여하면 놀이를 좀 더 긴장감 있게 즐길 수 있다.

049 유령 열차 자리 앉기 놀이

원형 의자 놀이

준비물: 없음

영상 보러 가기

기본 대형
술래는 가운데 서고 나머지는 의자에 동그랗게 앉아 눈 가리기

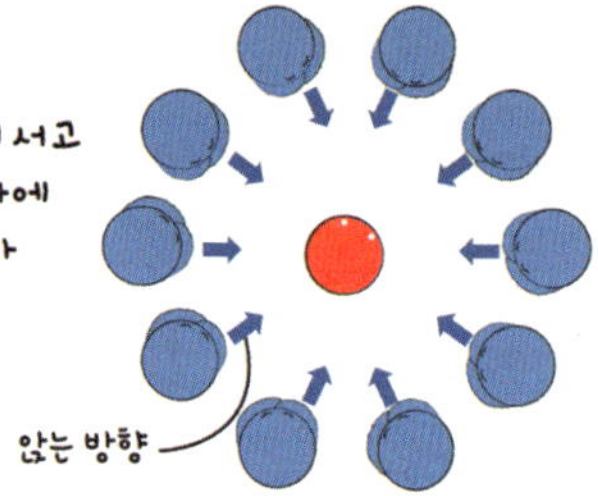

앉는 방향

1 술래가 원 안을 돌아다니며 1명씩 터치하기

2 터치된 사람은 술래 손을 잡고 같이 돌아다니기

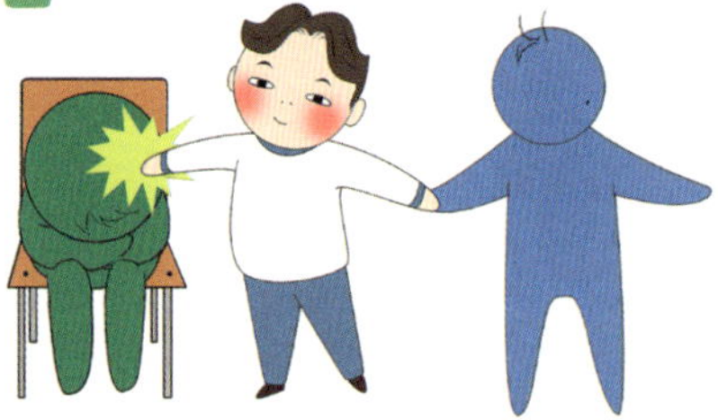

3 마지막에 남은 사람 주변 둘러싸아 놀래키기

4 자리 차지하여 앉기

마지막에 남은 사람은 원 가운데에서 유령 댄스 / 나머지는 따라 하기

활동 전 준비

❶ 책상을 밀고 공간을 넓게 확보한다.
❷ 의자를 원형으로 배치하고 각자 자신의 의자에 앉는다.
❸ 처음 술래를 할 학생 1명을 뽑는다.
❹ 술래의 의자를 뒤로 뺀다.

활동 TIP
- 다른 친구와 손을 잡는 것이 어색하다면 어깨 위에 손을 올려서 열차를 만드는 방법 등을 활용한다.
- 모두 함께 즐기는 놀이 분위기를 형성하여 마지막까지 남은 학생이 소외감을 느끼지 않도록 한다.

활동 방법

❶ 술래는 원형 가운데에 선다.
❷ 술래를 제외한 나머지 학생들은 모두 자기 무릎에 엎드린다.
❸ 무서운 분위기의 음악을 틀어 놓는다.
❹ 술래는 조용히 돌아다니면서 자신이 원하는 학생을 터치한다.
❺ 술래에게 터치 당한 학생은 술래와 손을 잡고 함께 돌아다닌다.
 - 술래에게 터치 당한 학생은 엎드려 있는 학생을 터치할 수 없으며, 술래만 엎드려 있는 학생을 터치할 수 있다.
❻ 유령 열차를 만든 학생들은 모두 함께 조용히 마지막까지 남은 학생 한 명에게 다가가 놀라게 한다.
❼ 놀이가 끝나면 3초 안에 아무 자리에 가서 앉는다.
❽ 마지막까지 자리에 앉지 못한 학생 한 명은 유령 댄스를 추고, 다른 학생들은 유령 댄스를 따라 춘다.

PART 03
관계 및 학습 놀이

집중력과 교류, 학습과 사고를 높이며, 교사와 학생 그리고 학생들 간 관계를 돈독히 하는 놀이입니다.

선생님의 이벤트 　선생님의 작은 이벤트가 학생들에게는 큰 추억이 돼요.
선생님이 직접 놀이에 참여하면서 학생들과 래포를 형성해요.

집중 놀이 　학생들이 발표를 안 할 때, 학생들이 수업에 집중하지 못할 때 활용할 수 있는 놀이에요.

친교 놀이 　친구들과 어색함을 풀어 주기에 좋은 놀이를 모았어요.
놀이를 통해 재미있게 서로 알아가는 시간을 가져요.

학습 놀이 　학생들이 수업을 너무 지루해 할 때,
진도를 끝내고 재미있게 복습을 해야 할 때 활용하면 좋은 놀이에요.

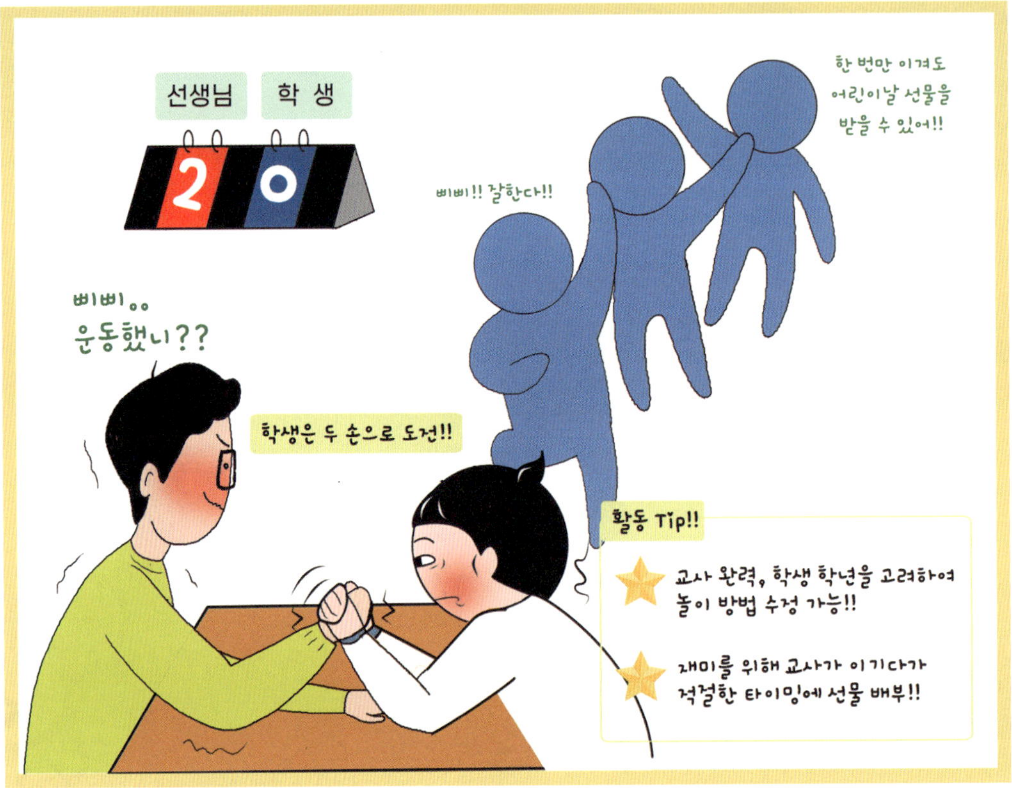

활동 전 준비

❶ 교실 앞에 공간을 마련한다.
❷ 교실 앞에 책상과 의자를 활용하여 팔씨름 경기장을 만든다.
❸ 경기장 주변에 학생들이 팔씨름을 편하게 구경할 수 있도록 공간을 마련한다.

활동 방법

❶ 학생들은 누가 먼저 교사에게 도전할지 순서를 정한다.
❷ 학생들은 정해진 순서대로 나와서 교사와 팔씨름을 한다.
- 학생은 양손을 사용하고, 교사는 한 손만 사용한다.
- 교사가 이기면 교사 점수판의 점수를 올리고, 학생이 이기면 학생 점수판의 점수를 올린다.

❸ 학생이 한 판이라도 이기면 교사는 학생들에게 준비한 어린이날 선물을 나눠 준다.

활동 TIP

- 교사의 완력, 학생의 학년 등을 고려하여 놀이 방법을 적절하게 수정한다. (예: 교사도 한 손, 학생도 한 손 사용하기 등)
- 놀이의 재미를 위해 교사는 어느 정도 이기다가 적당한 시점에 일부러 져서 학생들에게 선물을 준다.

선생님의 이벤트

준비물
- 보물찾기 종이
  (학생 수)
- PPT 자료
  (QR 코드 활용)

PPT 보러 가기

영상 보러 가기

051 어린이날 보물찾기 놀이

🧒 활동 전 준비

❶ 교사는 보물찾기 종이를 학생 수만큼 준비해서 교실 곳곳에 숨겨 놓는다.

🧒 활동 방법

❶ 학생들은 교실 곳곳에 숨겨진 보물찾기 종이를 찾는다.
❷ 한 학생당 한 장의 종이만 찾을 수 있다. 여러 장을 찾은 학생은 못 찾은 친구에게 자신이 찾은 종이를 나눠 준다.
❸ 학생들이 모든 종이를 다 찾으면 종이를 순서대로 칠판에 붙이고 문구를 다 같이 읽으며 어린이날을 함께 축하한다.
❹ 교사는 준비한 어린이날 선물을 학생들에게 나눠 준다.

활동 TIP

- 보물찾기 종이는 "어린이날을 축하합니다", "보물보다 소중한 우리들" 등 밝고 희망적인 문구로 만든다.
- 보물찾기 종이는 너무 어렵지 않은 장소에 숨겨서 학생들이 적당한 노력으로 찾을 수 있도록 한다.

052 선생님이 술래를 하면?

선생님의 이벤트

준비물
- 폼스틱 1개
- 안대 1개

영상 보러 가기

활동 전 준비

❶ 교사가 안대를 쓴 상태로 놀이를 진행하기 때문에 놀이 시작 전에 안전에 위협이 될 만한 물건(유리병 등)을 미리 안전한 곳으로 치운다.

활동 방법

❶ 교사는 안대를 쓰고 1분을 센다.
❷ 학생들은 1분 안에 교실 곳곳에 숨는다.
❸ 1분 후에 교사는 안대를 쓴 상태로 폼스틱을 들고 교실을 돌아다니며 학생들을 찾는다.
❹ 교사의 폼스틱에 터치 당한 학생은 아웃이다.
❺ 정해진 시간 동안 교사가 모든 학생을 아웃시키면 교사의 승리이고, 한 명의 학생이라도 살아남으면 학생들의 승리이다.
  - 시간은 상황에 따라 적절하게 정한다.

활동 TIP

- 교사를 상대로 학생 전체가 한 팀이 되므로 반 전체 학생들을 하나의 공동체로 만들기 좋은 놀이이다.
- 학생 전체를 상대로 교사가 술래가 되는 방식은 안대 술래잡기 외에도 다양한 놀이에서 적용 가능하다.

053 마니또 놀이

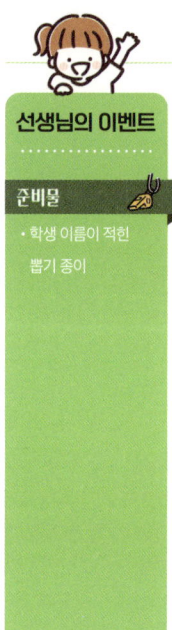

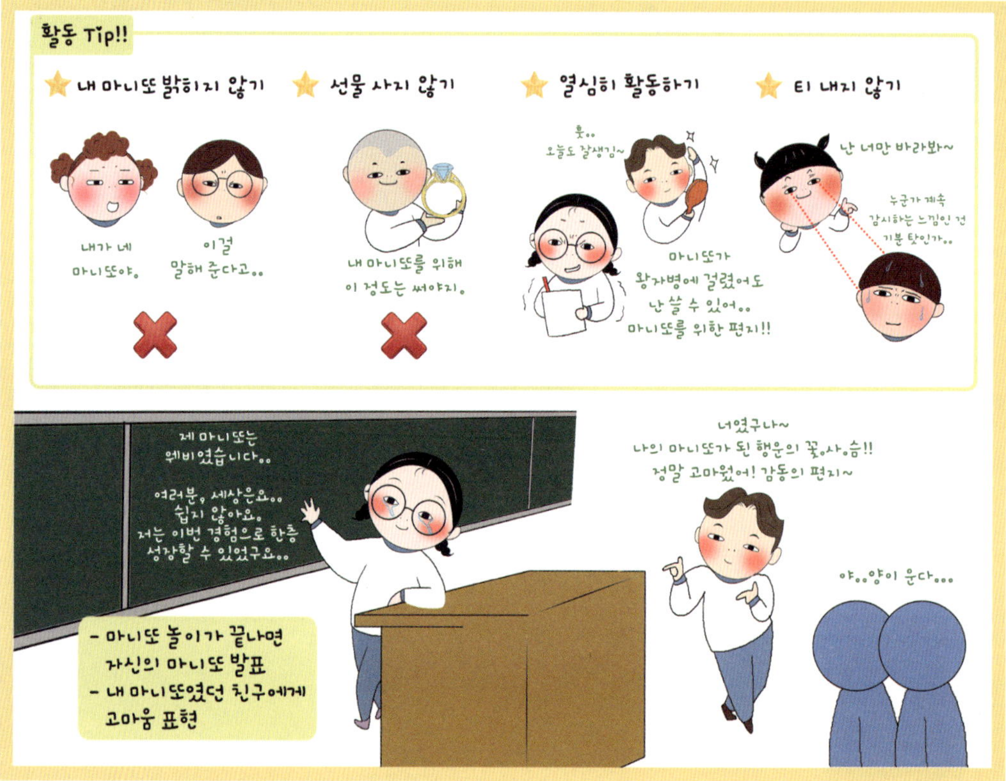

활동 전 준비

❶ 학생 이름이 적힌 뽑기 종이를 준비한다.

활동 방법

❶ 교사는 학생들과 함께 마니또 활동 시 아래 주의사항을 읽는다.
- 마니또 기간이 끝날 때까지 자신이 마니또라는 것을 밝히지 않기
- 마니또를 위해 돈으로 뭔가를 사서 선물하지 않기
- 마니또가 마음에 들지 않더라도 활동 열심히 하기
- 너무 티나게 마니또 활동하지 않기

❷ 마니또 활동 기간이 끝나는 날에 1명씩 나와서 자신의 마니또를 추측하여 발표한다.
- 발표할 때는 추측의 근거도 함께 이야기한다.
- 교사는 학생의 추측이 맞았는지 알려 주고, 추측이 틀렸더라도 원래 마니또를 공개한다.

❸ 자신의 마니또를 확인하면 "고마워.", "앞으로 더 친하게 지내자." 등의 가벼운 인사를 서로 나누고 각자의 자리로 돌아간다.

활동 TIP

- 학생들이 자신의 마니또를 어떻게 도와줄지 잘 모르는 경우가 있다. 이럴 때는 교사가 마니또 미션지를 준비하여 나눠 주면 학생들에게 좋은 참고 자료가 된다.

선생님의 이벤트

준비물
- 보면대 1개
- 그림책 1권

영상 보러 가기

054 그림책 읽어 주는 선생님

활동 전 준비

❶ 교실 앞에 공간을 마련한다.
❷ 교사는 학생들에게 읽어 줄 그림책 한 권을 선정한다.
❸ 교실 앞에 학생들이 잘 볼 수 있는 방향으로 보면대와 그림책을 놓는다.
❹ 학생들은 그림책 앞에 모여 앉는다.

활동 방법

❶ 교사는 준비한 그림책을 학생들에게 읽어 준다.
❷ 그림책을 읽어 줄 때는 그림책 내용과 관련하여 다양한 질문을 학생들과 주고받는다.

활동 TIP

- 교육적 효과를 높이기 위해서는 비정기적으로 그림책을 읽어 주는 것보다 정기적으로 읽어 주는 시간을 마련하여 그림책 읽어 주기를 학급 특색 활동으로 만드는 것이 좋다.

선생님의 이벤트

준비물
- 놀이별 필요한 준비물

055 하루 종일 놀아요!

등교 시간 — 선생님과 가위바위보
- 선생님과 가위바위보 하고 인사 나누기

수업 시작 전 — 가라사대
- 선생님이 [가라사대]를 붙인 말만 행동으로 하는 놀이

창체 시간 — 유령 열차
- 모두 엎드린 상태에서 술래가 터치한 사람만 조용히 일어서서 기차 만들기

쉬는 시간 — 체조
- 영상 보며 함께 체조하기

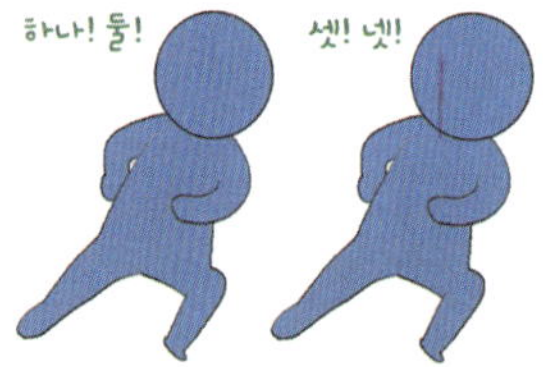

하교 시간 — 가위바위보 인사
- 친구들과 가위바위보하여 목표 승(패) 수 채우기

활동 Tip!!
- ★ 매 순간 짧은 놀이로 즐거움 주기!!
- ★ 어린이날 등 특별한 날에 활용 추천!!

영상 보러 가기

 **활동 전 준비**

❶ 학생들과 함께 즐길 수 있는 짧은 놀이 여러 개를 계획한다.

활동 방법

❶ 등교 시간 놀이: (예시) 교사와 가위바위보
- 교실에 들어오면 교사와 가위바위보를 한 후에 따뜻한 인사를 나누는 놀이

❷ 수업 시작 전 놀이: (예시) 가라사대 놀이
- 교사가 "가라사대"를 붙인 지시만 행동으로 따라 하고, 그냥 말하는 지시어는 따라 하면 안 되는 놀이

❸ 창체 시간 놀이: (예시) 유령 열차 놀이
- 모두 엎드린 상태에서 술래가 돌아다니며 터치한 학생만 조용히 일어서서 유령 열차를 만들고, 마지막까지 엎드려 있는 학생에게 모두 함께 조용히 다가가서 놀라게 하는 놀이

❹ 쉬는 시간 놀이: (예시) 영상 보고 체조하기
- 화면에 틀어 놓은 영상을 따라 하며 체조하는 놀이

❺ 하교 시간 놀이: (예시) 가위바위보 인사 놀이
- 친구들과 가위바위보를 하며 목표 승(패) 수를 채우는 놀이

활동 TIP

- "하루 종일 놀아요!"는 등교 시간부터 하교 시간까지 매 순간 짧은 놀이를 하면서 학생들에게 즐거움을 주는 활동으로, 어린이날 등 특별한 날을 더욱 특별하게 만들 수 있다.

056 집중 & 발표 놀이

집중 놀이

준비물
- PPT 자료
  (QR 코드 활용)

PPT 보러 가기

영상 보러 가기

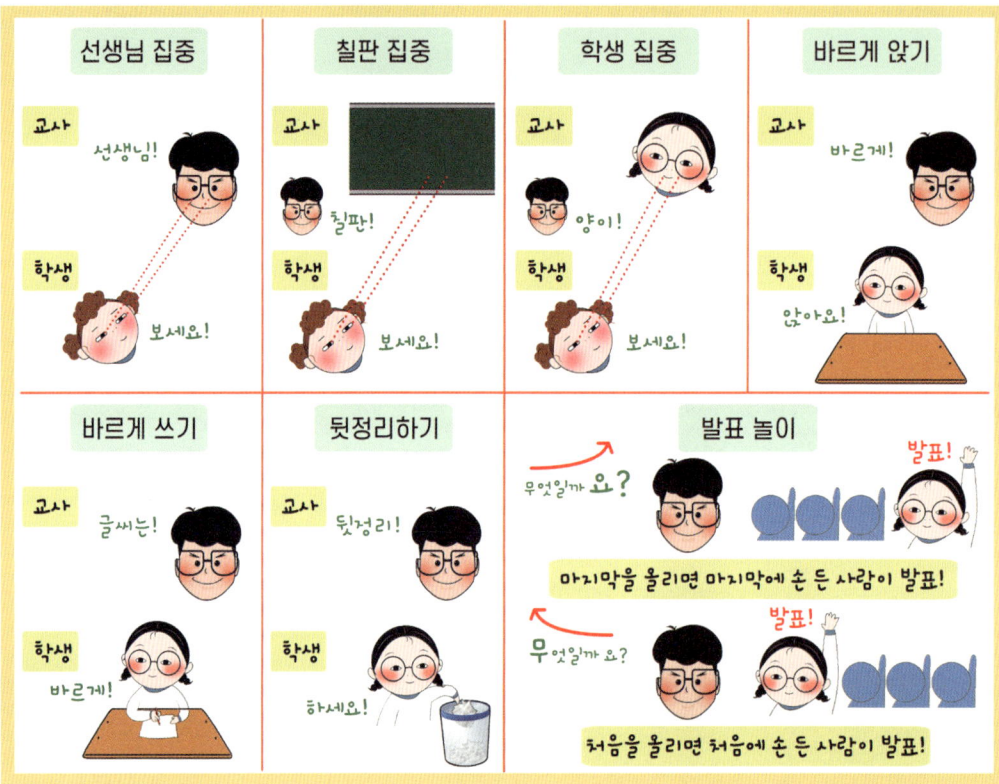

활동 전 준비

❶ 학생들은 자리에 바른 자세로 앉는다.

활동 방법

❶ 집중 구호 연습 예시
- 교사: 선생님 → 학생: 보세요
- 교사: 칠판 → 학생: 보세요
- 교사: ○○○(학생 이름) → 학생: 보세요
- 교사: 바르게 → 학생: 앉아요
- 교사: 글씨는 → 학생: 바르게
- 교사: 뒷정리 → 학생: 하세요

❷ 발표 놀이
- 교사의 발문에서 끝 음이 올라갔을 때는 모두 손을 들고 마지막에 손을 든 학생이 발표한다.
- 교사의 발문에서 끝 음이 내려갔을 때는 처음 손을 든 학생이 발표한다.

활동 TIP

- 집중 구호는 교사의 재량에 따라 자유롭게 설정하되, 학생들과 많은 연습을 통해 호흡을 맞추는 것이 중요하다.
- 발표 놀이는 발표를 안 하려고 하는 학생들이 많이 있는 교실에서 적용하기 적절하다.
- 발표 놀이에 너무 열중하여 발표하고 싶은 학생이 발표를 못 하는 경우가 생기지 않도록 유의한다.

057 말로 하는 집중 놀이

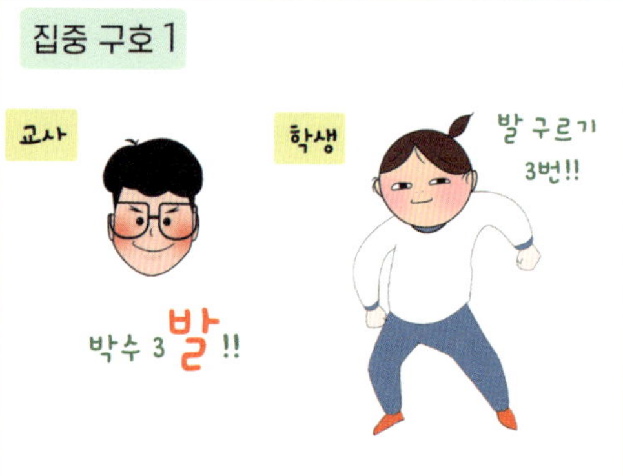

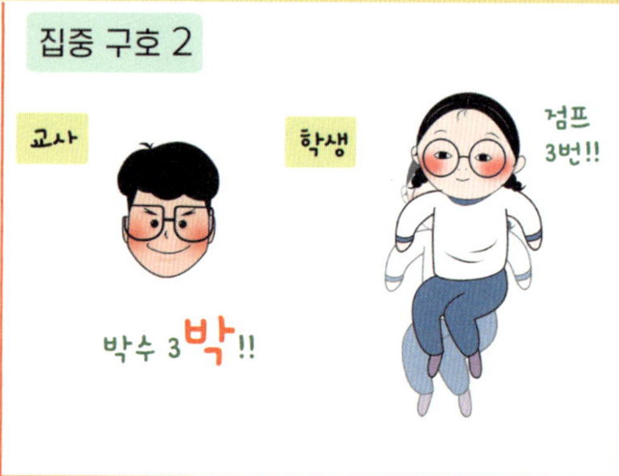

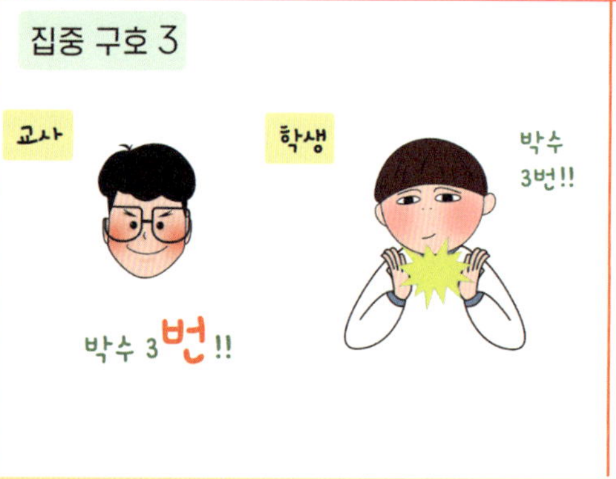

집중 구호 1

교사: 박수 3 **발**!!
학생: 발 구르기 3번!!

집중 구호 2

교사: 박수 3 **박**!!
학생: 점프 3번!!

집중 구호 3

교사: 박수 3 **번**!!
학생: 박수 3번!!

활동 Tip!!

⭐ 교사 구호 – 전체 학생
교사 구호 – A팀 / B팀 따로
등 다양하게 진행 가능!

⭐ 앉아서 / 일어나서 등
다양한 형태로 진행 가능!

⭐ 승패보다는 집중하기에 초점 맞추기!

영상 보러 가기

 활동 전 준비

❶ 학생들은 자리에 바른 자세로 앉는다.

 활동 방법

❶ 집중 구호 예시
- 교사: 박수 O발 → 학생: 발로 바닥을 O번 치기
- 교사: 박수 O박 → 학생: 점프 O번 하기
- 교사: 박수 O번 → 학생: 손으로 손뼉 O번 치기

❷ 놀이 1
- 교사의 신호에 맞춰 전체 학생들이 동시에 집중 놀이에 참여한다.

❸ 놀이 2
- 학생들을 두 팀으로 나눈다.
- A팀 학생들을 대상으로 집중 놀이를 한 후에 B팀 학생들을 대상으로 집중 놀이를 하여 누가 더 집중을 잘 하는지 대결한다.

❹ 놀이 3
- 놀이 1과 놀이 2를 일어서서 진행한다.

활동 TIP
- 집중 구호는 교사의 재량에 따라 자유롭게 설정하되, 학생들과 많은 연습을 통해 호흡을 맞추는 것이 중요하다.
- 승패보다는 집중 훈련에 초점을 맞추는 것이 중요하다.

058 가라사대 놀이

집중 놀이

준비물
없음

영상 보러 가기

교사의 지시 중 [가라사대]가 붙은 지시만 학생들은 수행!!

가라사대가 붙었으니까!! 점프해야 해!!

☆[가라사대]! 점프하세요!

헷갈리게 하기 Tip!!
★ 가라사대 없이 교사가 동작 수행하며 지시하기

빤짝빤짝~!!

악!! 속았다※

헷갈리게 하기 Tip!!
★ 동작을 멈추는 지시하기

[가라사대] 빤짝빤짝~!!
자~멈추세요!!!

악!! 속았다※

활동 전 준비

❶ 학생들은 책상 위를 정리하고 의자에 바르게 앉는다.

활동 방법

❶ 교사가 학생들 앞에서 특정 동작을 지시한다.
❷ 교사의 지시 앞에 "가라사대"라는 말이 붙지 않으면 학생들은 그 동작을 수행하면 안 된다.
❸ 교사의 지시 앞에 "가라사대"라는 말이 붙을 때만 학생들은 그 동작을 수행한다.
❹ 정해진 시간이 됐을 때 끝까지 살아남은 학생이 승리한다.

활동 TIP

- 교사가 학생들에게 "가라사대" 없이 동작을 지시할 때 그 동작을 직접 수행하면서 지시하면 학생들을 헷갈리게 할 수 있다.
  - 예를 들어 빤짝빤짝이라는 지시를 "가라사대" 없이 지시할 때 교사가 직접 빤짝빤짝 행동을 하면서 지시하면 학생들이 속을 확률이 높아진다.
- 동작을 시키는 지시보다 동작을 멈추는 지시에 학생들은 더 잘 속는다.
  - 예를 들어 빤짝빤짝을 하다가 "가라사대" 없이 갑자기 "멈춰!"라고 하면 많은 학생이 순간 빤짝빤짝을 멈추게 된다.

집중 놀이

준비물
- 의자 4개
- A4 용지 4장
- 줄넘기 3개

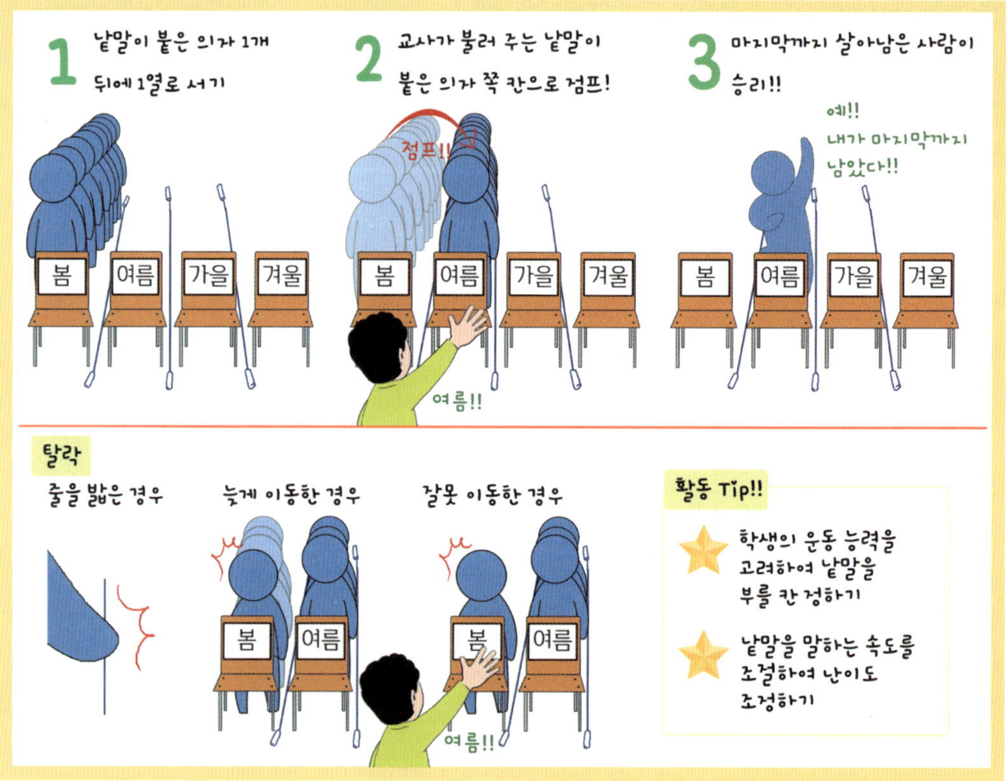

영상 보러 가기

059 단어 뜀뛰기 놀이

1 낱말이 붙은 의자 1개 뒤에 1열로 서기

2 교사가 불러 주는 낱말이 붙은 의자 쪽 칸으로 점프!

점프!!

여름!!

3 마지막까지 살아남은 사람이 승리!!

예!! 내가 마지막까지 남았다!!

탈락
- 줄을 밟은 경우
- 늦게 이동한 경우
- 잘못 이동한 경우

여름!!

활동 Tip!!
- ⭐ 학생의 운동 능력을 고려하여 낱말을 부를 칸 정하기
- ⭐ 낱말을 말하는 속도를 조절하여 난이도 조정하기

활동 전 준비

❶ 책상과 의자를 밀고 공간을 넓게 확보한다.
❷ 학생들은 8인 1조를 만든다.
❸ 놀이에 활용할 낱말들을 A4 용지에 써서 의자에 붙인다.
❹ 의자를 가로로 일렬로 놓고, 의자와 의자 사이에는 줄넘기를 세로로 일렬로 놓는다.

활동 방법

❶ 1조 학생들은 첫 번째 의자 앞에 일렬로 선다.
❷ 학생들은 교사가 특정 낱말을 말하면 그 낱말에 해당하는 줄로 옆으로 점프하여 이동한다.
  - 교사는 학생들이 현재 위치한 곳의 낱말 혹은 양옆의 낱말만 말해야 한다. 학생들이 한 번에 2칸을 점프할 수 없으므로 2칸 이상 떨어진 낱말을 말하면 안 된다.
❸ 의자 사이의 줄을 밟거나, 너무 늦게 이동하거나, 잘못 이동하면 탈락한다.
❹ 마지막까지 살아남은 학생이 승리한다.
❺ 1조 놀이가 끝나면 다음 팀 학생들도 같은 방식으로 놀이를 진행한다.

활동 TIP

- 낱말의 내용과 개수는 상황에 따라 교사 재량으로 자유롭게 설정한다.
- 교사가 단어를 빠르게 말할수록 놀이의 난이도가 올라간다.
- 한 번에 2칸을 점프할 수 있는 운동 능력이 뛰어난 학생들에게는 교사가 2칸 떨어진 단어를 말하는 것도 가능하다.

060 구구단 교과서 펴기 놀이

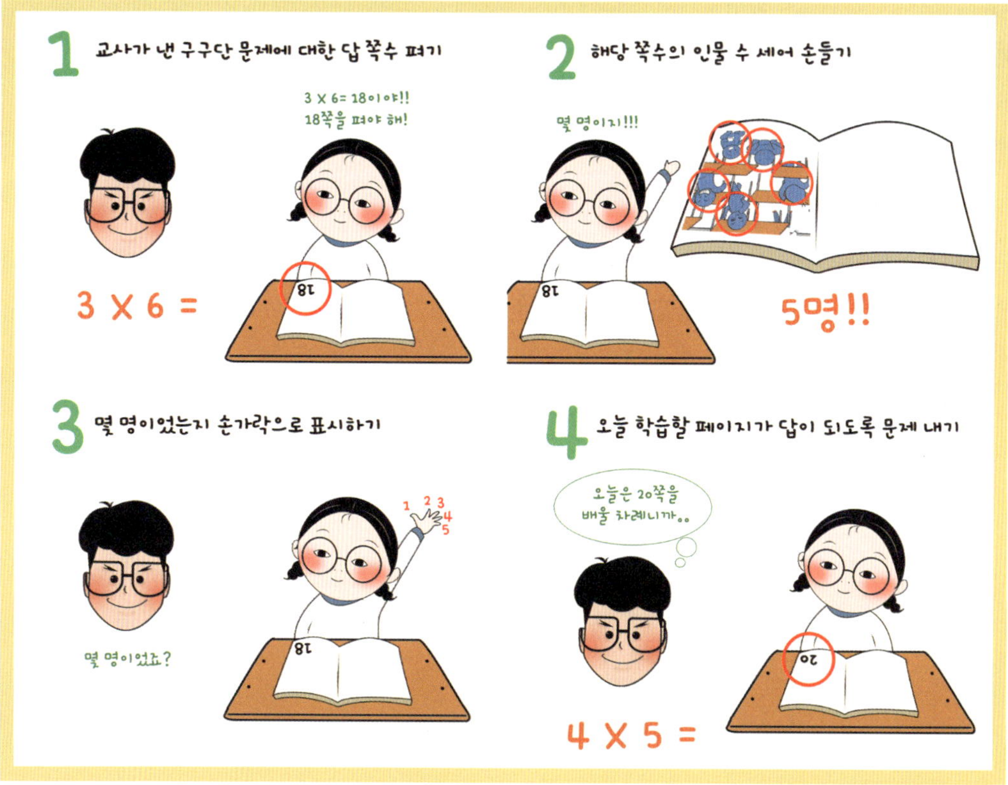

1 교사가 낸 구구단 문제에 대한 답 쪽수 펴기

3 X 6 = 18이야!!
18쪽을 펴야 해!

3 X 6 =

2 해당 쪽수의 인물 수 세어 손들기

몇 명이지!!!

5명!!

3 몇 명이었는지 손가락으로 표시하기

몇 명이었죠?

4 오늘 학습할 페이지가 답이 되도록 문제 내기

오늘은 20쪽을 배울 차례니까..

4 X 5 =

 **활동 전 준비**

❶ 학생들은 오늘 공부할 교과서를 준비하고 자리에 바른 자세로 앉는다.

활동 방법

❶ 교사는 구구단 문제 중 하나를 낸다.
❷ 학생들은 구구단 문제의 답에 해당하는 교과서 쪽수를 편다.
❸ 해당 쪽수에 나와 있는 인물의 수를 센다.
❹ 정답을 찾은 학생들은 답을 말하지 않고 손을 든다.
❺ 교사는 정해진 시간이 되면 학생들에게 손가락으로 정답이 몇 명인지 표시하게 한다.
❻ 같은 방식으로 놀이를 몇 번 진행한 후에 오늘 수업할 부분에 해당하는 쪽수가 정답이 되도록 구구단 문제를 낸다.
❼ 모든 학생이 교과서를 펴면 수업을 시작한다.

활동 TIP

- 구구단을 어려워하는 학생들을 위하여 정답을 빨리 찾은 학생들이 정답을 말하지 않도록 놀이 시작 전 지도한다.

061 숨은 글자 찾기 놀이

집중 놀이

준비물
• 교과서

활동 전 준비

❶ 교과서 또는 읽기 자료를 준비하고, 활동에 사용할 페이지와 문장을 미리 정해 둔다.
❷ 학생들의 적극적인 참여를 유도할 수 있는 칭찬 도장이나 스티커 등 간단한 보상을 준비한다.
❸ 학생들에게 놀이 방법을 간략하게 설명하여 활동에 대한 기대감을 높인다.

활동 TIP

- 중, 저학년 학생들을 대상으로 책에서 빠르게 찾고 해당 문장을 큰소리로 읽는 훈련을 하기에 적합한 놀이이다.
- 교사가 문장을 읽어 주는 속도를 조정하여 놀이의 난이도를 조절한다.
- 본 수업 시작 전 주의 집중 활동으로 활용하면 학생들의 수업 몰입도를 높일 수 있다.
- 가장 빠르게 찾아 읽은 학생을 기준으로 모둠별 대항전으로 진행하여 협동심을 기를 수도 있다.

활동 방법

❶ 교사는 활동 시작을 알리며 학생들에게 지정된 페이지를 펴도록 안내한다.
(예: "교과서 25페이지를 펴세요.")

❷ 교사는 책 내용 중 특정 문장의 앞부분만 읽어 준다.
(예: "날마다 10분씩!")

❸ 약 10초 후 학생들은 각자 찾은 문장을 큰 소리로 말한다.
- 학생들의 수준을 고려하여 해당 문장을 찾을 때까지 기다리는 시간을 조절한다.

❹ 다 읽은 후 책에서 해당 문장을 신속하게 찾아 손가락으로 짚는다.

❺ 교사는 학생들이 정확한 위치를 찾았는지 확인하고, 정확하게 문장을 찾아 큰소리로 읽은 학생에게 칭찬 도장을 찍어 주며 보상한다.

❻ 다른 문장으로 여러 번 활동을 반복한다.

❼ 가장 많은 도장을 받은 학생이 승리한다.

062 뒤죽박죽 미션 챌린지 놀이

집중 놀이

준비물
- PPT 자료
  (QR 코드 활용)

PPT 보러 가기

영상 보러 가기

1. 뒤죽박죽 섞여 있는 글자 조합하기

나 춤 신 추 기 게

2. 글자에 맞는 행동하기

흔들어~ 흔들어~   신.나.게.춤.추.기!!   알 라잌 더 무빗 무빗!!

활동 전 준비

❶ 학생들이 수행할 재미있는 미션, 예를 들어 신나게 춤추기, 만세 외치기 등을 여러 개 정한 후에 각 미션 문장의 글자를 따로따로 적고 글자들의 순서를 섞는다.
- QR코드를 스캔하여 다운받은 PPT 자료를 활용한다.

❷ 책상과 의자를 밀고 공간을 넓게 확보하여 학생들이 교실을 자유롭게 뛰어다니거나 움직일 수 있는 환경을 만든다.

❸ 활동을 개인전으로 할지 모둠 팀전으로 할지 정하고, 팀전으로 진행할 경우에는 놀이 시작 전 팀을 구성한다.

활동 TIP

- "선생님 사랑해요", "친구 안아 주기" 등 학급의 긍정적인 분위기를 만들 수 있는 미션을 포함하면 인성 교육의 효과도 거둘 수 있다.
- 학생들이 직접 미션을 만들어 보게 하면 창의력과 주도성을 높이는 기회가 된다.
- 신나는 배경 음악을 활용하면 학생들이 더욱 역동적이고 즐겁게 활동에 참여할 수 있다.
- 학생들이 활동에 익숙해지면 더 길고 복잡한 문장으로 미션을 제시하여 놀이의 난이도를 높이고 팀 협력 방식으로 놀이를 진행한다.

활동 방법

❶ 교사는 화면에 뒤죽박죽 섞인 글자 카드들을 보여 준다.

❷ 학생들은 순서가 섞여 있는 글자들을 보고 어떤 미션 문장이 완성되는지 추리한다.

❸ 추리를 가장 먼저 끝낸 학생 또는 팀은 큰 소리로 문장을 외치고 즉시 미션을 행동으로 수행한다.
(예: "신나게 춤추기!"를 외치며 신나게 춤추기)

❹ 교사는 학생들이 미션을 정확하고 즐겁게 수행하는지 지켜본다.

❺ 하나의 미션이 끝나면 다음 글자 카드들을 제시하여 활동을 계속 이어 간다.

❻ 가장 많은 미션을 수행한 학생 또는 팀이 승리한다.

063 밸런스 야구 놀이

친교 놀이

준비물
- 밸런스 퀴즈 쪽지
- 점수판
  (모둠 수)

영상 보러 가기

경기장

[3루] ← [2루]
↓   ↑
[홈]   →   [1루]

1 선생님이 말씀하시는 2가지 중 하나 선택

양념치킨
VS
후라이드
치킨

양념치킨인 사람 손 드세요~!!

당연히 치킨은 양념 아니냐고!!!

치킨은 바삭한 튀김과 닭의 맛을 음미해야지..
하수들이구만.

2 다수가 선택한 답을 고르면 진루,
홈에 도착하면 모둠 점수 올리기!!

 **활동 전 준비**

❶ 책상을 모둠 형태로 배치한다.
❷ 홈, 1루, 2루, 3루 구역을 정한다.
❸ 각 모둠 위에 점수판을 배치한다.
❹ 교사는 밸런스 퀴즈가 적힌 쪽지를 준비한다.

활동 방법

❶ 교사가 밸런스 퀴즈를 내면 모든 학생이 동시에 대답한다.
❷ 대답이 더 많은 학생 쪽이 1칸 이동한다.
  - 예를 들어 양념치킨 vs 후라이드치킨 중 양념치킨을 외친 학생들이 더 많으면 양념치킨을 외친 학생들만 1칸 이동한다.
❸ 홈으로 돌아온 학생들은 자신의 모둠 점수판의 점수를 올린다.
❹ 놀이가 끝났을 때 점수가 높은 모둠이 승리한다.

활동 TIP

- 학생들이 좋아할 만한 주제를 활용하여 밸런스 퀴즈를 준비한다.
- 학생들이 모여서 이동하다가 다른 학생에게 넘어져서 다치지 않도록 뛰지 않고 걸어서 이동하는 것을 놀이 시작 전 지도한다.
- 밸런스 퀴즈 대신 교과 수업 내용을 담은 퀴즈를 활용하여 놀이를 진행할 수도 있다.
  - 예를 들어 OX 퀴즈로 "자연수의 혼합 계산에서 괄호가 있으면 괄호부터 계산한다"를 내고 정답을 맞힌 학생만 진루할 수 있게 한다.

064 레벨 업! 밸런스 놀이

퀴즈 역할 6명 정해서 교실에 배치하기

퀴즈1	퀴즈2	퀴즈3
	교실	
퀴즈6	퀴즈5	퀴즈4

1 짝을 지어 퀴즈 역할 친구 중 1명을 찾아가 밸런스 게임하기

피자 vs 치킨
좋았어!!

답이 통했으면 레벨 업!!

2 새롭게 짝을 이뤄 5레벨까지 만들기

축구공 vs 야구공

우리 둘 다 레벨4 였으니까 이제 만렙이야!!

같은 레벨 친구와만 짝이 될 수 있다!!

팀조끼로 구분

배려 친구
모든 레벨의 친구와 짝을 지어 게임 가능!!

만렙 성공

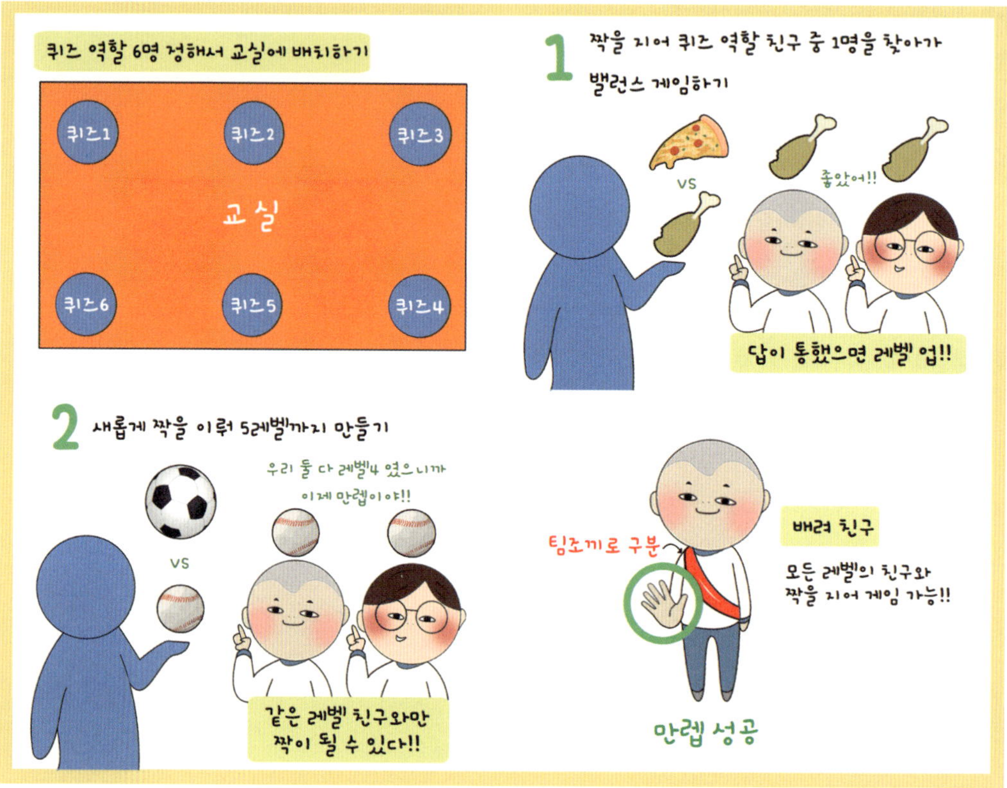

활동 전 준비

❶ 책상과 의자를 밀고 공간을 넓게 확보한다.
❷ 밸런스 퀴즈가 적힌 쪽지 6개를 준비한다.

활동 방법

❶ 퀴즈 역할을 할 학생 6명을 뽑는다.
❷ 퀴즈 역할을 하는 학생들은 교실 앞, 뒤, 좌, 우 끝 쪽에 선다.
❸ 학생들은 손가락으로 자신의 레벨을 표시하고 자유롭게 교실을 돌아다니다가 같은 레벨 친구끼리 만나서 2인 1팀을 만든다.
　- 처음 놀이를 시작할 때는 모든 학생이 레벨 1이다.
❹ 팀별로 함께 밸런스 퀴즈를 풀러 다닌다.
❺ 밸런스 퀴즈 진행 방식
　- 예를 들어 퀴즈를 내는 학생이 "치킨, 피자 중 더 좋아하는 것 말하기"라고 한 후에 "하나, 둘, 셋!"을 외치면 퀴즈를 풀러 온 학생 2명이 동시에 자신이 더 좋아하는 것을 말한다. 이때 둘이 같은 대답을 한 경우에만 정답으로 인정한다.
❻ 짝과 함께 밸런스 퀴즈를 맞히면 레벨이 올라간다. 퀴즈를 맞히지 못하면 레벨은 그대로 유지된다.
❼ 5레벨이 되면 팀조끼를 입고 배려 친구 역할을 한다. 배려 친구는 모든 레벨의 친구와 짝을 만들 수 있다.

활동 TIP

- 밸런스 퀴즈의 개수는 학생 수의 2배 이상을 준비한다.

친교 놀이

065 친구 이름 빙고 놀이

준비물
- 4×4 빙고 학습지 (학생 수)
- PPT 자료 (QR 코드 활용)

1 친구 이름 - 낱말 써서 빙고판 완성하기

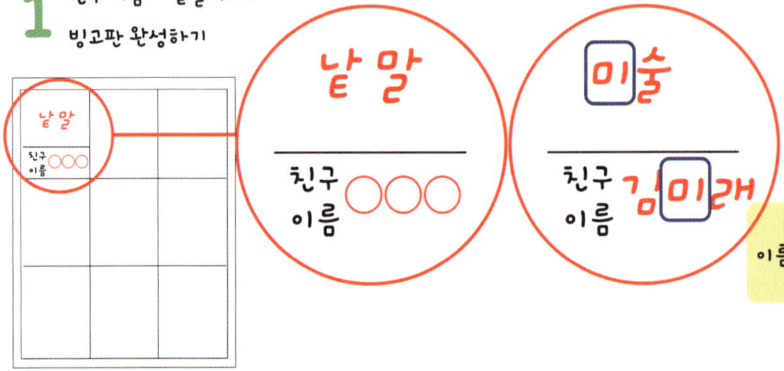

낱말 / 친구 이름 ○○○

미술 / 친구 이름 김미래

친구들 이름을 쓰고 이름 중 1글자를 이용하여 낱말 만들기

2 친구 이름과 만든 낱말 말하기

저는 김헬멧 친구 이름으로 멧돼지를 만들었습니다!

3 같은 낱말이 있는 사람이 다음 친구 이름 / 낱말 말하기

저는 송성근 친구 이름으로 유성을 만들었습니다!

4 3빙고 만들기

PPT 보러 가기

영상 보러 가기

활동 TIP
- 학기 초에 즐겁게 친구들의 이름을 익히는 데 도움이 되는 놀이이다.
- 학급 학생 수에 비해 빙고 칸이 너무 적으면 빙고판을 5x5 형태로 늘려서 놀이를 진행한다.

활동 전 준비

❶ 모든 학생에게 4x4 빙고 학습지를 1장씩 나눠 준다.

❷ 교사의 이름을 소개하고, 이름을 활용하여 낱말 만드는 방법을 설명한다.

❸ 이름을 활용하여 낱말 만드는 방법
   - 이름 중 활용할 글자 1개를 정하고, 그 글자를 활용하여 원하는 단어를 만든다.
   - 예를 들어 '송성근'이라는 이름에서 두 번째 글자인 '성'을 활용하여 '유성'을 만들 수 있다.

활동 방법

❶ 1명씩 나와서 자기소개를 하고, 칠판에 자신의 이름을 크고 예쁘게 적는다.

❷ 자기소개를 들은 학생들은 빙고 학습지 한 칸에 친구의 이름과 이름을 활용한 낱말을 같이 적는다.
   - 모든 학생의 이름을 적을 필요는 없고, 16칸만 모두 채우면 된다.

❸ 모든 학생이 준비되면 첫 번째 학생이 친구의 이름과 그 이름을 활용하여 자신이 만든 낱말을 발표한다.

❹ 첫 번째 학생이 발표한 단어가 자신의 빙고 학습지 안에 있으면 빙고 칸에 동그라미를 친다. 이름은 같지 않아도 된다.
   - 예를 들어 첫 번째 학생이 부른 이름은 '송성근'이고 만든 낱말은 '유성'인데, '박성우'라는 이름으로 '유성'을 만든 학생이 있다면 그 학생은 빙고 칸에 동그라미를 칠 수 있다.

❺ 이름이 불린 학생이 다음 차례를 이어받아 같은 방식으로 놀이를 계속 진행한다.

❻ 정해진 빙고 수를 먼저 만든 학생이 승리한다.

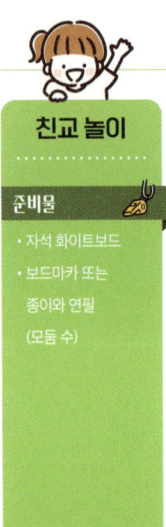

066 이름으로 단어 만들기 놀이

친교 놀이

준비물
- 자석 화이트보드
- 보드마카 또는 종이와 연필
  (모둠 수)

영상 보러 가기

1 종이에 우리 모둠 친구 이름 모두 쓰기

2 이름에 있는 글자 조합하여 다양한 낱말 만들기

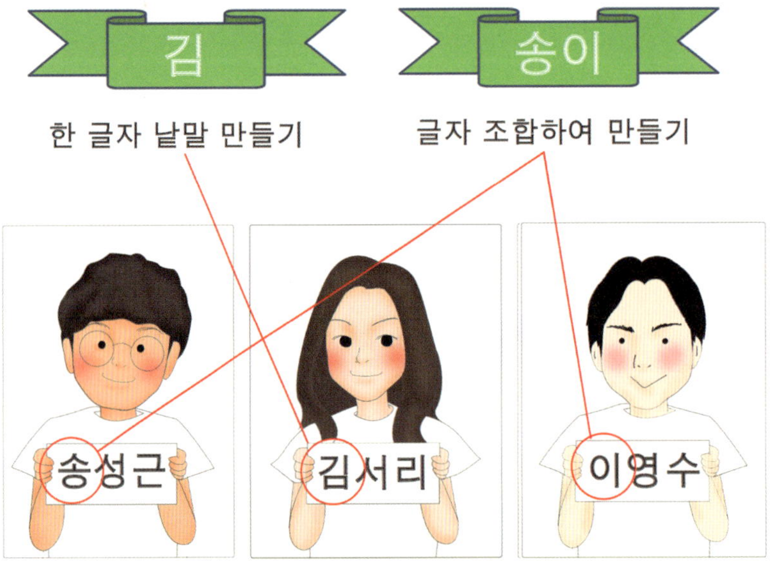

김 — 한 글자 낱말 만들기

송이 — 글자 조합하여 만들기

송성근 김서리 이영수

3 점수 계산하기 1음절 : 10점 / 2음절 : 20점 / 3음절 이상 : 30점

활동 전 준비

❶ 책상을 모둠 형태로 배치한다.
❷ 각 모둠에 자석 화이트보드와 보드마카를 놓는다.
  - 자석 화이트보드와 보드마카가 없으면 종이와 연필로 대치한다.

활동 TIP
- 학기 초 친구들과 어색하고 이름을 모를 때 활용하기 좋은 놀이이다.
- 모둠 바꾸기를 활용하면 더 즐겁게 놀이를 즐길 수 있다.

활동 방법

❶ 화이트보드의 왼쪽에는 모둠 학생들의 이름을 모두 적는다.
❷ 화이트보드의 오른쪽에는 모둠 학생들의 이름을 활용하여 만든 낱말을 적는다.
  - 낱말을 만들 때는 이름을 음절 단위로 끊어서 활용한다.
  - 예를 들어 학생 이름이 박경재일 경우 '박', '경', '재' 세 글자를 활용한다.
  - 글자는 중복해서 활용할 수 있다.
  - 예를 들어 팀에 김서리, 이영수가 있을 때 '리'를 두 번 활용하여 '영리', '수리'를 만들 수 있다.
❸ 정해진 시간이 됐을 때 점수가 높은 팀이 승리한다.
  - 1음절 낱말에는 10점, 2음절 낱말에는 20점, 3음절 낱말에는 30점을 부여한다.
❹ 놀이를 계속 진행하고 싶으면 모둠을 바꿔서 새로운 모둠원을 만나 같은 방식으로 활동한다.

067 열려라! 사물함 놀이

학습 놀이

준비물
• 정답과 오답이 적힌 A4 용지

준비

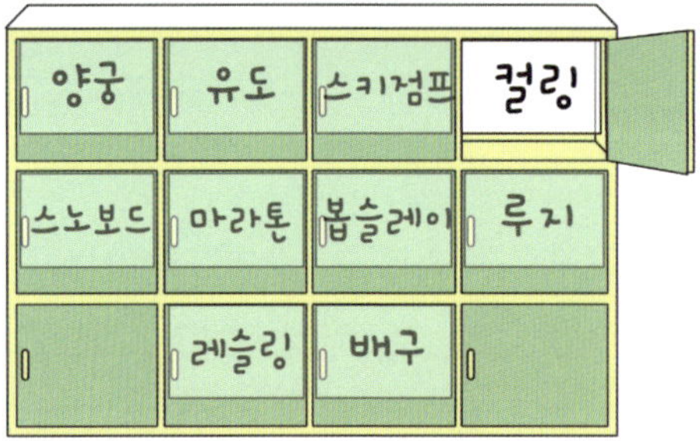

사물함 10칸 안에 정답 5개, 오답 5개 종이 붙여 두기
(정답 – 동계올림픽 종목)

1 2명씩 짝지어 윗몸 일으키기 5회 하기

3팀이 함께 시작하여 먼저 5회 한 팀이 사물함 열기 출발!

2 5개의 정답을 먼저 열어 맞히는 팀이 승리

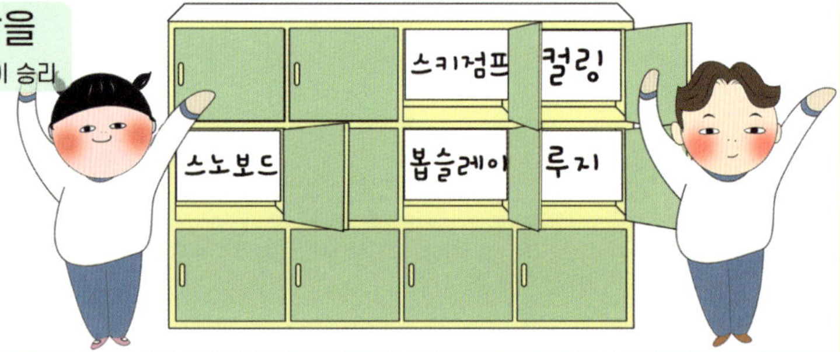

영상 보러 가기

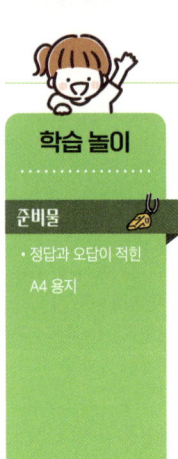

활동 전 준비

❶ 교사는 학생들 모르게 사물함 안쪽에 주제와 관련된 정답이 적힌 A4 용지와 오답이 적힌 A4 용지를 붙여 둔다.
  - 예를 들어 주제가 동계올림픽 종목이라면 그에 해당하는 놀이와 아닌 놀이를 섞어서 사물함 안쪽에 붙여 둔다.

❷ 책상과 의자를 밀고 공간을 넓게 확보한다.
❸ 학생들은 2인 1팀을 만든다.

활동 TIP
- 국어, 수학, 사회 등 다양한 과목과 접목할 수 있는 놀이이다.
- 윗몸 일으키기를 할 때는 바닥에 매트를 놓는다.
- 윗몸 일으키기 대신 팔벌려 뛰기 등 다른 신체 과제로 놀이를 진행할 수도 있다.

활동 방법

❶ 먼저 도전할 세 팀을 정한다.
❷ 팀별로 윗몸 일으키기 5회를 실시한다.
❸ 윗몸 일으키기를 먼저 끝낸 팀부터 기회가 주어진다.
❹ 사물함은 한 번에 한 번만 열 수 있다.
  - 정답을 열었다면 한 번의 기회가 더 주어지고, 오답을 열었다면 다음 팀에게 기회가 넘어간다.
  - 다음 팀에게 기회를 넘기기 전에 열려 있는 사물함을 모두 닫는다.

❺ 뒤에서 대기하고 있는 팀들은 앞 팀의 결과를 잘 기억했다가 정답을 찾을 때 활용한다.
❻ 첫 세 팀의 도전이 끝난 후에 다음 세 팀도 같은 방식으로 도전한다.
❼ 먼저 모든 정답을 열어 맞히는 팀이 승리한다.

068 보물찾기 학습 놀이

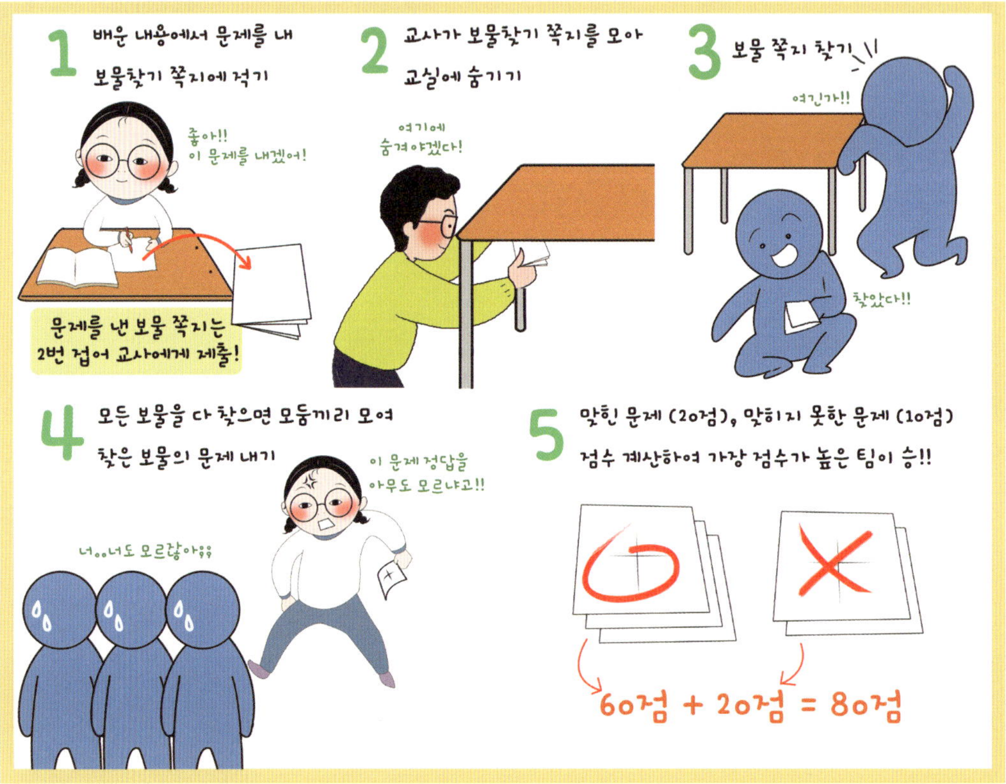

1 배운 내용에서 문제를 내 보물찾기 쪽지에 적기

좋아!! 이 문제를 내겠어!

문제를 낸 보물 쪽지는 2번 접어 교사에게 제출!

2 교사가 보물찾기 쪽지를 모아 교실에 숨기기

여기에 숨겨야겠다!

3 보물 쪽지 찾기

여긴가!!
찾았다!!

4 모든 보물을 다 찾으면 모둠끼리 모여 찾은 보물의 문제 내기

이 문제 정답을 아무도 모르냐고!!
너..너도 모르잖아ㅇㅇ

5 맞힌 문제 (20점), 맞히지 못한 문제 (10점) 점수 계산하여 가장 점수가 높은 팀이 승!!

60점 + 20점 = 80점

활동 전 준비

❶ 교사는 학습지를 모둠 수만큼 준비한다.
  - 학습지에 모둠원 수만큼 또는 모둠원 수의 2배만큼 가로로 칸을 만든다.

활동 방법

❶ 모둠끼리 모여서 수업 내용을 복습한다.
❷ 복습 시간이 끝나면 교사는 모둠별로 학습지 한 장을 나눠 준다.
❸ 모둠별로 배운 내용을 바탕으로 학습지에 문제를 만들어서 적고, 두 번 접어서 교사에게 제출한다.
❹ 모든 학생이 문제를 제출하면 교사가 학생들이 만든 문제(보물)를 교실 곳곳에 숨긴다.
❺ 교사가 모든 문제를 숨기고 나면 모든 학생이 동시에 보물을 찾기 시작한다.
❻ 모든 보물을 다 찾고 나면 모둠별로 찾은 보물을 펼쳐서 같은 모둠원들에게 돌아가 보물에 적혀 있는 문제를 낸다. 정답을 아는 모둠원은 문제를 맞히고, 모둠원 모두가 정답을 모르면 따로 분류한다.
❼ 모둠원이 정답을 맞힌 보물은 20점으로 계산하고, 못 맞힌 보물은 10점으로 계산한다.
❽ 점수가 가장 높은 모둠이 승리한다.

활동 TIP

- 학생들이 놀이에 적응되면 심판 모둠을 만들어서 보물을 숨기게 할 수 있다. 심판 모둠은 보물찾기 후에 각 모둠에서 문제를 내고 맞힐 때 한 명씩 각 모둠으로 흩어져서 점수 계산이 잘 이루어지고 있는지 감독한다.

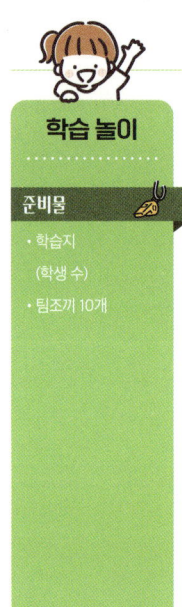

069 가위바위보 학습 놀이

학습 놀이

준비물
- 학습지 (학생 수)
- 팀조끼 10개

영상 보러 가기

1. 배운 내용 중 핵심 단어를 종이에 적기
   - 좋아!! 이 단어로 하겠어!
   - 축척
   - 단어의 개수는 게임 전 정하기

2. 친구를 만나 가위바위보 하기
   - 패!!
   - 승!!

3. 이긴 사람이 자신의 핵심 단어 설명하기
   - 지도에서 실제 거리와의 비율을 표시한 것!! 모르진 않겠지??
   - 축ㅇㅇ 축척!!!
   - 답을 말할 수 있는 기회는 2번!!

4. 문제를 맞혔으면 진 사람도 자신의 핵심 단어 설명하기
   - 어떤 장소를 약속된 기호로 평면에 나타낸 그림!! 너도 모르진 않겠지??
   - 지!! 지!!도!!

5. 둘 다 문제를 맞히면 교사에게 맞힌 핵심 단어 쪽지 내기
   - OK!! 선생님에게 쪽지 내려!!
   - 선생님!!! 저희 둘 다 맞혔어요!
   - 나 모든 단어 다 제출했어!!

찬스맨 / 찬스우먼
찬스맨은 다른 친구의 단어를 맞힐 수 있고, 그 쪽지는 바로 제출 가능

활동 전 준비

❶ 교사는 학습지를 학생 수만큼 준비한다.
  - 학습지에 6~10칸 정도의 빈칸을 만든다.

활동 TIP

- 단어를 맞히는 것도 공부이지만, 자신의 핵심 단어를 상대방에게 설명하는 과정에서 자연스럽게 많은 공부가 될 수 있는 놀이이다.

활동 방법

❶ 학생들은 학습지에 수업과 관련된 핵심 단어들을 적고 단어들을 자른다.

❷ 모든 학생이 준비되면 자신이 적은 단어들을 들고 교실을 돌아다니며 다른 학생들을 만나 가위바위보를 한다.

❸ 가위바위보에서 이긴 학생이 먼저 자신의 단어를 설명한다. 절대 정답을 말해서는 안 되고, 자신이 적은 단어의 특징을 말, 몸짓 등으로 표현해야 한다.

❹ 가위바위보에서 진 학생이 두 번 이내에 문제를 맞히면 가위바위보에서 진 학생도 자신이 적은 단어를 설명한다.

❺ 가위바위보에서 이긴 학생이 두 번 이내에 문제를 맞히면 둘이 함께 교사 책상으로 가서 상대방이 맞힌 단어를 제출한다.

❻ ❸ ~ ❺의 과정에서 1명이라도 두 번 이내에 단어를 맞히지 못하면 단어를 제출할 수 없으므로 "안녕!"이라고 인사를 하고 다른 친구를 찾아다닌다.

❼ 자신이 적은 모든 단어를 교사에게 제출한 학생은 팀조끼를 입고 '찬스맨 / 찬스우먼'이 되어 다른 친구들을 돕는다.
  - 찬스맨 / 찬스우먼은 다른 친구들의 단어를 맞히는 역할을 한다.
  - 찬스맨 / 찬스우먼이 단어를 맞히면 그 단어는 교사에게 바로 제출할 수 있다.

070 찢기 점수 빙고 놀이

학습 놀이

준비물
- 학습지
  (학생 수)

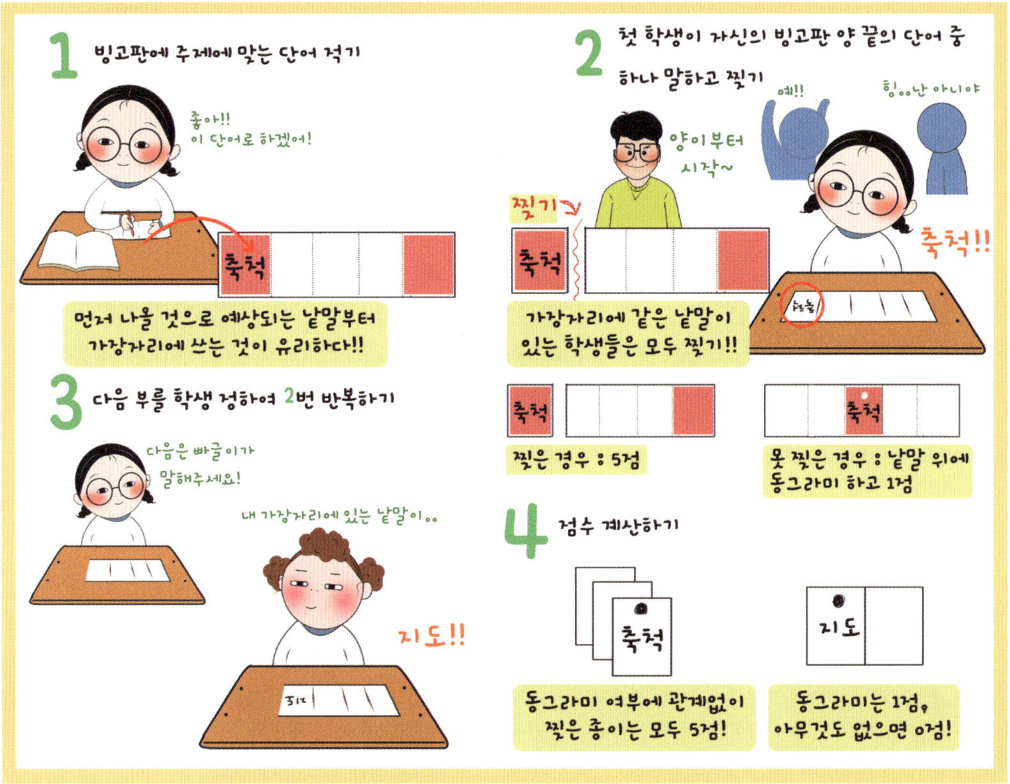

영상 보러 가기

1. 빙고판에 주제에 맞는 단어 적기
좋아!! 이 단어로 하겠어!
먼저 나올 것으로 예상되는 낱말부터 가장자리에 쓰는 것이 유리하다!!

2. 첫 학생이 자신의 빙고판 양 끝의 단어 중 하나 말하고 찢기
양이부터 시작~
예!! / 힝..난 아니야
찢기 → 축척 / 축척!!
가장자리에 같은 낱말이 있는 학생들은 모두 찢기!!

찢은 경우 : 5점
못 찢은 경우 : 낱말 위에 동그라미 하고 1점

3. 다음 부를 학생 정하여 2번 반복하기
다음은 빠글이가 말해주세요!
내 가장자리에 있는 낱말이..
지도!!

4. 점수 계산하기
축척 / 지도
동그라미 여부에 관계없이 찢은 종이는 모두 5점!
동그라미는 1점, 아무것도 없으면 0점!

활동 전 준비

❶ 학습지를 학생 수만큼 준비한다.
❷ 학습지 만드는 방법
- A4 용지 1장을 세로로 두 번, 가로로 세 번 접는다.
- A4 용지를 가로로 잘라 8칸짜리 학습지 4개를 만든다.

활동 TIP
- 유사한 단어의 인정 여부는 학생들과 협의를 통해 결정한다.

활동 방법

❶ 빙고 놀이 주제를 정한다.
❷ 학생들은 학습지에 주제에 맞는 핵심 단어들을 적는다.
- 다른 학생들이 많이 부를 것 같은 핵심 단어들을 학습지의 바깥쪽에 적는다.

❸ 처음 단어를 말할 학생은 교사가 정한다.
❹ 그 학생은 자신의 학습지 양 끝에 있는 단어 중 1개를 말한다.
- 다른 학생들은 그 단어가 자신의 학습지 양 끝에 있는 단어를 말하면 그 단어를 찢는다.
- 그 단어가 자신의 학습지의 안쪽에 있으면 그 단어 위에 동그라미를 친다.

❺ 단어를 부른 학생은 다음에 단어를 부를 학생을 정한다.
❻ ❹ ~ ❺의 활동을 반복한다.
❼ 정해진 시간이 되면 활동을 중단하고 점수를 계산한다.
- 동그라미를 친 단어는 1개당 1점으로 계산한다.
- 찢은 단어는 동그라미와 상관없이 5점으로 계산한다.
- 예를 들어 어떤 단어를 동그라미 친 후에 찢었다면 그 단어는 5+1인 6점이 아니라 5점으로 계산한다.

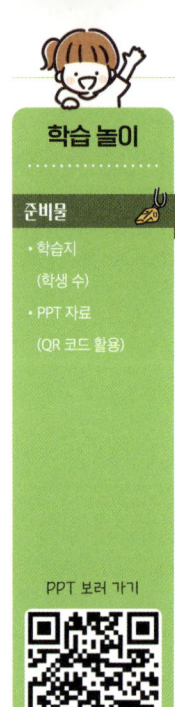

071 여름 방학 개학 초성 퀴즈

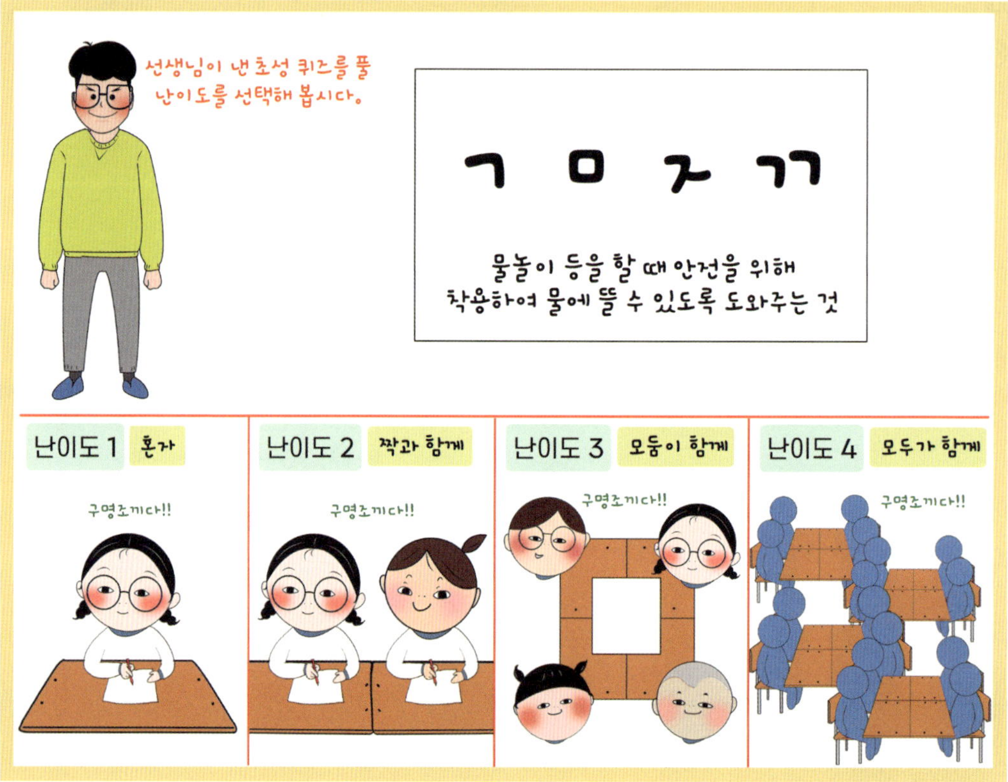

선생님이 낸 초성 퀴즈를 풀 난이도를 선택해 봅시다.

ㄱ ㅁ ㅈ ㄲ

물놀이 등을 할 때 안전을 위해 착용하여 물에 뜰 수 있도록 도와주는 것

| 난이도 1 혼자 | 난이도 2 짝과 함께 | 난이도 3 모둠이 함께 | 난이도 4 모두가 함께 |

구명조끼다!!

활동 전 준비

❶ 문제가 적힌 PPT를 준비한다.
❷ 학습지를 학생 수만큼 준비한다.
❸ 책상을 모둠 형태로 배치한다.

활동 방법

❶ 교사는 PPT를 활용하여 학생들에게 문제를 제시한다.
❷ 학생들은 난이도에 따라 문제를 혼자 풀거나 친구와 같이 푼다.
- 난이도 1: 혼자 풀기
- 난이도 2: 짝꿍과 같이 풀기
- 난이도 3: 팀원과 같이 풀기
- 난이도 4: 모든 학생과 같이 풀기

❸ 문제를 푼 후에 정답을 학습지에 적고, 각자 양심에 따라 채점한다.

활동 TIP

- 문제 정답을 활용하여 점수 빙고 놀이를 할 수 있다.
  - 점수 빙고 놀이는 단순히 빙고의 개수만을 세는 것이 아니라 빙고를 점수화하여 빙고가 만들어지지 않더라도 재미있게 즐길 수 있다.
- 점수 빙고 점수 계산 방법
  - 동그라미 친 단어 1개당 1점으로 계산하고, 빙고는 동그라미와 상관없이 5점으로 계산한다.
  - 예를 들어 4개 낱말로 한 줄 빙고를 만들었는데 그중 2개의 낱말에 동그라미가 되었으면 2+5인 7점이 아니라 5점으로 계산한다.

072 여름 방학 진진가 빙고 놀이

학습 놀이

준비물
- 학습지
  (학생 수)
- PPT 자료
  (QR 코드 활용)

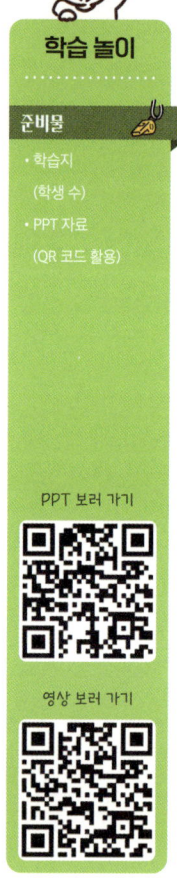

1. 학습지 : 진짜 경험 2개 / 가짜 경험 1개 쓰기
   빙고판 : 친구들 이름 쓰기

2. 발표자 : 학습지에 쓴 3개의 경험 말하기
   다른 학생 : 그 학생의 이름이 있다면 3개 중 가짜 경험 번호 쓰기

3. 발표자 : 가짜 경험 번호 말하기

4. 점수 계산하기
   - 맞으면 동그라미 1점
   - 틀리면 엑스 0점
   - 빙고 1줄 5점

활동 전 준비

❶ 학습지를 학생 수만큼 준비한다.

활동 TIP
- 학생 수가 25명 이상이라면 학습지를 25칸 빙고 판으로 만든다.
- 학습지에 경험을 적을 때는 다른 학생들이 가짜와 진짜를 구별하기 힘들도록 가짜는 진짜 같게, 진짜는 가짜 같게 문구를 만든다.

활동 방법

❶ 학생들은 방학 중 자신의 생활과 경험을 떠올리며 학습지에 진짜 경험 2개와 가짜 경험 1개를 적는다.
   - 방학 기간 중 가장 기억에 남는 일, 특별한 경험, 사소한 일상생활 등을 적는다.

❷ 학습지 아래 빙고 칸(16칸)에 자신 외에 다른 학생 이름 16명을 선택해서 적는다.

❸ 1명씩 돌아가며 자신이 적은 진짜 2개의 경험과 가짜 1개의 경험을 큰 소리로 또박또박 발표한다.

❹ 다른 학생들은 빙고 칸 중 발표하는 학생의 이름 밑에 가짜 경험이라고 생각하는 번호를 적는다. 자신의 빙고 판에 발표하는 학생의 이름이 없으면 어떤 경험이 가짜 경험일지 속으로 생각만 한다.

❺ 발표하는 학생은 몇 번이 가짜 경험인지 이야기한다.

(예: "가짜는 3번! 딸기 빙수가 아닌 망고 빙수를 먹었습니다.")

❻ 자신의 답이 맞으면 동그라미를 치고, 틀리면 X 표시를 한다.

❼ 놀이가 끝나면 점수를 계산한다.
   - 동그라미 친 단어 1개당 1점으로 계산하고, 빙고는 동그라미와 상관없이 5점으로 계산한다.
   - 예를 들어 4개 낱말로 한 줄 빙고를 만들었는데 그중 2개의 낱말에 동그라미가 되었으면 2+5인 7점이 아니라 5점으로 계산한다.

073 누워서 그림 그리기 놀이

학습 놀이

준비물
- 도화지
- 채색도구
- 돗자리

영상 보러 가기

1 편안하게 책상 아래에 가방을 베고 누워 명상하기

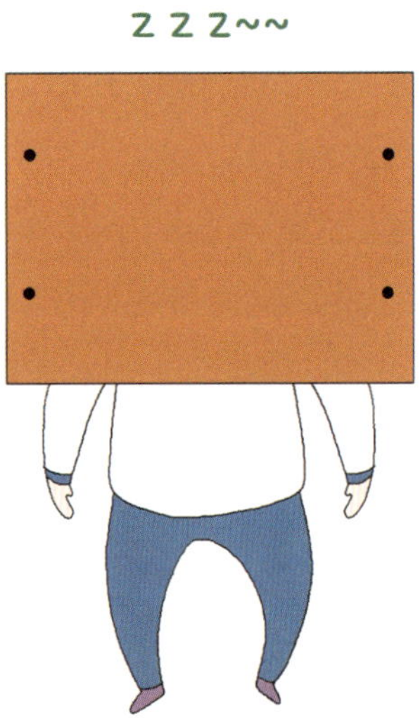

ZZZ~~

2 책상 아래에 종이를 붙이고 주제에 맞는 그림 그리기

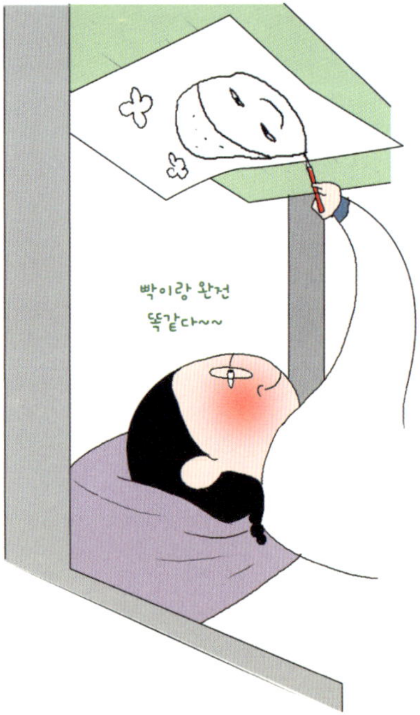

빡이랑 완전 똑같다~~

활동 전 준비

❶ 학생들이 편안하게 누울 수 있도록 교실 바닥에 돗자리를 깐다.
❷ 학생들은 2인 1조를 만든다.
  - 3명이 남으면 그 3명은 3인 1조를 만든다.
❸ 책상 밑에 도화지를 붙이고, 책상 아래에 책가방을 놓는다.
❹ 가방을 베고 같은 조 친구와 나란히 돗자리 위에 눕는다.
❺ 그림을 그리기 전에 심호흡하며 주변 소리에 집중하는 짧은 명상 시간을 가져 마음을 편안하게 한다.

활동 방법

❶ 누운 상태에서 친구의 얼굴을 자세히 관찰하며 도화지에 친구 얼굴을 그린다.
❷ 그림을 그리면서 친구의 특징이나 장점을 자연스럽게 이야기 나눈다.
  (예: "머리 스타일이 멋지다.", "슈퍼맨 같다.")
❸ 그림을 완성한 학생들은 편안하게 누워 휴식을 취한다.
❹ 완성된 작품은 교실 벽에 전시하여 다른 친구들과 함께 감상한다.

활동 TIP

- 같은 조 친구 얼굴 그리기 외에 다른 주제로도 놀이를 진행할 수 있다.
- 그림을 그리는 동안 조용하고 편안한 음악을 틀어 주면 학생들이 활동에 더 깊이 몰입할 수 있다.
- 새로운 시점(누워서 보기)에서 친구와 교실을 관찰하게 함으로써 학생들의 관찰력과 창의력을 자극할 수 있다.
- 활동 후 각자 그린 그림에 대해 이야기를 나누는 시간을 가지면 친구에 대한 이해를 높이고 표현력을 기르는 데 도움이 된다.
- 학기 초 친구들과의 관계 형성 활동으로 매우 효과적인 놀이이다.

PART 04
움직임 놀이

활발히 뛰고 달리면서 신체 활동을 통해 활력을 발산하는 놀이입니다.

| 술래잡기 I | 기존의 술래잡기가 좁은 교실에서 적용하기에 너무 산만하고 부상의 위험도 커서 고민이라면, 다양한 변형 술래잡기를 활용하여 안전하고 즐겁게 교실에서 술래잡기를 즐겨 보아요. |

| 술래잡기 II | 술래잡기 I 보다는 조금 어려운 놀이를 담았어요. 어려운 만큼 규칙을 잘 이해하면 더 재미있는 놀이 시간을 보낼 수 있어요. |

| 공놀이 | 공만 있으면 지루한 교실 분위기를 단숨에 해결할 수 있어요. 교실에 활력이 필요할 때 활용하면 좋은 놀이에요. |

| 피구 놀이 | 피구를 하고 싶은데 밖으로 나갈 수 없을 때, 피구를 못하고 싫어하는 학생들도 피구에 참여시키고 싶을 때 재미있는 피구 놀이를 활용하여 교실 안에서 다 함께 피구를 즐겨 보세요. |

술래잡기 I

준비물
- 종 1개

영상 보러 가기

074 짝꿍 술래잡기

1 종을 치면 자유롭게 돌아다니다 종이 다시 치면 2인 1팀 만들기
어슬렁~ 어슬렁~

2 만난 친구와 하이파이브 가위바위보 하기
맞장구 2회 치기
가위! 바위! 보!!!
승 / 패

3 승 : 도망가기
패 : 미션 수행하고 승자 잡기
도망가자!!
팔벌려 뛰기 5번!! 빨리 하고 잡으러 가야지!!
미션은 게임을 하기 전 미리 정해 두기

4 종이 다시 치면 1~3번 반복
어슬렁~ 어슬렁~

활동 전 준비

❶ 책상을 모둠 형태로 배치하고 의자를 책상 밑으로 넣는다.

활동 방법

❶ 교사가 종을 치면 학생들은 자유롭게 돌아다닌다.
❷ 교사가 다시 종을 치면 학생들은 근처의 친구와 함께 2인 1조를 만든다.
❸ 짝과 하이파이브 가위바위보를 한다.
 - 진 학생은 미션을 수행한다.

 (예: 팔벌려 뛰기 5회 등)

 - 이긴 학생은 진 학생이 동작을 수행할 동안 도망간다.
❹ 가위바위보에서 진 학생이 이긴 학생을 잡으면 ❸의 내용을 반복한다.
❺ 교사는 정해진 시간이 되면 종을 다시 친다.
 - 시간은 1~2분 정도가 적당하다.
❻ 학생들은 다시 자유롭게 돌아다닌다.
❼ ❷ ~ ❻의 내용을 반복한다.

활동 TIP

- 실내에서 하는 활동이기 때문에 동시에 많은 학생이 뛰어다니면 위험할 수 있다. 다음의 방법으로 안전하고 즐겁게 놀이를 진행한다.
  - 실내화 위에 발을 올리고 실내화를 끌면서 돌아다니기
  - 물티슈 등을 바닥에 깔고 물티슈를 끌면서 돌아다니기
  - 한 발로 돌아다니기(중간에 발 바꾸기 가능)

술래잡기 I

준비물
- 이면지 4장
- 팀조끼 2개

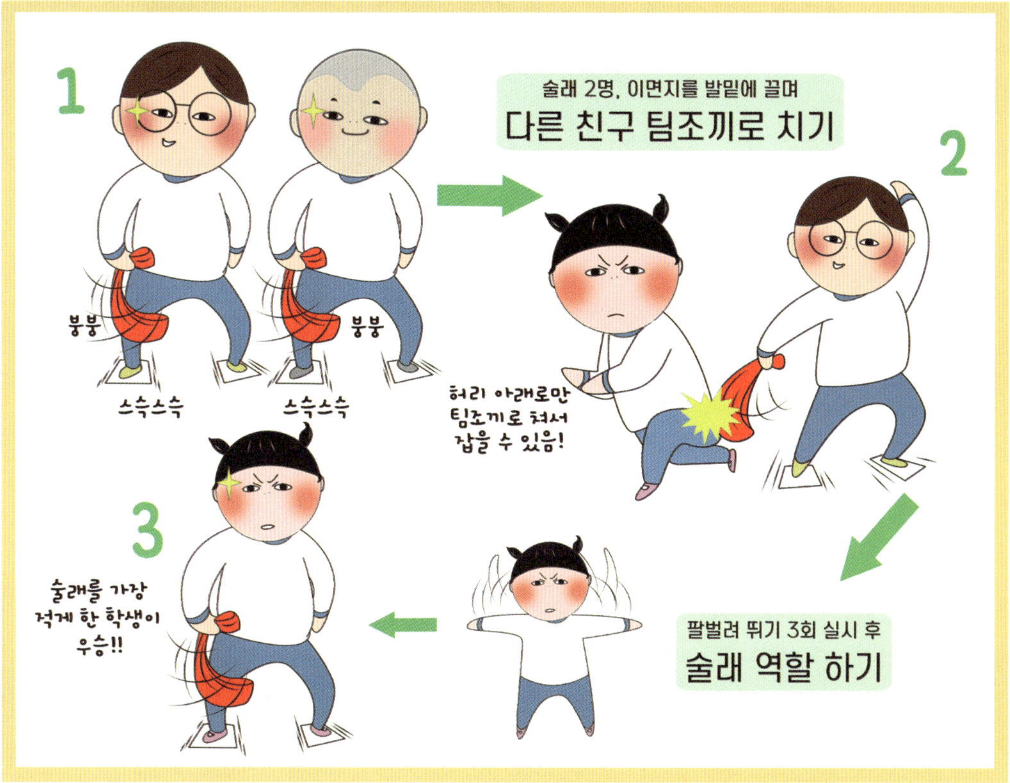

075 이면지 & 팀조끼 술래잡기

영상 보러 가기

활동 전 준비

❶ 책상을 모둠 형태로 배치하고 의자를 책상 밑으로 넣는다.

활동 방법

❶ 술래 2명을 뽑는다.
❷ 술래는 팀조끼를 입고, 이면지 2장을 바닥에 놓고 양발을 이면지 위에 올린다.
❸ 술래는 이면지에서 발을 떼지 않은 상태로 돌아다니면서 팀조끼로 도망치는 학생들의 잡는다.
   - 팀조끼로 학생들을 터치할 때는 허리 아랫부분만 터치한다.
❹ 도망치는 학생들은 빠른 걸음으로 이동하되 뛸 수는 없다.
❺ 술래에게 터치 당한 학생은 술래에게 팀조끼와 이면지를 받는다. 그 후 잡힌 자리에서 팔벌려 뛰기 3회를 실시하고 술래 역할을 한다.
❻ 기존 술래는 팀조끼와 이면지를 새로운 술래에게 전달하고 도망간다.
❼ 놀이가 끝날 때까지 술래를 가장 적게 한 학생이 승리한다.

활동 TIP

- 자신이 술래를 몇 번 했는지 손가락으로 표시하게 할 수도 있다. 이렇게 하면 술래를 적게 한 학생이 술래의 목표가 되고, 이를 통해 학생들이 술래를 하는 횟수를 어느 정도 균등하게 맞출 수 있다.

076 물티슈 청소 술래잡기

술래잡기 I

준비물
- 물티슈 2장 (학생 수)
- 폼스틱 1개

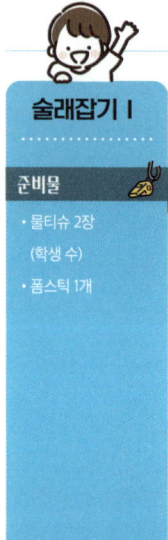

영상 보러 가기

활동 전

술래: 폼스틱 들기
그 외 학생들: 물티슈 위에 발 올리기

1. 술래잡기 하기 — 터치!!
2. 폼스틱에 터치된 사람은 미션 수행 후, 술래 되기

도망쳐어~!!!

활동 전 준비

❶ 책상과 의자를 밀고 공간을 넓게 확보한다.
❷ 학생 1명당 물티슈 2장을 나눠 준다.

활동 방법

❶ 처음 술래를 할 학생 1명을 뽑는다. 술래는 폼스틱을 받는다.
❷ 술래를 포함한 모든 학생은 자신의 물티슈 2장을 바닥에 깔고, 그 위에 양발을 올린다.
❸ 술래는 교실 앞에 위치하고, 술래를 제외한 학생들은 교실 곳곳으로 흩어진다.
❹ 교사의 시작 신호와 함께 술래는 폼스틱으로 다른 학생들을 잡기 위해 돌아다니고, 다른 학생들은 술래를 피해 돌아다닌다.
❺ 술래에게 폼스틱으로 터치 당하면 술래가 된다.
  - 기존 술래는 폼스틱을 새로운 술래에게 전달하고 도망간다.
  - 새로운 술래는 폼스틱을 받고 팔벌려 뛰기를 3회 한 후에 다른 학생들을 잡으러 다닌다.
❻ 정해진 시간이 될 때까지 놀이를 이어 나간다.
❼ 마지막까지 한 번도 안 잡힌 학생이 승리한다.

활동 TIP

- 팔벌려 뛰기를 하는 이유는 새로운 술래로부터 도망갈 시간을 벌기 위한 것이다. 따라서 시간을 끌 수 있는 다른 형태의 활동으로 대체할 수 있다.

077 실내화 술래잡기

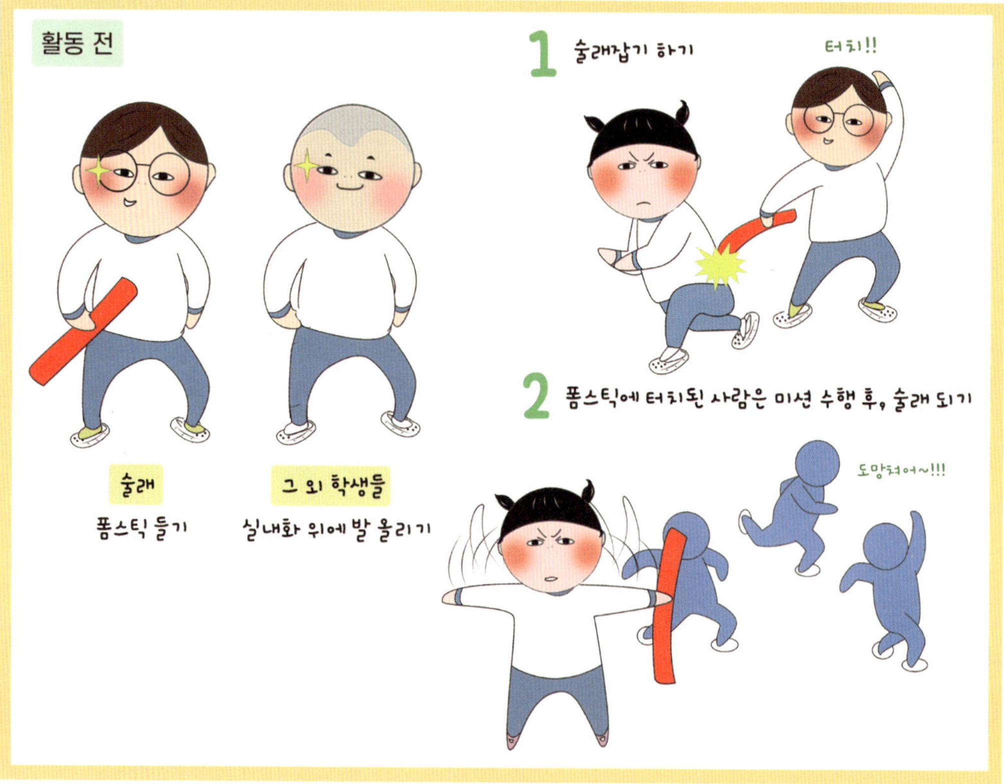

활동 전
- 술래: 폼스틱 들기
- 그 외 학생들: 실내화 위에 발 올리기

1 술래잡기 하기 — 터치!!

2 폼스틱에 터치된 사람은 미션 수행 후, 술래 되기

도망쳐어~!!!

활동 전 준비

❶ 책상을 모둠 형태로 배치한다.

활동 방법

❶ 처음 술래를 할 학생 1명을 뽑는다. 술래는 폼스틱을 받는다.
❷ 술래를 포함한 모든 학생은 실내화 위로 양발을 올린다. 놀이가 진행되는 동안 양발이 절대 실내화에서 떨어지면 안 된다.
❸ 술래는 교실 앞에 위치하고, 술래를 제외한 학생들은 교실 곳곳으로 흩어진다.
❹ 교사의 시작 신호와 함께 술래는 다른 학생들을 잡기 시작하고, 술래를 제외한 학생들은 술래를 피해 도망 다닌다.
❺ 술래에게 폼스틱으로 터치를 당하면 아웃이다. 아웃이 된 학생은 술래에게 폼스틱을 받고, 잡힌 자리에서 팔벌려 뛰기를 3회 실시하고 술래 역할을 한다.
❻ 놀이가 끝날 때까지 술래를 한 번도 안 한 학생이 승리한다.

활동 TIP

• 술래 수를 늘리면 놀이의 난이도를 높일 수 있다.

078 자리 이동 술래잡기

술래잡기 I

준비물
• 폼스틱 1개

교실 대형
학생들 : 책상을 등지고 앉기
술래 : 폼스틱 들고 중앙에 서기

술래 ● / 폼스틱 ▬

1 술래가 말한 문장에 해당되는 사람은 일어나서 자리 옮기기

"나는 안경을 꼈습니다!!"

"어느 자리가 비었어!!??"

"터치!!"

"나는 양이가 일어난 자리로 가야겠다!!"

2 자리 이동하면서 터치된 사람 중 가위바위보에 진 사람이 다음 술래!!

영상 보러 가기

활동 전 준비

❶ 책상을 모둠 형태로 배치한다.

활동 방법

❶ 처음 술래할 학생 1명을 뽑는다.
❷ 모든 학생은 의자를 돌려서 의자 등받이가 책상을 향하게 만든 후에 의자에 앉는다.
❸ 술래는 폼스틱을 들고 교실 중앙에 선다.
❹ 술래는 문장 하나를 제시한다.
   (예: "나는 안경을 꼈습니다.")
❺ 술래가 제시한 문장에 해당하는 학생은 일어서서 자신이 앉아 있던 의자 외에 다른 의자로 자리를 옮긴다.
❻ 자리를 옮기는 과정에서 술래에게 폼스틱으로 터치를 당하면 아웃이다.
❼ 아웃이 된 학생끼리 모여 가위바위보를 한 후 다음 술래를 정한다.
❽ 정해진 시간 동안 ❷ ~ ❼의 활동을 반복한다.

활동 TIP

• 이 놀이를 활용하여 자리를 바꿀 수 있다.
  - 시작 전에 놀이가 끝났을 때의 자리가 바뀐 자리라고 학생들에게 안내한다.
  - 바뀐 자리에 불만이 없도록 "운명을 받아들이자" 등의 문구를 다 같이 외치고 놀이를 시작한다.
  - 특정 학생들끼리 몰려다니면 교사가 경고를 주고, 경고가 누적되면 그 학생들을 놀이에서 제외한다.

079 0123 걸음 술래잡기

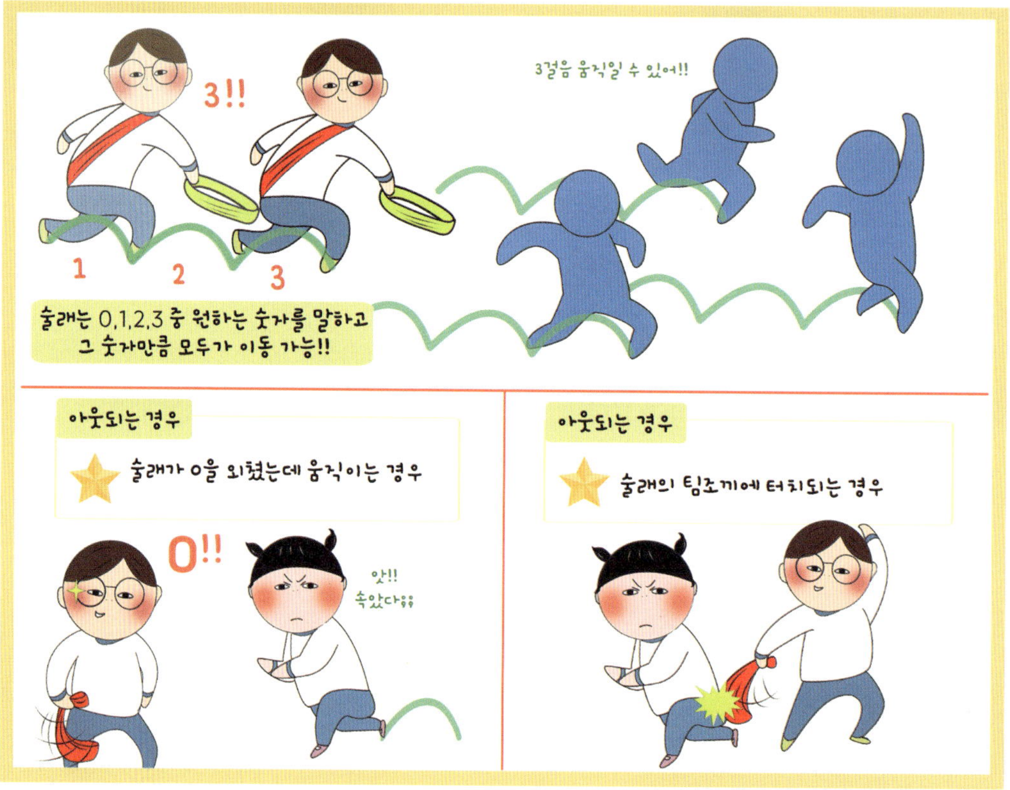

3걸음 움직일 수 있어!!

술래는 0,1,2,3 중 원하는 숫자를 말하고
그 숫자만큼 모두가 이동 가능!!

아웃되는 경우
⭐ 술래가 0을 외쳤는데 움직이는 경우

O!!
안!! 속았다ㅇㅇ

아웃되는 경우
⭐ 술래의 팀조끼에 터치되는 경우

 **활동 전 준비**

❶ 책상과 의자를 밀고 공간을 넓게 확보한다.

활동 방법

❶ 술래 1명을 뽑는다. 술래는 팀조끼를 받는다.
❷ 모든 학생이 준비되면 술래는 "하나, 둘, 셋!"을 외친 후에 걸음 수를 말한다. 걸음 수는 0, 1, 2, 3 중 하나를 선택한다.
❸ 다른 학생들은 술래가 말한 걸음 수만큼만 걷는다. 이때 최대한 큰 보폭으로 걷는다.
❹ 다른 학생들이 모두 이동하고 나면 술래도 똑같은 걸음 수로 걷는다.
❺ 술래는 이동 후에 양발을 땅에 붙인 상태로 팔을 뻗어서 팀조끼로 다른 학생들을 터치할 수 있다.
❻ 다음의 경우에는 아웃이다.
  - 이동 후에 술래에게 팀조끼로 터치 당한 경우
  - 술래가 0을 외쳤는데 움직인 경우
❼ 아웃이 된 학생들은 자신의 자리로 가서 앉는다.
❽ 정해진 시간이 될 때까지 살아남은 학생들이 승리한다.

활동 TIP

- 술래는 가급적 많은 학생이 모여 있는 곳으로 이동하여 한 번에 많은 학생을 잡을 수 있도록 한다.

술래잡기 I

준비물
- 폼스틱 1개
- 종 1개

080 종소리 술래잡기

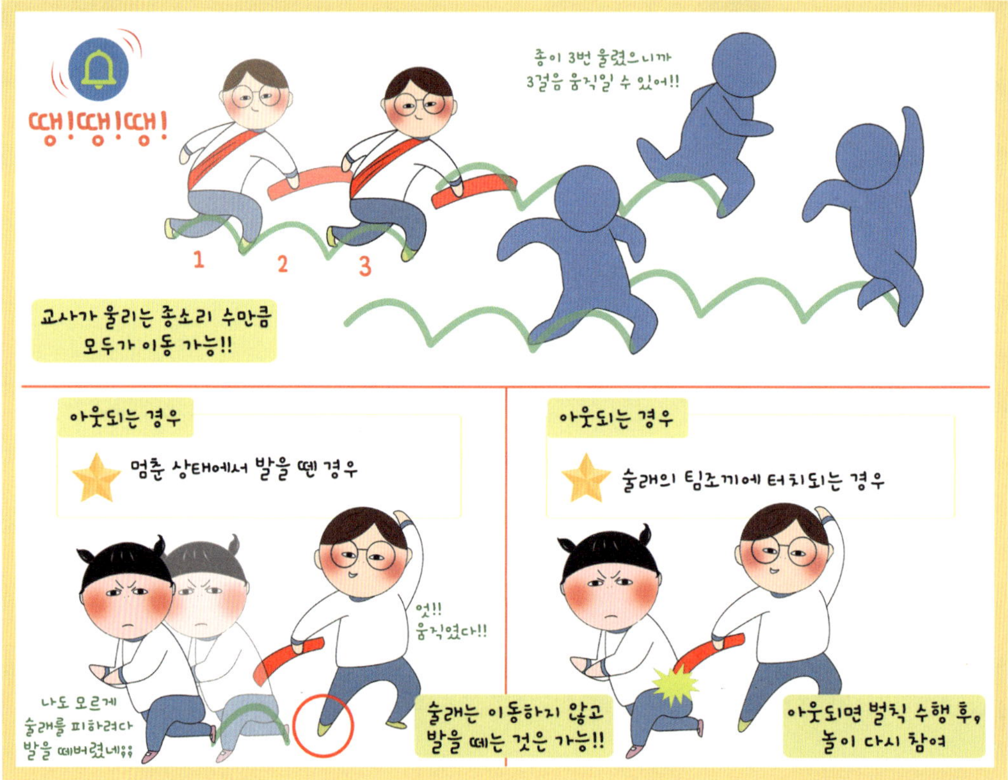

영상 보러 가기

활동 전 준비

❶ 책상을 모둠 형태로 배치한다.

활동 방법

❶ 처음 술래를 할 학생 1명을 뽑는다.
❷ 술래는 교실 앞에 위치하고, 다른 학생들은 교실 곳곳으로 흩어진다.
❸ 술래를 포함한 모든 학생은 교사가 종을 치는 횟수만큼만 이동한다.
  - 이동을 끝낸 후에 술래는 제자리에서 한 발을 뗄 수 있지만, 피하는 학생은 두 발 모두 뗄 수 없다.
❹ 아웃이 되는 경우는 다음과 같다.
  - 이동 중 또는 이동 후에 술래의 폼스틱에 터치 당하는 경우
  - 이동이 끝난 후에 발을 움직인 경우
❺ 아웃이 된 학생들은 앉았다 일어나기 3회 등 신체 과제를 수행한 후에 놀이에 다시 참여한다.
❻ 교사는 적절한 시기마다 한 번씩 술래를 바꾼다.
❼ 정해진 시간이 될 때까지 ❷~❻의 활동을 반복한다.
❽ 마지막까지 한 번도 안 잡힌 학생이 승리한다.

활동 TIP
- 종이 없으면 박수 등의 방법으로 걸음 수를 표시한다.

술래잡기 I

준비물
- 대포 플래쉬 프로그램
- 폼스틱 2개

081 대포 한 걸음 술래잡기

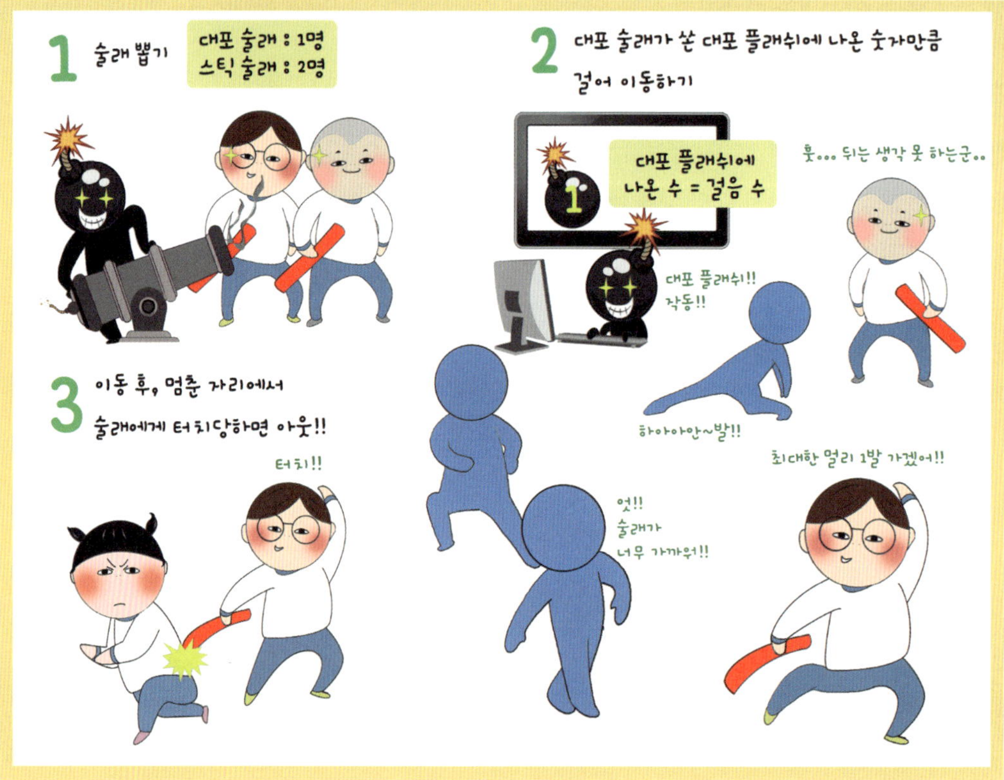

1. 술래 뽑기
   - 대포 술래 : 1명
   - 스틱 술래 : 2명

2. 대포 술래가 쏜 대포 플래쉬에 나온 숫자만큼 걸어 이동하기
   - 대포 플래쉬에 나온 수 = 걸음 수

3. 이동 후, 멈춘 자리에서 술래에게 터치당하면 아웃!!

영상 보러 가기

활동 전 준비

❶ '대포 플래쉬' 프로그램을 교사 컴퓨터에 설치한다. 대포 플래쉬 프로그램에서 1에서 3까지만 숫자가 나오도록 설정한다.
❷ 책상을 모둠 형태로 배치한다.
❸ 술래 역할을 할 학생 3명을 뽑는다.
 - 1명은 교사 컴퓨터로 대포 플래쉬를 작동하고, 나머지 2명은 폼스틱을 들고 다른 학생들을 잡는 역할을 한다.

활동 방법

❶ 술래 3명은 교실 앞에 서고, 다른 학생들은 술래를 피해 교실 곳곳으로 흩어진다.
 - 술래 중 1명은 교사 책상에서, 남은 술래 2명은 폼스틱을 들고 교실 앞에서 대기한다.
❷ 교사의 시작 신호와 함께 술래는 대포 플래쉬를 작동시킨다.
❸ 술래를 포함한 모든 학생은 대포 플래쉬에서 나온 숫자만큼만 걷는다.
❹ 이동 후 멈춘 자리에서 술래에게 터치를 당하면 아웃이다.
❺ 아웃이 된 학생은 교실 뒤로 가서 앉았다 일어나기 3회 등 신체 과제를 수행한 후에 놀이에 다시 참여한다.
❻ 정해진 시간이 됐을 때 가장 적게 아웃이 된 학생이 승리한다.

활동 TIP

- 대포 플래쉬 프로그램의 숫자를 다양하게 설정하여 놀이를 변형할 수 있다. (예: 1에서 5까지 나오게 하기, 3과 4만 나오게 하기 등)
- 술래 수를 조정하면 놀이의 난이도를 조절할 수 있다.

술래잡기 I

준비물
• 팀조끼
(학생 수)

082 팀조끼 부활 술래잡기

영상 보러 가기

활동 전 준비

❶ 책상을 모둠 형태로 배치한다.
❷ 술래 역할을 할 학생 1명을 뽑는다.
❸ 모든 학생에게 팀조끼를 1개씩 나눠 준다. 술래에게는 다른 색 팀조끼를 나눠 준다.
❹ 학생들은 팀조끼를 한 번 접어서 머리 위에 올린다.

활동 방법

❶ 교사의 시작 신호와 함께 학생들은 술래를 피해 도망 다닌다.
❷ 술래는 돌아다니며 학생들 머리 위에 있는 팀조끼를 손으로 쳐서 떨어뜨린다.
❸ 팀조끼가 떨어진 학생들은 아웃이 되어 움직이지 못한다.
❹ 아웃이 되지 않은 학생들은 술래를 피해 아웃이 된 학생들에게 다가가 팀조끼를 머리 위에 다시 올려 주면 아웃이 된 학생을 부활시킬 수 있다.
❺ 술래가 자신의 팀조끼를 떨어뜨리면 그 자리에서 앉았다 일어나기 3회 등 신체 과제를 수행한 후에 팀조끼를 다시 머리 위에 올리고 놀이를 진행한다.
❻ 정해진 시간이 됐을 때 부활시켜 준 횟수를 체크하고, 다 같이 박수로 놀이를 마무리한다.

활동 TIP

- 교실에 폼스틱이 있으면 술래가 폼스틱을 활용하여 팀조끼를 떨어뜨리게 할 수도 있다.
- 팀조끼를 두 번 접어서 머리 위에 올리면 팀조끼가 더 잘 떨어져서 놀이의 난이도가 올라간다.
- 학생들을 두 팀으로 나누고, 팀별로 팀조끼 색상을 다르게 해서 팀별로 술래를 뽑아 먼저 다른 팀의 팀조끼를 모두 떨어뜨리는 팀이 승리하는 방식으로 놀이를 진행할 수도 있다.

083 그물을 피해! 어부 술래잡기

술래잡기 II

준비물
- 팀조끼 (학생 수)

영상 보러 가기

활동 전 준비

❶ 책상과 의자를 밀고 공간을 넓게 확보한다.

활동 방법

❶ 술래 2명을 뽑는다.
❷ 교사의 시작 신호와 함께 술래 2명은 다른 학생들을 잡으러 돌아다니고, 다른 학생들은 술래를 피해 도망 다닌다.
❸ 술래 2명은 따로 흩어져서 다른 학생들을 잡는다.
❹ 술래에게 첫 번째로 잡힌 학생은 술래와 손을 잡고 그물 역할을 하면서 다른 학생들을 잡는다. 두 번째로 잡힌 학생부터는 그전에 잡힌 학생과 손을 잡고 그물 역할을 하며 다른 학생들을 잡는다.
❺ 술래와 잡힌 학생의 수가 합쳐서 4명이 되면 함께 모여서 큰 그물을 만들지, 분리하여 작은 그물 여러 개를 만들지 결정한다.
  - 그물의 양 끝 학생만 다른 학생을 잡을 수 있으므로 상황에 맞게 유리한 방식을 선택한다.
❻ 정해진 시간이 됐을 때 잡히지 않은 학생들이 승리한다.

활동 TIP

- 학생들은 그물의 중간을 통과하며 도망 다닐 수 있다.
- 남학생과 여학생이 서로 손을 못 잡겠다고 하면 팀조끼를 주고 팀조끼의 끝과 끝을 잡으라고 한다. 이렇게 하면 그물의 폭이 더 넓어져서 학생들이 쉽게 도망 다닐 수 있다.
- 술래는 그물을 잡고 다니기 때문에 도망 다니는 학생들을 한 명씩 쫓아가서 잡기는 어렵다. 물고기를 몰듯이 도망 다니는 학생들을 코너로 몰아넣으면 한 번에 여러 명을 잡을 수 있다.

084 무궁화 꽃 술래잡기

활동 전 준비

❶ 책상을 모둠 형태로 배치하고 의자를 책상 밑으로 넣는다.

활동 TIP
- 승패를 가르는 데 목적이 있는 놀이가 아니므로 놀이가 끝난 후에는 다 같이 박수로 즐겁게 마무리한다.

활동 방법

❶ 학생들과 다양한 명령어와 동작을 정한다.
(예: 우정 - 친구와 손잡기 / 나무 - 팔 벌리기 / V - 손가락으로 V 표시하기 / 토끼 - 손가락으로 토끼 귀 만들기)

❷ 술래 1명을 뽑는다. 술래는 팀조끼 1개를 받는다.

❸ 술래는 "~~꽃이 피었습니다."라고 말하면서 돌아다니다가 말이 끝나면 멈춘다. 다른 학생들도 술래를 피해 자유롭게 돌아다니다가 술래의 말이 끝나면 동시에 모든 움직임을 멈춘다.

❹ 이동이 끝난 후에 술래는 양발을 땅에 붙인 상태로 팔을 뻗어 팀조끼로 다른 학생들을 터치할 수 있다.

❺ 다음의 경우에는 아웃이다.
  - "피었습니다." 이후에 움직이는 경우
  - 술래에게 팀조끼로 터치 당한 경우
  - 명령어에 해당하는 동작을 수행하지 못한 경우

❻ 아웃이 된 학생들은 자기 자리에 앉아서 대기한다.

❼ 정해진 시간이 되면 술래를 바꿔서 놀이를 진행한다.

085 공 팅기기 무궁화 꽃 놀이

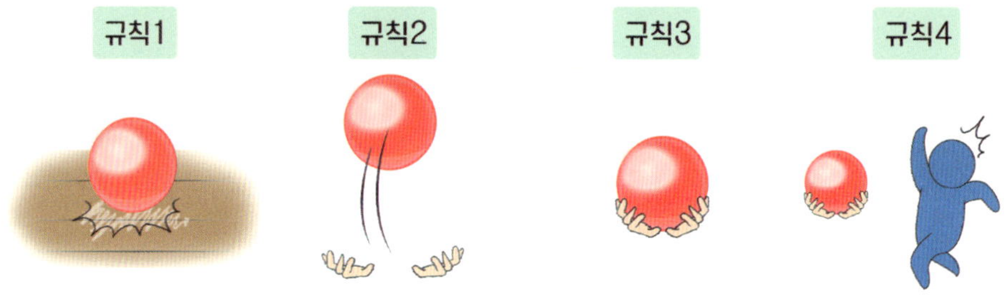

규칙1 선생님이 공을 바닥에 팅기면 손뼉 1번 치기

규칙2 선생님이 공을 위로 던지면 앞으로 이동

규칙3 선생님이 공을 잡으면 움직임 멈추기

규칙4 공을 잡은 뒤, 움직이면 출발선으로 돌아가기

1. 규칙에 따라 선생님이 들고 있는 공을 보며 움직이거나 멈추기

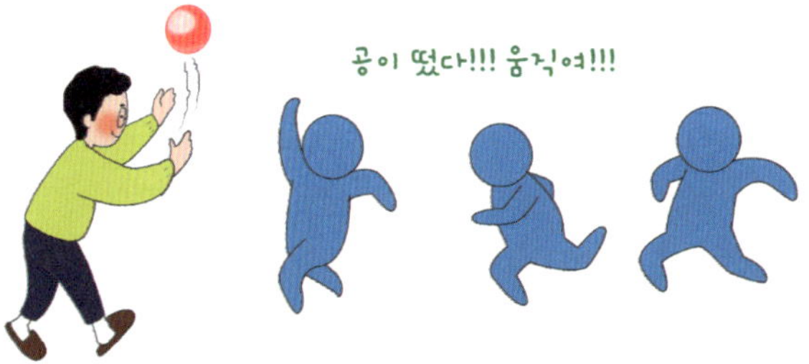

   공이 떴다!!! 움직여!!!

2. 먼저 도착점에 다다른 사람이 우승!!

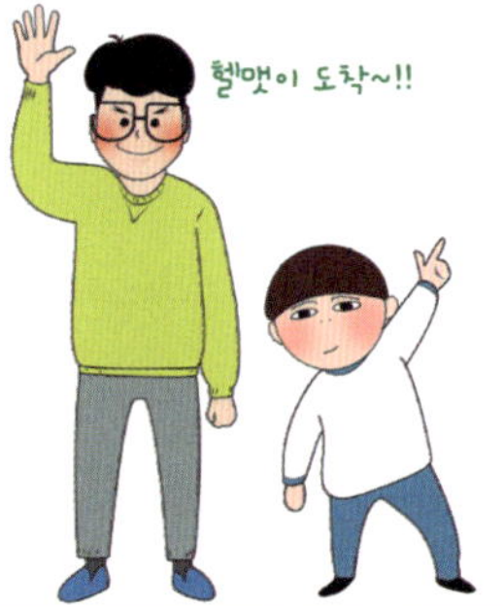

   헐맷이 도착~!!

활동 전 준비

❶ 책상을 모둠 형태로 배치하고 의자를 책상 밑으로 넣는다.
❷ 교사는 공을 들고 칠판 앞에 위치하고, 학생들은 교실 뒤에 일렬로 선다.
❸ 교실 앞에 도착 지점을 만든다. 도착 지점에는 책상 1개를 배치하고, 책상 위에 종 1개를 놓는다.

활동 방법

❶ 교사가 공을 바닥에 튕기면 학생들은 손뼉을 친다.
❷ 교사가 공을 위로 던지면 학생들은 앞으로 이동한다.
❸ 교사가 공을 잡으면 움직임을 멈춘다.
 - 교사가 공을 잡은 후에 움직인 학생은 아웃이다.
 - 아웃이 된 학생은 출발선(교실 뒤)으로 돌아가서 다시 시작한다.
❹ 도착 지점에 도착하여 종을 가장 먼저 울린 학생이 승리한다.

활동 TIP

- 책상과 의자를 밀고 공간을 넓게 확보하면 더 원활하게 놀이를 진행할 수 있다.
- 교사 역할을 할 술래 1명을 뽑을 수도 있다.
- 학생 수가 너무 많으면 학생들을 두 개 조로 나누고 한 조씩 놀이를 진행한다.
- 놀이의 재미를 위해 교사는 중간중간 페인트 모션을 준다.

086 안전지대 술래잡기

활동 전 준비

❶ 책상을 모둠 형태로 배치한다.

활동 방법

❶ 학생들은 의자를 돌려서 책상을 등지고 앉는다.
❷ 술래는 폼스틱 1개를 받는다.
❸ 교사의 시작 신호와 함께 술래는 학생들을 잡기 시작하고, 다른 학생들은 술래를 피해 돌아다닌다.
- 술래가 폼스틱으로 다른 학생을 터치하면 그 학생은 아웃이다.
- 술래는 의자에 앉아 있는 학생들을 터치할 수 없다. 의자는 안전지대 역할을 한다. 따라서 술래는 의자에 앉아 있는 학생들을 터치할 수 없다.
- 의자에 앉은 학생은 반드시 3초 후에 일어나서 술래를 피해 도망 다니거나 다른 의자에 앉아야 한다.
- 술래는 의자에 앉아 있는 학생들 앞에서 학생이 일어날 때까지 기다렸다가 잡을 수 없다.

❹ 아웃이 된 학생들을 교실 한쪽에서 대기한다.
❺ 정해진 시간이 됐을 때 살아남은 학생들이 승리한다.

활동 TIP

- 술래 수를 늘리거나 의자에 앉아 있을 수 있는 시간을 늘리는 등의 방법을 활용하여 놀이의 난이도를 조절한다.
- 아웃이 된 학생들을 배려하여 팔벌려 뛰기 3회 등 신체 과제를 수행한 후에 부활할 수 있는 규칙을 만들 수도 있다.
- 고학년은 근처 의자 2개에서만 왔다 갔다 하면서 술래를 피하는 학생들이 있다. 이럴 경우 '의자를 바꿔 앉을 때는 대각선에 있는 모둠의 의자로 가야 한다'라는 규칙을 정하는 것도 좋은 방법이다.

술래잡기 II

준비물

- 두 가지 색상의 폼스틱 3개
- 안대 3개

영상 보러 가기

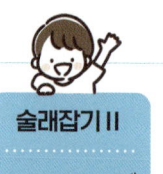

087 천사 술래잡기

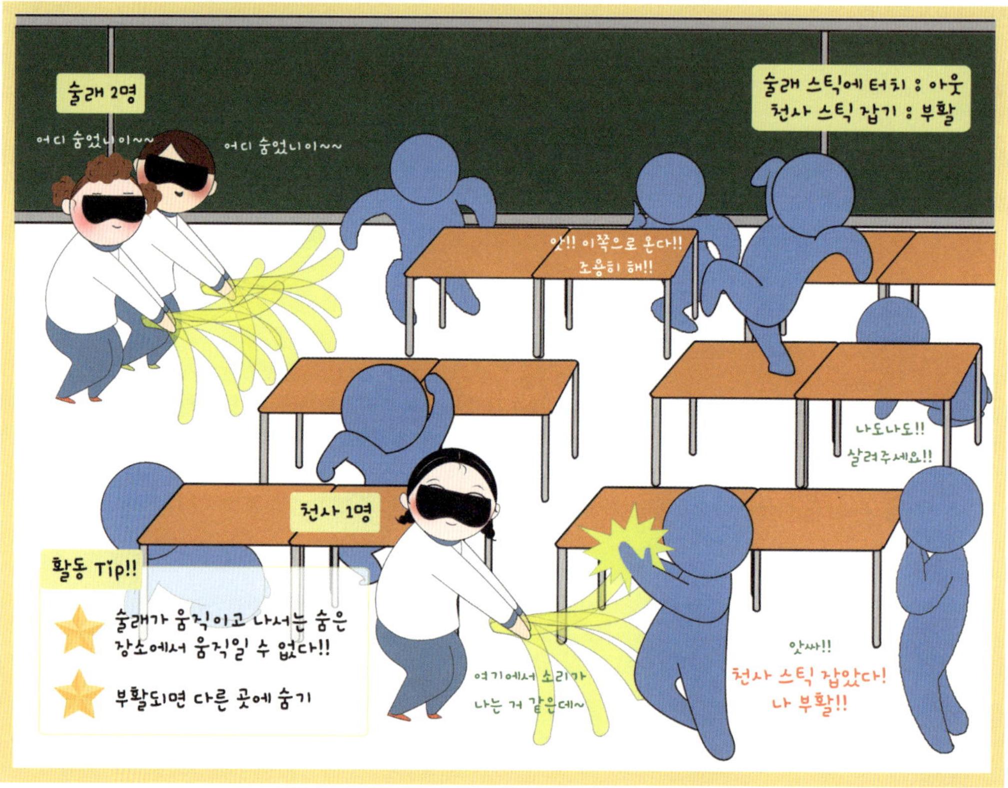

활동 전 준비

❶ 책상을 모둠 형태로 배치한다.
❷ 술래 역할을 할 학생 2명과 천사 역할을 할 학생 1명을 뽑는다.
❸ 술래와 천사에게 폼스틱과 안대를 1개씩 나눠 준다.
❹ 술래와 천사 모두 안대를 착용한다.

활동 방법

❶ 학생들은 책상 위, 교실 구석 등 자신이 원하는 위치에 숨는다. 한 번 숨으면 위치를 바꿀 수 없으므로 신중하게 숨을 장소를 정한다.
❷ 모든 학생이 숨으면 술래 2명은 돌아다니면서 폼스틱으로 숨은 학생들을 터치한다. 술래의 폼스틱에 터치된 학생들은 아웃이다.
❸ 술래가 출발한 후에 천사도 출발한다.
❹ 천사의 폼스틱에 터치되거나 폼스틱을 잡은 학생들은 부활한다.
 - 술래에게 아웃이 된 학생들은 "살려주세요."라고 외쳐서 천사를 자기 근처로 부를 수 있다.
 - 부활한 학생들은 이동하여 다른 곳에 숨을 수 있다.
❺ 정해진 시간이 되면 아웃이 되지 않은 학생들을 확인하고 다 같이 박수로 놀이를 마무리한다.

활동 TIP

- 안대를 착용한 학생들이 다치지 않도록 안전에 유의하며 놀이를 진행한다.
- 교실 상황에 맞게 술래와 천사의 수를 조절한다.

술래잡기 II

준비물
- 팀조끼 1개
- 이면지 2장

088 나도 피하고 너도 피해야 하는 의자 술래잡기

활동 전 준비

❶ 책상과 의자를 밀어 공간을 넓게 확보하고, 다음 예시(학생 25명 기준)와 같이 준비한다.
   - 의자 36개를 3개씩 붙여 12개 세트를 만들고, 각 세트에 2명씩 앉되 한쪽 끝은 비워 둔다.
   - 술래는 의자에 앉지 않는다.

❷ 술래 1명과 첫 도망자 1명을 뽑는다.

활동 TIP
- 의자가 부족하면 원마커 또는 이면지 등을 활용하여 의자의 위치를 표시하면 된다.
- 술래가 자주 바뀌는 놀이이므로 모호한 상황이 발생할 가능성이 높다. 교사는 놀이 진행 과정을 주의 깊게 관찰하고 모호한 상황에서 정확한 판정을 내려야 한다.

활동 방법

❶ 술래는 팀조끼를 받고, 이면지 위에 양발을 올린다.
   - 이면지 위에 양발을 올리는 이유는 속도를 낮춰 안전사고를 예방하기 위한 것이다.

❷ 교사의 시작 신호와 함께 도망자는 술래를 피해 도망다니고, 술래는 도망자를 잡기 위해 출발한다.

❸ 술래가 도망자의 허리 아래를 팀조끼로 터치하면 도망자가 술래가 된다.

❹ 도망자가 빈 의자에 앉으면 그 도망자는 생존한다.
   - 도망자가 앉은 자리의 맞은편에 앉은 학생은 새로운 도망자가 되어 일어나서 술래를 피해 도망 다닌다.
   - 도망자가 앉고 맞은편에 앉은 학생이 일어나자마자 바로 술래에게 터치되면, 도망자와 맞은편에 앉은 학생이 가위바위보를 하여 술래를 다시 정한다.

❺ 새롭게 술래가 된 학생은 팔벌려 뛰기 3회 등 신체 과제를 수행한다.

❻ 새롭게 술래가 된 학생이 신체 과제를 수행하는 동안 가운데에 앉은 학생과 끝에 앉은 학생은 자리를 바꾼다.

❼ 위와 같은 방식으로 술래를 바꿔가며 정해진 시간 동안 놀이를 이어 나간다.

089 팔짱 얼음땡 놀이

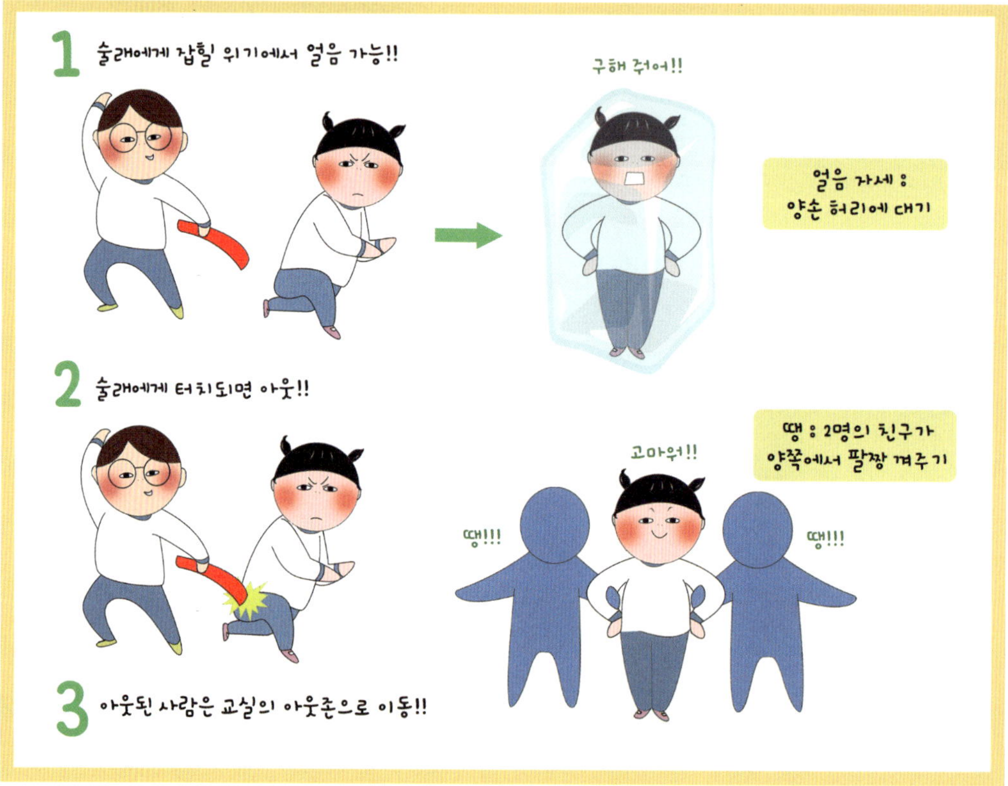

술래잡기 II

준비물
- 폼스틱 1개

1. 술래에게 잡힐 위기에서 얼음 가능!!
   구해줘어!!
   얼음 자세 : 양손 허리에 대기

2. 술래에게 터치되면 아웃!!
   고마워!!
   땡!!! 땡!!!
   땡 : 2명의 친구가 양쪽에서 팔짱 껴주기

3. 아웃된 사람은 교실의 아웃존으로 이동!!

영상 보러 가기

활동 전 준비

❶ 책상과 의자를 밀고 공간을 넓게 확보한다.

활동 방법

❶ 처음 술래를 할 학생 1명을 뽑는다.
❷ 술래가 10초를 세는 동안 다른 학생들은 도망간다.
❸ 10초를 센 후 술래는 폼스틱으로 다른 학생들을 터치하기 위해 돌아다닌다.
❹ 술래에게서 도망가지 못하면 얼음을 할 수 있다.
   - 얼음 자세: 양손을 양쪽 허리에 대기
❺ 학생 1명의 얼음을 풀어 주기 위해서는 학생 2명이 그 학생의 양쪽에서 팔짱을 껴야 한다.
❻ 술래에게 폼스틱으로 터치되면 아웃이다.
❼ 아웃이 된 학생들은 아웃존으로 이동한다.
❽ 정해진 시간이 지나면 술래를 바꿔서 놀이를 진행한다.
❾ 술래에게 한 번도 안 잡힌 학생이 승리한다.

활동 TIP

- 아웃이 된 학생들을 배려하여 팔벌려 뛰기 3회 등 신체 과제를 수행한 후에 부활시키는 규칙을 설정할 수도 있다.

술래잡기 11

준비물
- 폼스틱 1개
- 색연필
  (학생당 2개)

영상 보러 가기

090 색연필 얼음땡 놀이

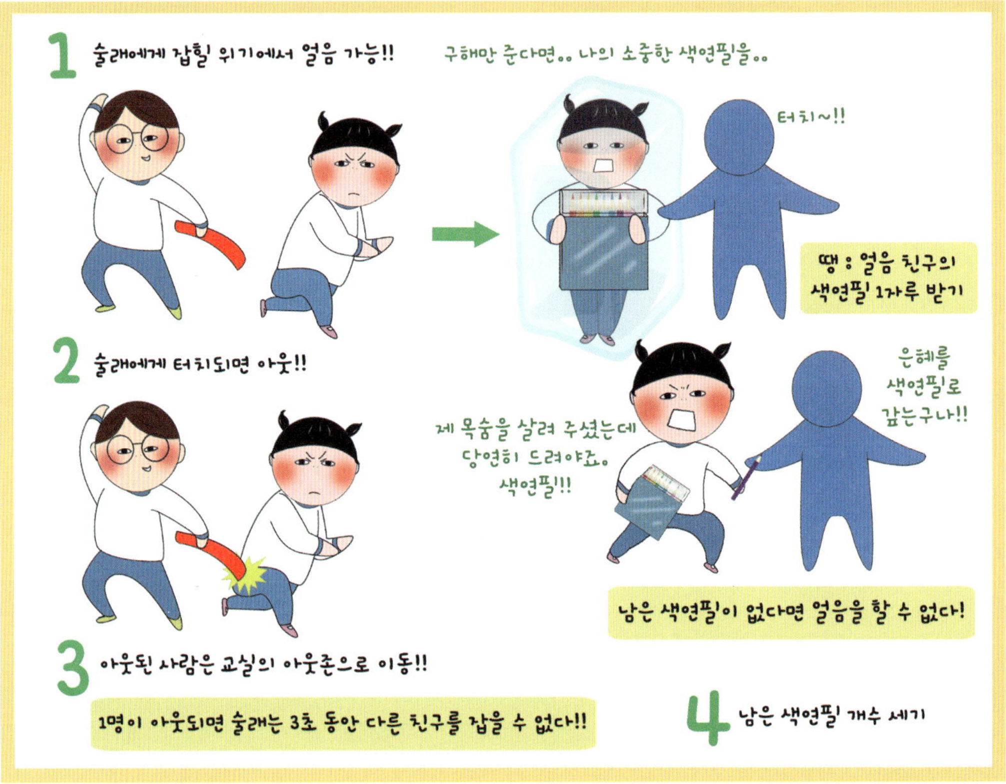

1. 술래에게 잡힐 위기에서 얼음 가능!!
   구해만 준다면.. 나의 소중한 색연필을..
   터치~!!
   땡: 얼음 친구의 색연필 1자루 받기

2. 술래에게 터치되면 아웃!!
   제 목숨을 살려 주셨는데 당연히 드려야죠. 색연필!!
   은혜를 색연필로 갚는구나!!
   남은 색연필이 없다면 얼음을 할 수 없다!

3. 아웃된 사람은 교실의 아웃존으로 이동!!
   1명이 아웃되면 술래는 3초 동안 다른 친구를 잡을 수 없다!!

4. 남은 색연필 개수 세기

 **활동 전 준비**

❶ 학생 1명당 색연필 두 개를 준비한다.

활동 방법

❶ 처음 술래할 학생 1명을 뽑는다. 술래는 폼스틱을 받는다.
❷ 술래는 교실 앞에서 10초를 세고, 다른 학생들은 술래를 피해 도망 다닌다.
❸ 술래는 10초 후에 폼스틱으로 다른 학생들을 터치하기 위해 돌아다닌다.
❹ 술래에게 잡힐 것 같은 학생은 색연필을 활용하여 "얼음"을 할 수 있다.
　- "얼음"을 한 번 할 때마다 색연필 1개를 사용해야 한다.
　- 남은 색연필이 없으면 "얼음"을 할 수 없다.
　- 얼음을 한 학생을 "땡" 할 때 그 학생의 색연필을 가져온다.
❺ 술래에게 터치 당하면 아웃이고, 아웃존에서 대기한다.
　- 1명이 아웃이 되면 술래는 3초 동안 다른 학생을 잡을 수 없다.
❻ 정해진 시간이 되면 자신이 가지고 있는 색연필의 개수를 확인한다.
❼ 다 같이 박수로 1라운드를 마무리하고, 술래를 바꾸어 2라운드를 진행한다.

활동 TIP

- 실내 활동이므로 '술래를 포함한 모든 학생은 뛰지 않고 빠른 걸음으로 걷는다'라는 규칙을 정한다.
- 아웃이 된 학생들을 배려하여 팔벌려 뛰기 3회 등 신체 과제를 수행한 후에 부활시키는 규칙을 설정할 수도 있다.
- 놀이 시작 전 얼음을 하기 위해서는 색연필이 필요하고, 색연필을 얻으려면 다른 학생을 구해 줘야 한다는 것을 지도하여 학생들이 놀이를 통해 자연스럽게 협동심을 배울 수 있도록 한다.

091 도망가! 술래잡기

술래잡기 II

준비물
• 폼스틱 1개

영상 보러 가기

 **활동 전 준비**

❶ 책상을 모둠 형태로 배치한다.

활동 방법

❶ 학생들은 책상을 등지고 의자를 돌려서 앉는다.
❷ 술래 1명과 도망자 2명을 뽑는다.
❸ 술래는 폼스틱을 가지고 도망자를 쫓는다.
❹ 도망자는 술래를 피해 빈자리에 앉으면서 동시에 이미 앉아 있는 학생 중 1명의 이름을 부른다.
❺ 호명 당한 학생은 일어나서 도망자 역할을 하며 ❹의 내용을 반복한다.
❻ 아웃이 된 학생은 술래 역할을 한다.
❼ 정해진 시간이 될 때까지 놀이를 이어 나간다.

활동 TIP

- 특정 학생의 이름이 너무 많이 불리거나 너무 안 불리는 것을 방지하기 위하여 놀이 시작 전 학생들과 함께 모든 친구의 이름을 골고루 부르자고 약속한다.

092 훌라후프 술래잡기

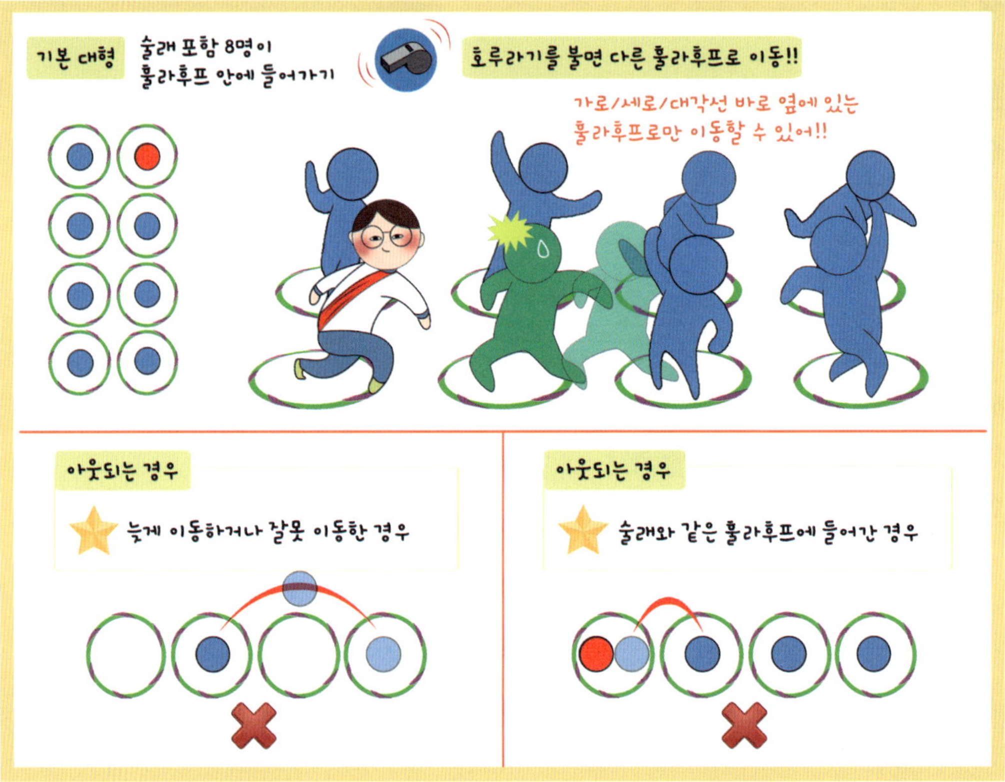

기본 대형: 술래 포함 8명이 훌라후프 안에 들어가기

호루라기를 불면 다른 훌라후프로 이동!!
가로/세로/대각선 바로 옆에 있는 훌라후프로만 이동할 수 있어!!

아웃되는 경우
⭐ 늦게 이동하거나 잘못 이동한 경우

아웃되는 경우
⭐ 술래와 같은 훌라후프에 들어간 경우

🧒 활동 전 준비

❶ 훌라후프 16개를 배치할 수 있는 넓은 공간을 확보한다.
❷ 훌라후프 16개를 가로 4줄, 세로 4줄로 배치한다.
❸ 학생들은 8인 1조를 만든다.

🧒 활동 방법

❶ 조별로 술래 1명을 뽑는다. 술래는 팀조끼를 입는다.
❷ 1조부터 놀이를 시작한다. 다른 조는 훌라후프 밖에서 구경한다.
❸ 술래를 포함한 8명은 자신이 원하는 훌라후프 안으로 들어간다.
❹ 모든 학생은 교사의 호루라기 소리에 맞춰 이동한다. 가로, 세로, 대각선 방향 중 하나를 선택하여 1칸씩 이동할 수 있다.
❺ 너무 늦게 이동하거나 한 번에 2칸을 이동하는 등 잘못 이동하거나 술래와 같은 훌라후프 안으로 들어오면 아웃이다.
❻ 술래를 피해 끝까지 살아남은 학생이 승리한다.
❼ 1조 놀이가 끝나면 다른 조들도 순차적으로 ❸ ~ ❻의 방법으로 놀이를 진행한다.

활동 TIP

- 교사의 호루라기를 부는 속도, 한 팀에 포함된 학생 수, 훌라후프의 개수 등을 조정하여 놀이의 난이도를 조절한다.
- 더 넓은 공간과 더 많은 훌라후프를 확보하면 동시에 여러 조가 놀이를 진행할 수 있다.

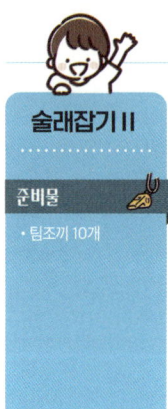

술래잡기 II

준비물
- 팀조끼 10개

093 팀조끼 술래잡기

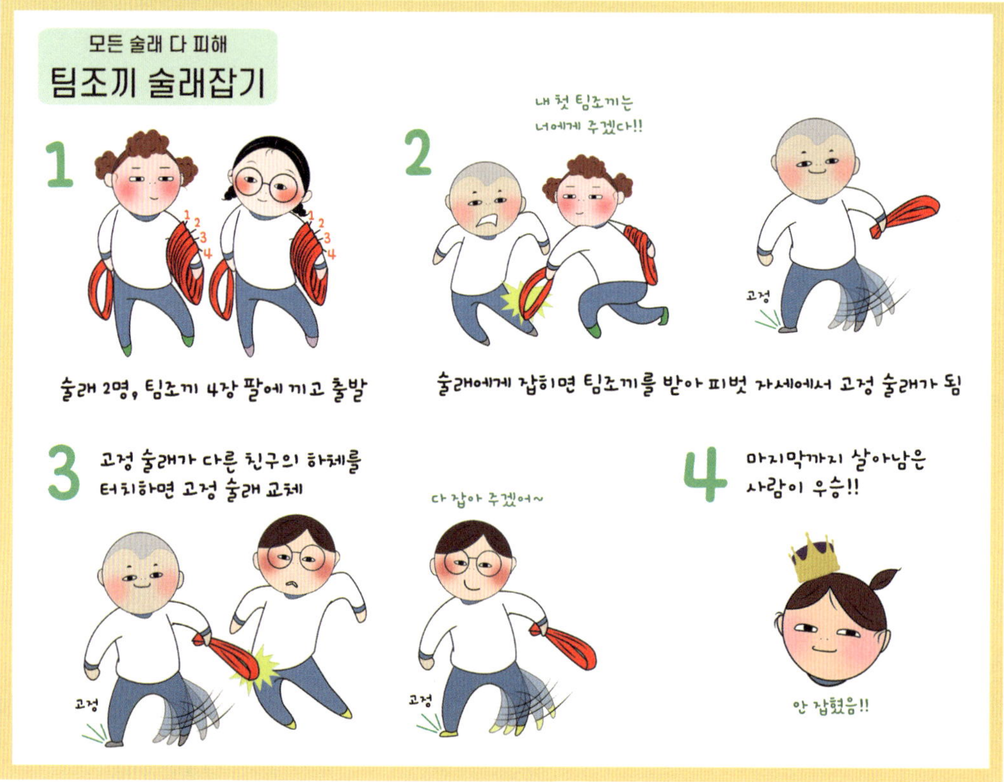

모든 술래 다 피해
팀조끼 술래잡기

1. 술래 2명, 팀조끼 4장 팔에 끼고 출발
2. 술래에게 잡히면 팀조끼를 받아 피벗 자세에서 고정 술래가 됨 ("내 첫 팀조끼는 너에게 주겠다!!")
3. 고정 술래가 다른 친구의 하체를 터치하면 고정 술래 교체 ("다 잡아 주겠어~")
4. 마지막까지 살아남은 사람이 우승!! ("안 잡혔음!!")

영상 보러 가기

활동 전 준비

❶ 책상을 모둠 형태로 배치한다.

활동 방법

❶ 술래 2명을 뽑는다.
- 술래는 팀조끼 1개를 한 손에 들고, 팀조끼 4개를 다른 한쪽 팔에 끼운다.

❷ 술래 2명은 교실 앞에 위치하고, 다른 학생들은 술래를 피해 교실 곳곳으로 흩어진다.

❸ 교사의 시작 신호와 함께 술래는 다른 학생들을 잡기 위하여 돌아다니고, 다른 학생들은 술래를 피해 도망 다닌다.

❹ 술래에게 팀조끼로 하체를 터치 당하면 술래에게 팀조끼 1개를 받고, 잡힌 자리에서 고정 술래 역할을 한다.
- 고정 술래는 움직이지 못하고 그 자리에서 팀조끼로 다른 학생의 하체를 터치해야 한다.
- 고정 술래에게 잡힌 학생은 기존 고정 술래 학생에게 팀조끼를 넘겨받고 잡힌 자리에서 팔벌려 뛰기 3회 등 신체 과제를 수행한 후에 고정 술래 역할을 한다. 기존 고정 술래는 다시 술래를 피해 도망 다닌다.

❺ 술래가 자신의 팔에 끼우고 있는 팀조끼를 다 소진한 후에 잡힌 학생은 술래가 손에 잡고 있는 팀조끼를 넘겨받고 팔벌려 뛰기 3회 등 신체 과제를 수행한 후에 돌아다니면서 다른 학생을 잡는 술래 역할을 한다. 기존 술래는 술래를 피해 도망 다닌다.

❻ 놀이가 끝날 때까지 한 번도 안 잡힌 학생이 승리한다.

활동 TIP

- 책상과 의자를 밀고 공간을 넓게 확보하면 움직임을 방해하는 요소가 없기 때문에 더 활발한 놀이가 된다.

094 교실 달팽이 놀이

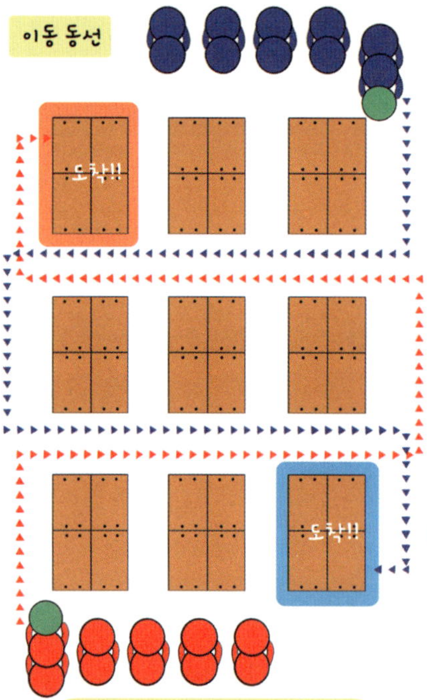

공놀이

준비물
- 서로 다른 색의 공 2개

영상 보러 가기

이동 동선

도착!!

도착!!

동선은 지그재그 등 재량으로 선정

1 둘씩 짝지어 동선 따라 공 들고 이동

2 상대 팀을 만나면 가위바위보

가위 바위 보!!

3 이기면 계속 이동, 지면 우리 팀 다음 짝꿍들에게 공 넘기기

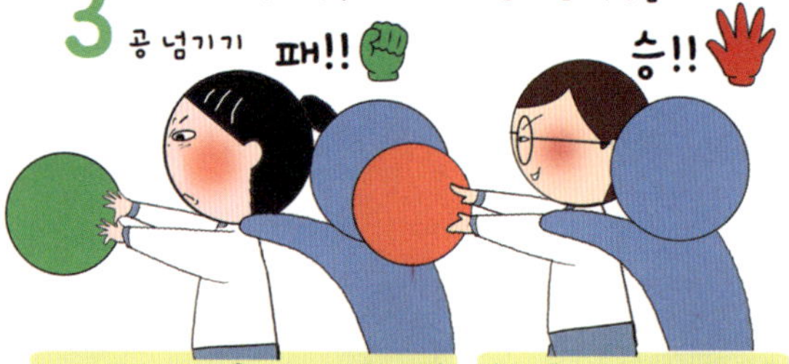

패!! 승!!

패 : 우리 팀 다음 짝에게 공 전달   승 : 동선 따라 계속 이동

4 도착 지점에 도착하면 점수 획득!!

활동 전 준비

❶ 책상을 모둠 형태로 배치한다.
❷ 달팽이 놀이 동선을 설정한다.
❸ 학생들을 두 팀으로 나누고, 각 팀 내에서 2인 1조를 만든다.

활동 방법

❶ A팀은 교실 앞에 한 줄로 서고, B팀은 교실 뒤에 한 줄로 선다. 줄은 팀 내에 같은 조원과 붙어서 선다.
❷ 교사의 시작 신호와 함께 각 팀의 첫 번째 조는 공을 들고 짝과 함께 동선을 따라 앞으로 나아간다.
  - 공은 앞에 선 학생이 든다.
  - 자신의 조원과 앞뒤로 서서 움직이며, 조원과 절대 떨어지면 안 된다.
❸ 앞으로 나아가다가 다른 팀을 만나면 공끼리 부딪힌 후에 가위바위보를 한다.
  - 가위바위보에서 이긴 팀은 그대로 앞으로 나아가고, 진 팀은 빠르게 자신의 팀으로 돌아가서 다음 조에게 공을 넘긴 후 맨 뒤에 선다.
❹ 먼저 상대 팀 책상에 공을 터치하는 팀이 1점을 얻으며 1라운드는 종료된다.
❺ 정해진 라운드까지 놀이를 진행했을 때 득점을 많이 한 팀이 승리한다.

활동 TIP

- 학생들이 이동하는 데 방해되지 않도록 가방을 책상 밑에 넣고 놀이를 진행한다.

095 공 굴리기 협동 놀이

공놀이

준비물
- 공
  (팀당 1개)

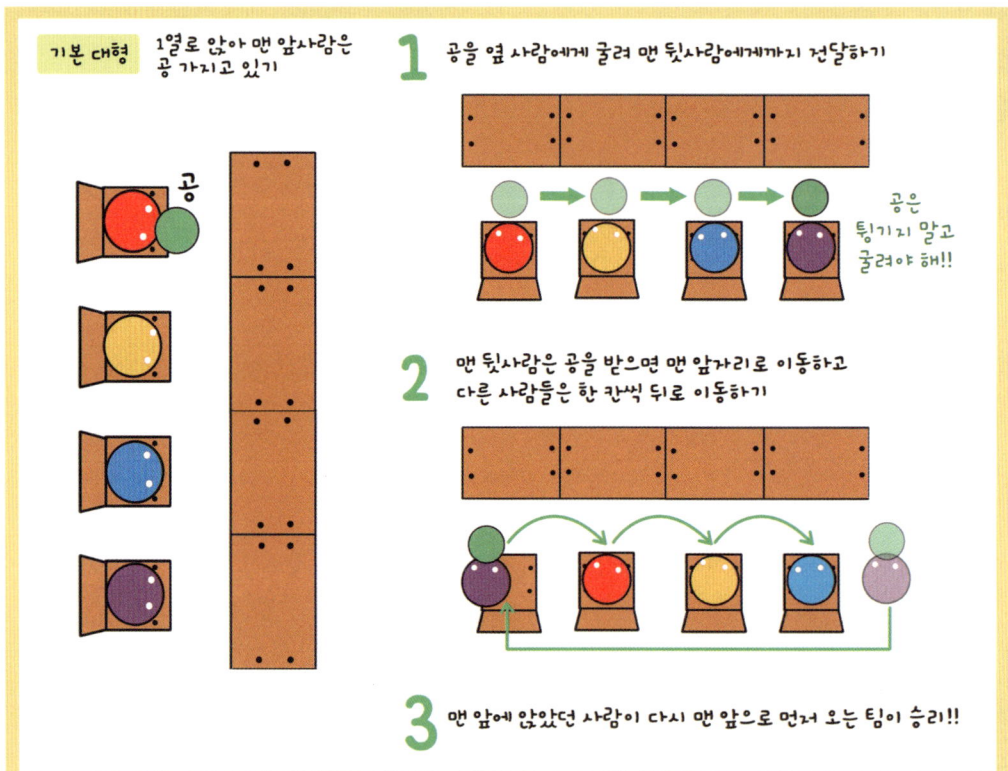

활동 전 준비

❶ 학생들은 5인 1팀을 만든다.
❷ 팀별로 세로로 한 줄로 앉을 수 있도록 의자를 배치하고 의자에 앉는다.

활동 방법

❶ 팀의 맨 앞 학생에게 공을 준다.
❷ 교사의 시작 신호와 함께 맨 앞에 있는 학생들은 공을 자기 옆에 있는 학생에게 굴려서 전달한다.
- 예를 들어 첫 번째 학생은 두 번째 학생에게, 두 번째 학생은 세 번째 학생에게, 세 번째 학생은 네 번째 학생에게, 네 번째 학생은 마지막 학생에게 공을 굴려서 전달한다.

❸ 마지막 학생은 공을 받으면 공을 잡아서 맨 앞으로 나온다. 그동안 다른 학생들은 뒤로 1칸씩 자리를 옮긴다.
❹ 맨 앞으로 온 학생이 다시 공을 굴려서 뒤로 전달한다.
❺ 처음에 맨 앞에 앉았던 학생이 다시 맨 앞으로 올 때까지 ❸~❹의 활동을 반복한다.
❻ 가장 먼저 처음에 맨 앞에 앉았던 학생이 다시 맨 앞으로 돌아오는 팀이 승리한다.

활동 TIP

- 공을 튕기거나 던지지 않도록 지도한다.
- 팀원과 호흡을 맞춰 공을 굴리면서 자연스럽게 협동심을 배울 수 있도록 지도한다.
- 공을 굴리지 않고 손으로 뒤의 친구에게 직접 전달하는 방식으로 놀이를 진행해도 된다.
- 공 대신 풍선으로 놀이를 진행해도 된다.

096 공 굴려 훌라후프 넣기 놀이

공놀이

준비물
- 훌라후프 3개
- 공 3개

영상 보러 가기

경기장

공 주워 팀으로 돌아갈 사람 팀별로 1명 대기

1 팀별로 1줄로 서기

훌라후프에 겨노준!!

2 맨 앞사람 공 굴려 반대편 훌라후프에 넣기

훌라후프 안에 공이 들어가면 점수 획득!!

공 들고 돌아갈게!!

3 대기하던 사람은 굴려온 공을 들고 우리 팀 맨 뒤에서 앞으로 공 전달

4 10점을 먼저 모으는 팀이 승리!!

활동 전 준비

❶ 책상과 의자를 밀고 공간을 넓게 확보한다.
❷ 훌라후프 3개를 적당한 간격으로 교실 뒤에 배치한다.
❸ 학생들을 세 팀으로 나누고, 팀별로 교실 앞에 한 줄로 선다.
❹ 각 팀에서 1명이 훌라후프 옆에 대기한다.

활동 방법

❶ 교사의 시작 신호와 함께 맨 앞에 있는 학생은 훌라후프 안으로 공을 굴리고 훌라후프 옆으로 와서 대기한다.
   - 공이 훌라후프 안에 들어가서 멈추면 성공이고 1점을 얻는다.
   - 공이 사물함이나 벽에 맞고 튕겨서 훌라후프 안에 들어가도 성공이고 1점을 얻는다.
   - 공이 멈췄을 때 훌라후프 안에 있지 않으면 성공으로 인정받지 못하며 점수를 얻을 수 없다.

❷ 훌라후프 옆에서 대기하던 학생은 공을 들고 빠르게 팀의 맨 뒤로 이동한 후에 공을 앞에 있는 학생에게 전달한다.
❸ 정해진 시간 동안 ❶ ~ ❷의 활동을 반복한다.
❹ 10점을 먼저 모으는 팀이 승리한다.

활동 TIP

• 팀원 간에 공을 전달하는 과정에서 협동심을 기를 수 있도록 지도한다.
• 정해진 시간 동안 득점을 많이 한 팀이 승리하는 방식으로 놀이를 진행할 수도 있다.

097 공 전달 달리기 놀이

공놀이

준비물
- 공 1개
- 의자 1개

영상 보러 가기

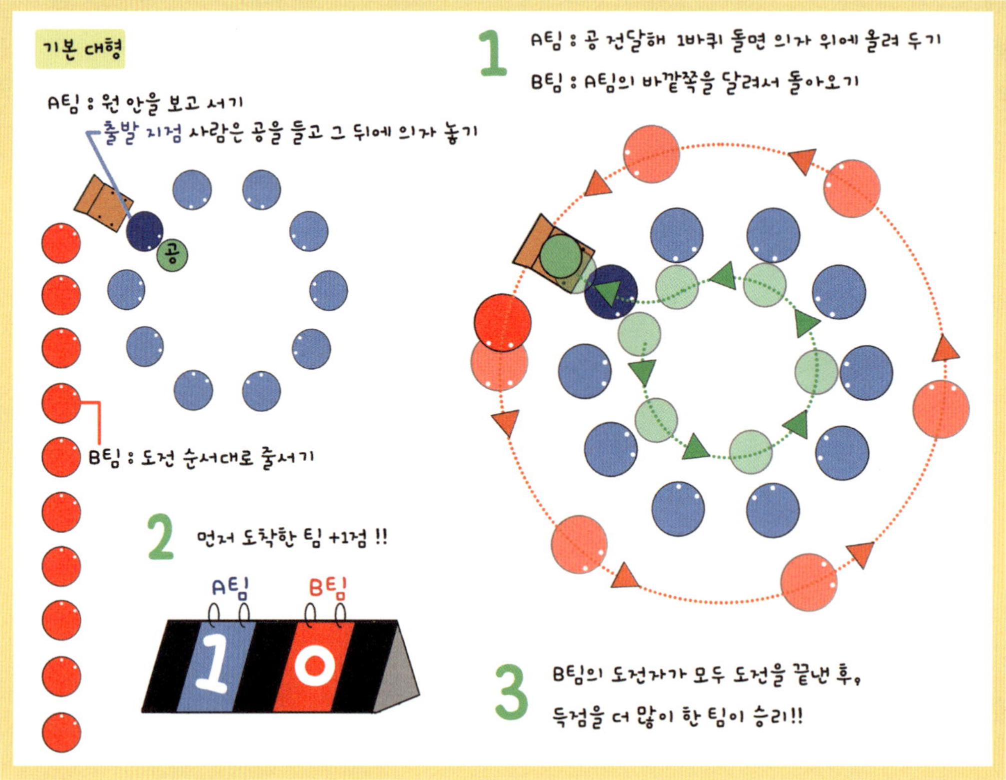

기본 대형

A팀 : 원 안을 보고 서기
출발 지점 사람은 공을 들고 그 뒤에 의자 놓기
공

B팀 : 도전 순서대로 줄서기

1
A팀 : 공 전달해 1바퀴 돌면 의자 위에 올려 두기
B팀 : A팀의 바깥쪽을 달려서 돌아오기

2 먼저 도착한 팀 +1점 !!

A팀 B팀
 1   0

3 B팀의 도전자가 모두 도전을 끝낸 후,
독점을 더 많이 한 팀이 승리!!

활동 전 준비

❶ 책상과 의자를 밀고 공간을 넓게 확보한다.
❷ 학생들을 두 팀으로 나눈다.

활동 방법

❶ A팀 학생들은 원형 형태로 모여서 선다.
❷ A팀 학생 중 1명 뒤에 의자를 둔다.
❸ B팀 학생들은 도전 순서를 정하고 도전 순서대로 원 밖에 일렬로 선다.
❹ B팀 1번 학생은 의자 뒤에 위치하고, A팀 의자 앞에 있는 학생은 공을 들고 의자 앞에 선다.
❺ 교사의 시작 신호와 함께 B팀 학생은 A팀 학생들이 만든 원 밖으로 빠르게 뛰고, 공을 들고 있는 A팀 학생은 공을 옆 학생에게 패스한다.
❻ B팀 학생이 A팀의 원을 돌아 의자에 먼저 통과하면 B팀이 득점하고, A팀 학생들이 공 전달을 빠르게 하여 B팀 학생이 도착하기 전에 의자에 공을 터치하면 A팀이 득점한다.
❼ A팀, B팀 역할을 바꿔서 놀이를 진행한 후에 득점을 많이 한 팀이 승리한다.

활동 TIP

- 경쟁이 과열되어 너무 빠르게 뛰다가 넘어지면 안전사고가 일어날 가능성이 있으므로 안전에 유의하여 놀이가 진행될 수 있도록 안전 지도를 철저히 한다.
- A팀은 공을 던지지 않고 공을 굴리고, B팀은 뛰지 않고 빠른 걸음으로 도는 방식으로 놀이를 진행할 수도 있다.

098 원바운딩 놀이

기본 대형

(하) 양손 원바운딩
양손으로 칠 수 있음

(중) 한 손 원바운딩
오른손잡이는 왼손으로,
왼손잡이는 오른손으로!

(상) 순서 원바운딩
정해진 순서에 따라
돌아가며 치기

1 2 3 4

(최상) 신체 번갈아 원바운딩
손과 손이 아닌
신체 부위 번갈아 치기

손 머리 손 무릎

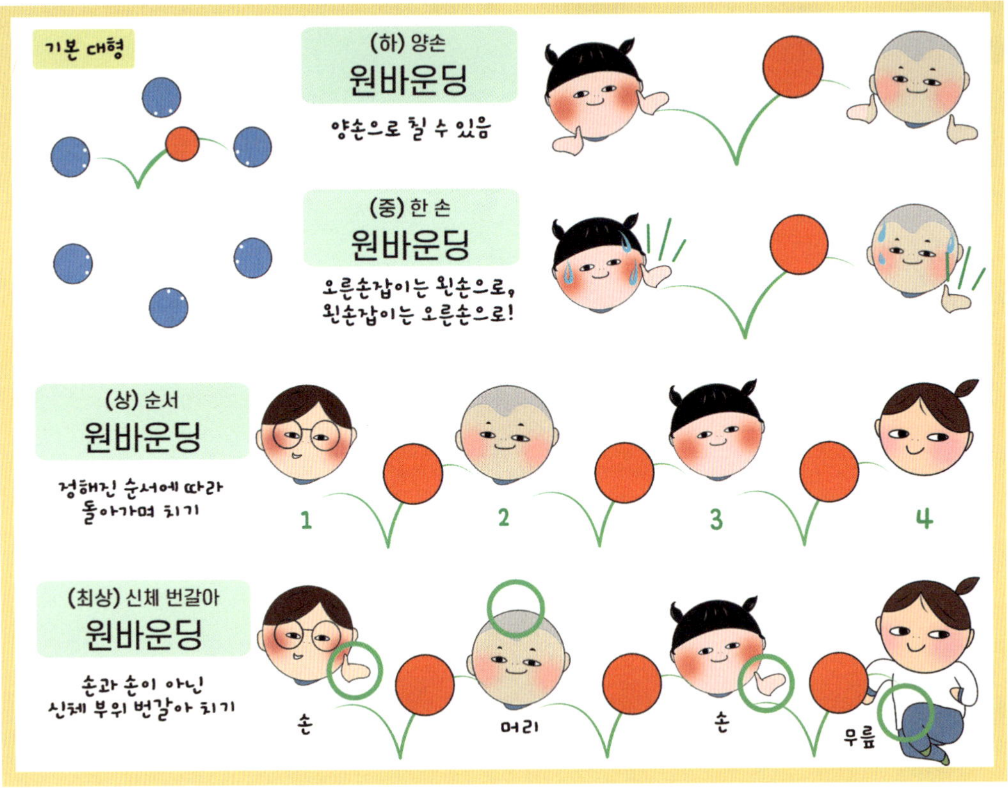

활동 전 준비

❶ 책상과 의자를 밀고 공간을 넓게 확보한다.
❷ 학생들을 6인 1팀으로 만들고, 팀별로 공을 1개씩 나눠 준다.

활동 TIP

- 놀이를 본격적으로 시작하기 전에 연습 시간을 가져 팀별로 협력 전략을 세울 수 있도록 한다.
- 팀원이 실수해도 서로 용기를 북돋아 주며 협력하여 놀이에 참여할 수 있도록 지도한다.
- 공의 종류와 크기, 바운딩 횟수 등을 바꿔 놀이의 난이도를 조절한다.

활동 방법

❶ 팀별로 원을 만들어서 동그랗게 선다.
❷ 팀원 중 1명이 공을 중앙에 던져서 놀이를 시작한다.
❸ 놀이 규칙
  - 모든 팀원들이 골고루 참여해야 한다.
  - 공은 원 안에서 한 번만 바운딩이 되어야 한다.
  - 공은 아래에서 위로 친다.
  - 놀이를 진행하면서 공이 바운딩이 된 개수를 센다.
  - 공이 원 밖으로 나가거나 한 번 이상 바운딩이 되면 개수를 잘 기억하고 처음부터 다시 시작한다.
  - 정해진 시간 동안 한 번에 가장 많은 개수를 성공한 팀이 승리한다.

❹ 바운딩 방법
  - (하) 양손 원바운딩: 양손으로 공을 친다.
  - (중) 한 손 원바운딩: 오른손잡이는 왼손으로, 왼손잡이는 오른손으로 공을 친다.
  - (상) 순서 원바운딩: 팀 내에서 공을 칠 순서를 정하고 순서에 맞게 공을 친다.
  - (최상) 신체 번갈아 원바운딩: 손과 손이 아닌 신체 부위를 번갈아 가면서 활용하여 공을 친다.

099 다리 벌려 공 굴리기 놀이 2종

공놀이

준비물
• 공 1개
• 팀조끼
(학생 수의 절반)

영상 보러 가기

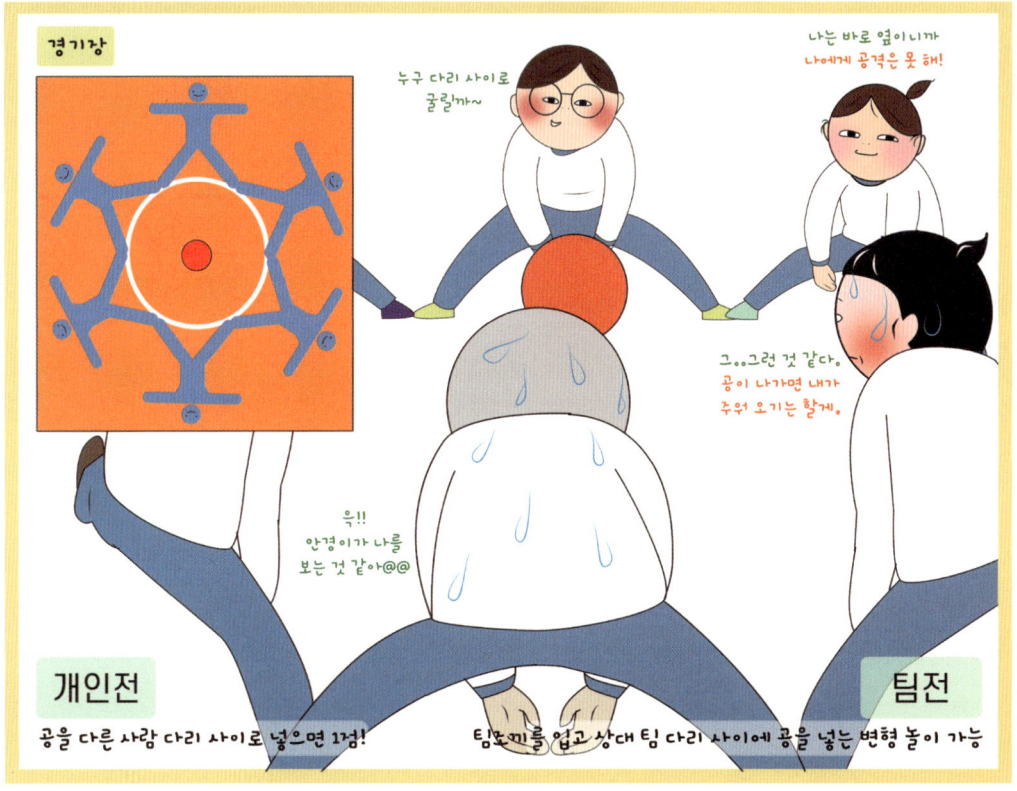

활동 전 준비

❶ 책상과 의자를 밀고 공간을 넓게 확보한다.

활동 TIP
- 한 손은 뒷짐 지고 한 손만 이용하여 놀이하기, 공 2개 활용하기, 뒤돌아서 놀이하기 등의 변형 방법을 활용하여 놀이를 진행할 수도 있다.

활동 방법

❶ 개인전
- 학생들은 원 형태로 서서 양발을 넓게 벌린다.
- 학생 1명당 10포인트를 받는다.
- 먼저 공을 굴릴 학생을 뽑는다.
- 교사의 시작 신호와 함께 공을 굴려서 다른 학생 다리 사이로 넣는다.
- 공을 수비하지 못한 학생은 1점을 실점한다.
- 양옆에 있는 학생을 공격하거나, 공을 띄우거나, 공을 3초 이상 가지고 있는 경우 1점을 실점한다.
- 정해진 시간이 됐을 때 가장 높은 포인트를 가지고 있는 학생이 승리한다.

❷ 팀전
- 학생들을 두 팀으로 나눈다.
- A팀 학생들은 팀조끼를 입는다.
- A팀 옆에 B팀, B팀 옆에 A팀이 서는 방식으로 원형 형태로 선다.
- 같은 팀 학생끼리는 공을 패스하고, 다른 팀 학생의 다리 사이로 공을 굴려서 넣는다.
- 다른 팀 학생의 다리 사이로 공을 넣으면 1점을 득점한다.
- 양옆에 있는 학생을 공격하거나, 공을 띄우거나, 공을 3초 이상 가지고 있는 경우 1점을 실점한다.
- 정해진 시간이 됐을 때 득점을 많이 한 팀이 승리한다.

100 쓰로볼(배구형) 놀이

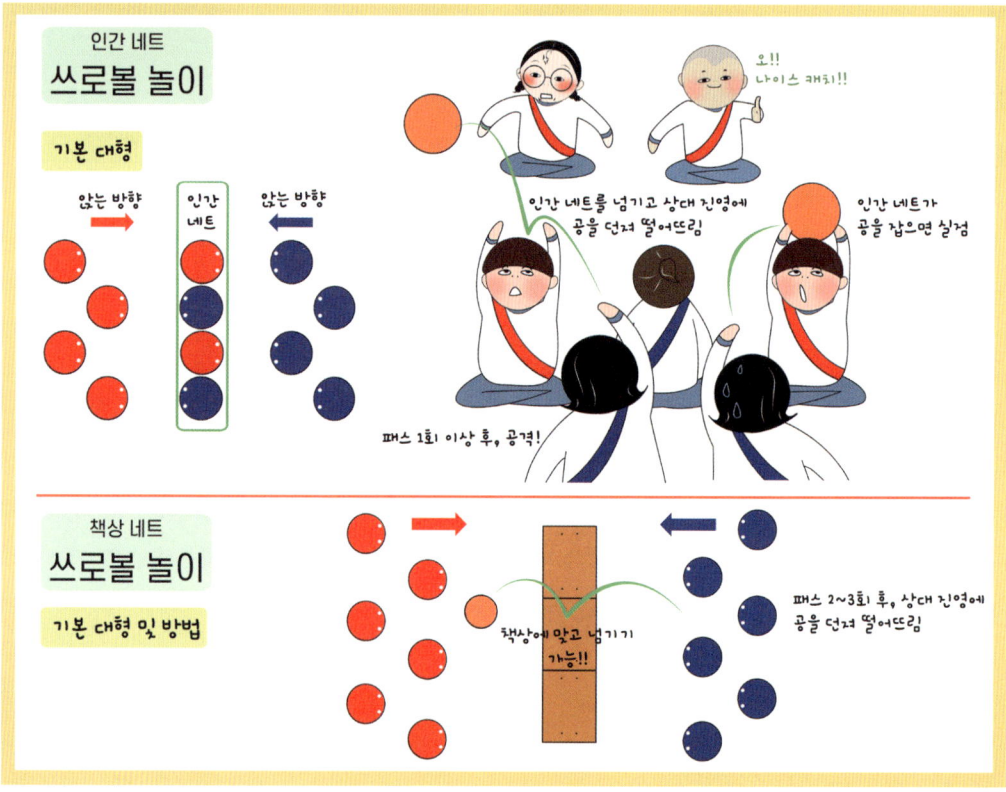

활동 전 준비

❶ 책상과 의자를 밀고 공간을 넓게 확보한다.
❷ 학생들을 두 팀으로 나눈다.

활동 방법

❶ 인간 네트 쓰로볼 놀이
- A팀과 B팀에서 2~3명을 뽑아 경기장 가운데에 인간 네트를 만들고, 책상이나 의자 등을 활용하여 앞, 뒤, 좌, 우에 아웃라인을 만든다.
- A팀, B팀 중 먼저 공격할 팀을 정하고, 먼저 공격할 팀은 공을 받는다.
- 공을 잡으면 3초 이내에 패스하거나 공격해야 한다.
- 상대 팀으로 공을 넘길 때는 팀 내에서 패스를 최소 1회 이상 해야 한다.
- 상대 팀 진영에 공을 떨어뜨리면 1점을 득점한다.
- 자기 팀 진영 내에서 공을 패스하다가 공을 떨어뜨리거나 자기 팀이 던진 공이 아웃라인 밖으로 나가면 1점을 실점한다.
- 상대 팀 인간 네트가 공을 잡으면 1점을 실점한다.
- 자기 팀이 던진 공을 상대 팀이 받으면 상대 팀에게 공격권이 넘어간다.
- 정해진 시간이 됐을 때 득점을 많이 한 팀이 승리한다.

❷ 책상 네트 쓰로볼 놀이
- A팀과 B팀 사이에 책상을 붙여서 네트를 만들고, 책상이나 의자 등을 활용하여 앞, 뒤, 좌, 우에 아웃라인을 만든다.
- 공은 책상을 맞고 넘어가도 되지만, 책상 밑으로 굴러서 가면 1점을 실점한다.
- 나머지 활동 방법은 ❶과 동일하다.

활동 TIP

- 교실 크기에 비해 학생 수가 너무 많으면 팀 내 학생들을 두 개 조로 나누고 각 팀의 1조 학생끼리 전반전을 하고, 2조 학생끼리 후반전을 진행한다.
- '공격 전에 팀 내에서 패스를 3회 이상 해야 한다'라는 규칙을 만들면 더 많은 학생이 공 잡을 수 있는 기회를 얻게 된다.

101 4칸 쓰로볼 놀이

경기장: 팀당 대각선 방향 2영역을 정하고 영역별 3~5명이 자리에 앉기

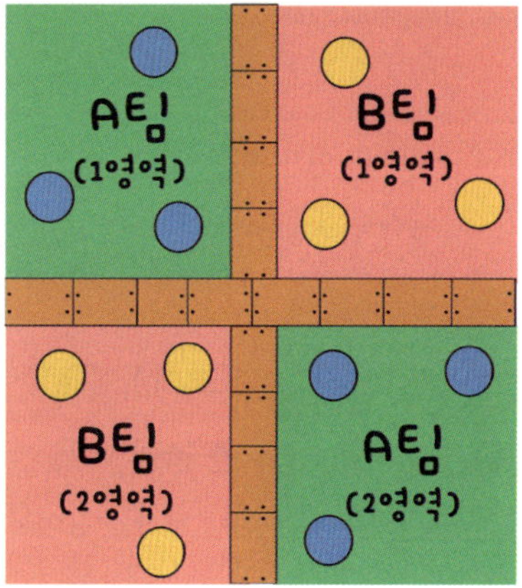

1 대각선 우리 팀 영역에 패스 ▶ 상대 팀 공격 가능

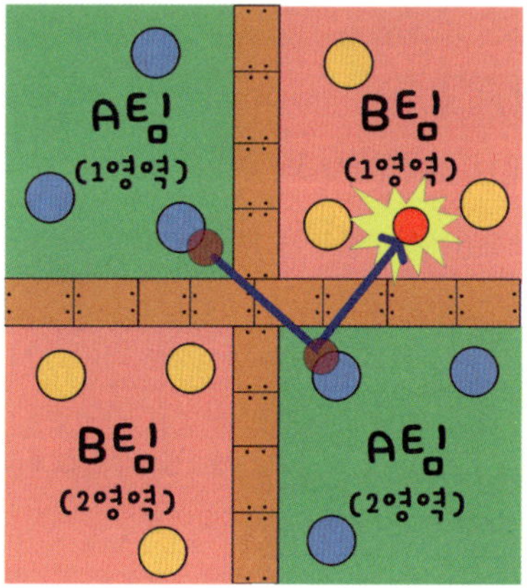

활동 Tip!!
★ 책상에 맞고 넘어간 공도 인정!!
★ 자리에서 일어난 경우, 반칙!!

2 상대 팀 바닥에 공이 떨어지면 득점!!

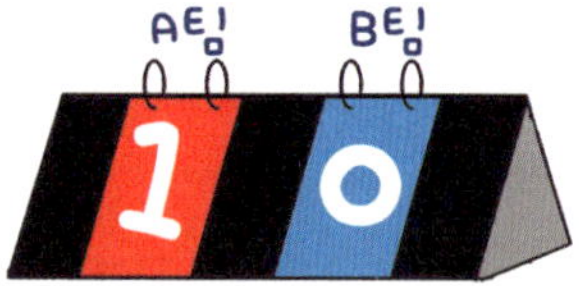

3 점수가 더 높은 팀이 승리!!

활동 전 준비

❶ 책상을 활용하여 교실을 십자 모양으로 4등분을 해서 4개의 영역을 만든다.
❷ 학생들을 두 팀으로 나눈다.
❸ A팀을 1팀, 2팀으로 나누고, B팀도 1팀, 2팀으로 나눈다.
❹ 팀당 영역 1개를 맡아서 들어간다.
❺ 놀이를 시작하기 전에 같은 팀끼리 패스 연습을 한다.

활동 TIP

- 학급의 학생 수가 많다면 학급 전체를 두 개 조로 나누고 한 개 조씩 놀이를 진행한다.
  - 예를 들어 학급 학생이 24명이라면 12명씩 두 개 조로 나누고, 12명을 6명씩 두 팀으로 나눠서 6:6으로 놀이를 두 번 진행한다.

활동 방법

❶ 공을 먼저 받을 팀을 정한다.
❷ 교사의 시작 신호와 함께 놀이를 시작한다.
❸ 놀이 규칙
  - 모든 학생은 앉은 자리에서 일어날 수 없다.
  - 상대 팀 영역으로 공을 던지기 위해서는 다른 영역에 있는 같은 팀에게 패스를 1회 이상 해야 한다.
  - 득점하기 위해서는 상대 팀 영역에 공을 떨어뜨려야 한다.
  - 자신이 공격한 공을 상대 팀에서 잡으면 득점으로 인정되지 않는다.
  - 책상에 맞고 넘어간 공도 인정한다.
❹ 교사는 심판을 보면서 점수를 계산한다.
❺ 놀이가 끝났을 때 점수가 높은 팀이 승리한다.

공놀이

준비물
- 책상 16개
- 의자 2개
- 공 1개
- 두 가지 색의 팀조끼 (학생 수)

영상 보러 가기

102 신과 함께(핸드볼형) 놀이

활동 전 준비

❶ 경기장을 아래와 같이 만든다.
  - 골대: 책상 3개, 의자 1개(가운데 배치) / 사이드 라인: 책상 5개
❷ 학생들을 두 팀으로 나누고, 각 팀 내에서 다시 학생들을 1팀, 2팀으로 나눈다.
❸ 놀이 공간에 각 팀 학생들을 배치한다.
  - A팀 골대: A팀 골키퍼 1명
  - A팀 공격 / 수비존: B팀 공격 2명, A팀 수비 1명
  - 중앙존: A팀 학생 1명, B팀 학생 1명
  - B팀 공격 / 수비존: A팀 공격 2명, B팀 수비 1명
  - B팀 골대: B팀 골키퍼 1명
  - 사이드 라인: 한쪽은 A팀 신 1명, 다른 한쪽은 B팀 신 1명

> **활동 TIP**
> • 하고 싶은 역할을 고집하기보다는 각자 잘할 수 있는 역할을 맡는 것이 팀의 승리에 도움이 된다는 것을 경기 시작 전에 학생들에게 알려 준다.

활동 방법

❶ 골키퍼끼리 가위바위보를 하여 이긴 골키퍼가 공을 가지고 전반전을 시작한다.
❷ 놀이 규칙
  - 골키퍼 외에 다른 학생들은 몸을 눕히거나 움직이면 안 된다.
  - 패스는 신에게 하거나 1칸 앞, 뒤의 같은 팀에게만 할 수 있다.
  - 공격수가 상대 팀 책상 아래에 공을 넣으면 1점을 득점한다.
  - 공격수는 연속해서 공격할 수 없고, 한 번 공격했으면 같은 팀과 패스를 주고받고 나서 공격할 수 있다.
  - 수비수는 다른 팀의 공을 중간에 가로챌 수 있다.
  - 사이드 라인으로 넘어 온 공은 신의 것이고, 신은 누구에게나 패스할 수 있으며, 바로 공격을 할 수도 있다.
❸ 전반전 중간에 A팀, B팀 위치를 바꾼다.
❹ 후반전 시작 전에 1팀 선수들은 경기장 밖으로 나가고, 2팀 학생들은 경기장 안으로 들어온다.
❺ 전반전과 후반전 점수를 합산하여 득점을 많이 한 팀이 승리한다.

103 점퍼 공 전달 놀이

공놀이

준비물
- 점퍼 (학생 2명당 1개)
- 공 1개
- 타이머

영상 보러 가기

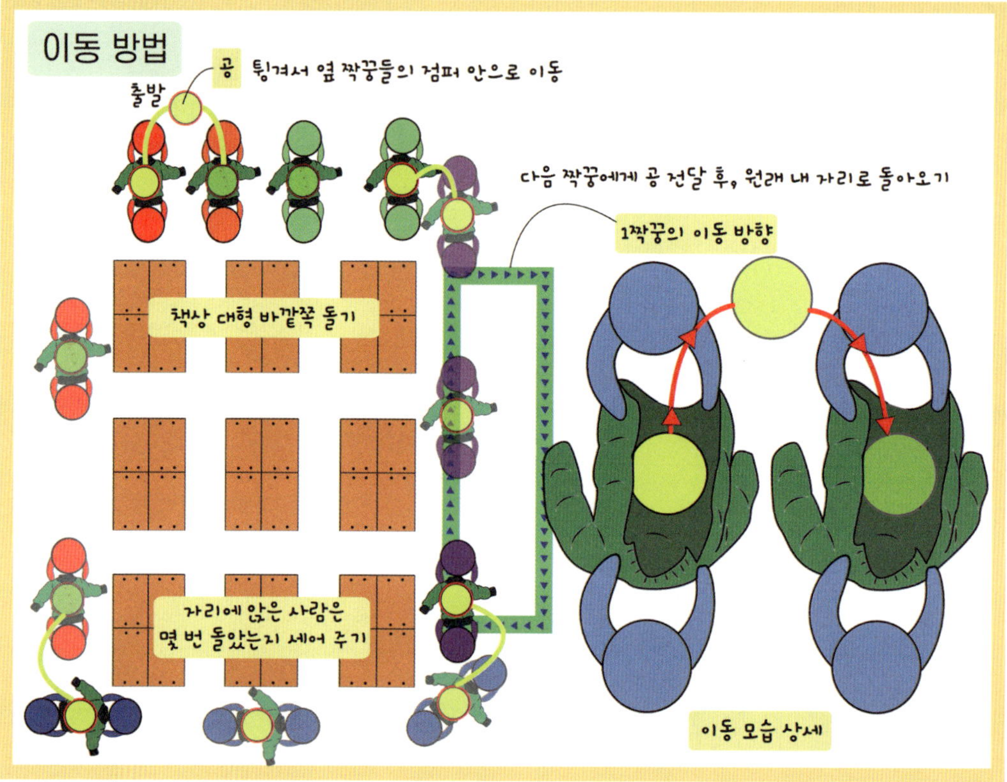

이동 방법

공 튕겨서 옆 짝꿍들의 점퍼 안으로 이동

출발

다음 짝꿍에게 공 전달 후, 원래 내 자리로 돌아오기

1짝꿍의 이동 방향

책상 대형 바깥쪽 돌기

자리에 앉은 사람은 몇 번 돌았는지 세어 주기

이동 모습 상세

활동 전 준비

❶ 책상을 모둠 형태로 배치하여 교실 가장자리에 공간을 확보한다.
❷ 학생들을 두 팀으로 나눈다.

활동 TIP
- 공을 여러 개 활용하여 놀이를 진행할 수도 있다. 이 경우에는 시작 지점에 있는 학생들이 첫 번째 공을 옆에 있는 학생들에게 전달하고, 시작 지점으로 다시 돌아와서 두 번째 공을 같은 방식으로 옮기기 시작하면 된다.

활동 방법

❶ A팀 학생들은 자리에 앉고, B팀 학생들은 2인 1조로 점퍼를 가지고 교실 가장자리에 큰 원 형태로 선다.

❷ 교사가 타이머를 누르고 "시작"이라고 외치면 시작 지점에 있는 1조가 공을 점퍼 위에 넣고 옆에 있는 2조에게 가서 공을 넘긴 후에 원래 있던 자리로 돌아온다.
   - 공을 넘길 때는 손을 사용할 수 없다. 점퍼를 튕겨서 넘기거나 점퍼에서 점퍼로 옮기는 방법 등을 사용할 수 있다.
   - 중간에 공을 떨어뜨리면 그 지점에서 다시 시작한다.

❸ 공을 받은 2조는 같은 방식으로 3조에게 가서 공을 넘긴 후에 원래 있던 자리로 돌아온다.

❹ 공이 교실 한 바퀴를 돌아 시작 지점에 돌아오면 1점을 얻는다. B팀은 A팀이 몇 번 돌았는지 센다.

❺ A팀 도전이 끝나면 B팀이 도전한다.

❻ 5점을 더 빠른 시간에 채운 팀이 승리한다.

피구 놀이

104 공 굴려 교실 피구

준비물

- 팀조끼
  (학생 수의 절반)
- 서로 다른 색의 공 2개
- 점수판
- 타이머

영상 보러 가기

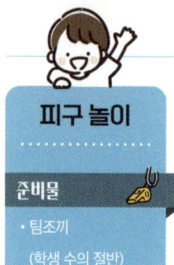

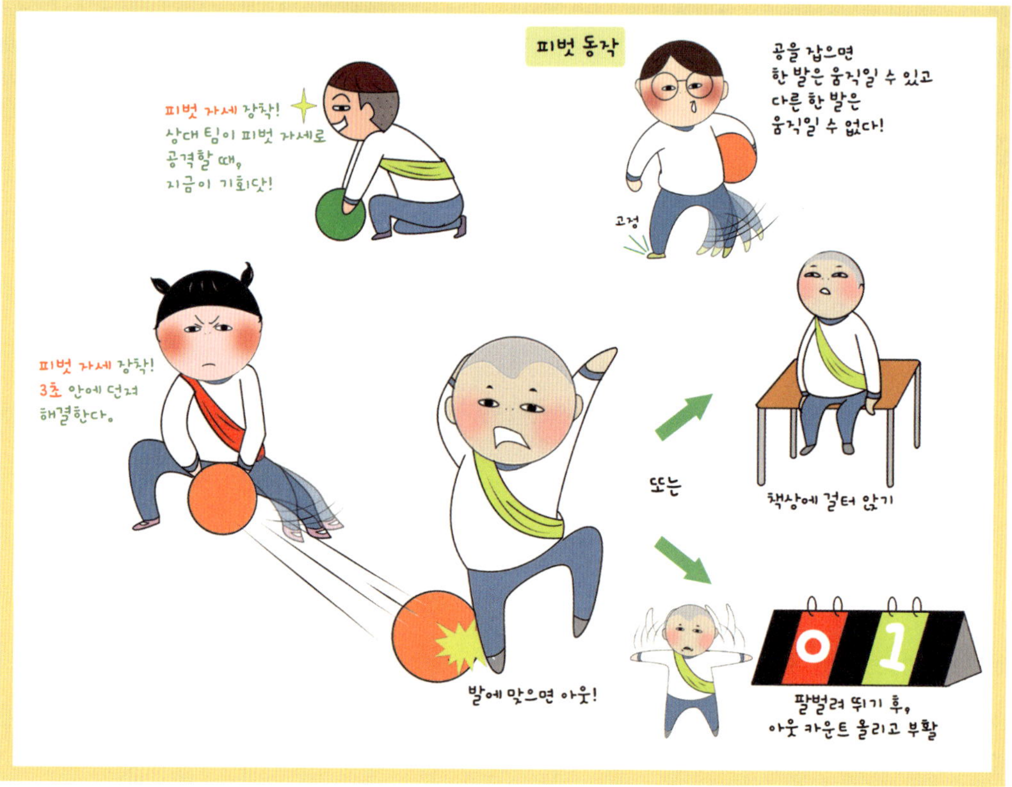

활동 전 준비

❶ 책상을 모둠 형태로 배치한다.
❷ 의자와 책가방을 모두 책상 안쪽으로 넣는다.
❸ 학생들을 두 팀으로 나누고, 각 팀에게 공 1개를 나눠 준다.
❹ A팀은 팀조끼를 입는다.
❺ 학생들이 잘 볼 수 있는 곳에 5분 타이머와 점수판을 설치한다.

활동 TIP

- 아웃이 된 학생들은 자신의 팀에게 공의 위치를 말한다.
- 상대 팀의 공을 피할 때 공을 밟고 넘어지지 않게 조심한다.
- 학급 인원이 20명 이하일 때는 공에 맞아 아웃이 된 학생들이 점수판에서 상대 팀의 점수를 1점 올리고, 팔벌려 뛰기 3회 등 신체 과제를 수행한 후에 부활하여 다시 활동에 참여할 수 있도록 하는 방식을 활용한다.

활동 방법

❶ 교사의 시작 신호와 함께 각 팀의 공을 가지고 있는 학생은 공을 상대 팀을 향해 굴리고, 공이 없는 학생들은 상대 팀의 공을 피해 도망 다닌다.
❷ 공격 방법
 - 공을 잡으면 3초 이내에 공을 굴려야 한다.
 - 공을 굴릴 때는 한 발만 움직일 수 있다.
 - 연속 공격은 할 수 없고, 공격이 실패하면 다른 곳에 있는 자기 팀에게 공을 패스하거나 그 자리에 두고 떠나야 한다.
 - 공을 위로 던지거나 발로 차면 안 된다.
❸ 상대 팀 공에 발이 맞으면 점수판에서 상대 팀의 점수를 1점 올리고 가까운 책상 위에 앉는다.
❹ 5분이 지났을 때 점수가 높은 팀이 승리한다.
❺ 새로운 라운드가 시작할 때는 아웃이 된 학생들도 다시 부활하며, 5라운드까지 진행하여 더 많이 이긴 팀 승리한다.

피구 놀이

105 공 굴려 부활 피구

준비물

- 공 1개
- 색깔별 팀조끼 (5개씩)

영상 보러 가기

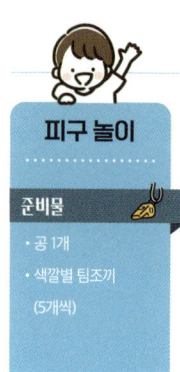

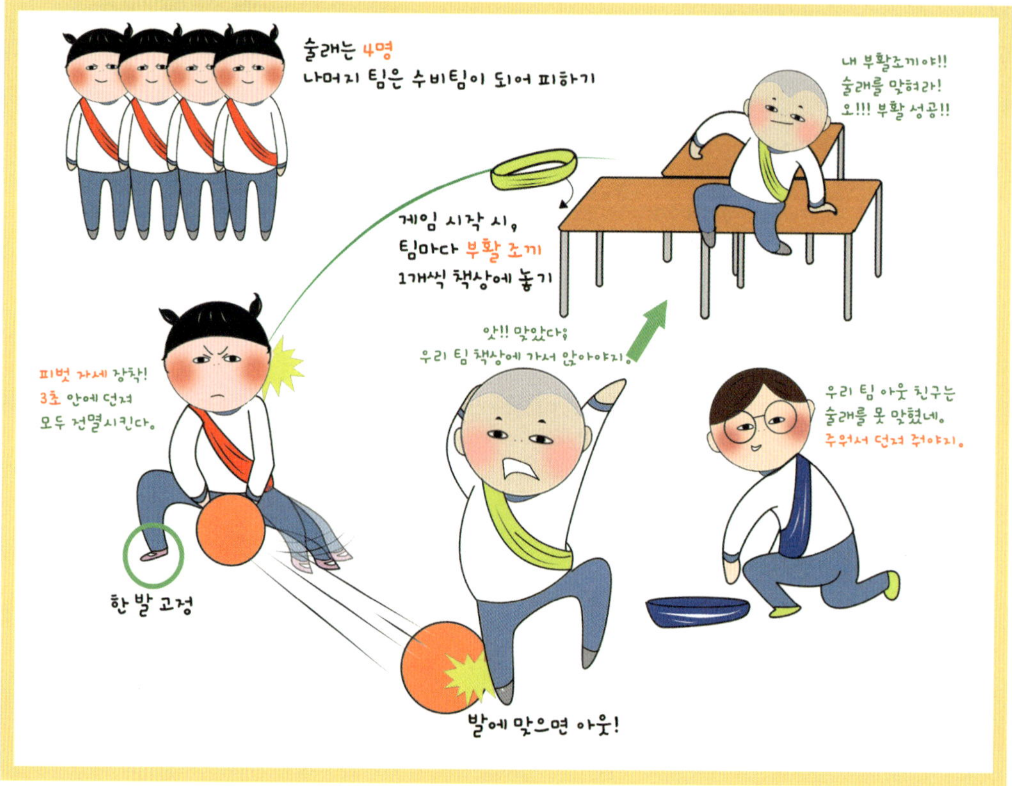

활동 전 준비

❶ 책상을 모둠 형태로 만든다.
❷ 가방을 포함한 학생들의 모든 물건은 책상 아래 또는 의자 위에 배치한다.
❸ 학생들은 4인 1팀을 만들고, 그중 술래팀을 정한다. 술래팀을 제외한 다른 팀은 수비팀이 된다.
❹ 팀별로 자신의 팀에 해당하는 팀조끼를 입는다.

활동 방법

❶ 책상 위에 수비팀 팀조끼를 1개씩 올려놓는다.
  - 1모둠 책상에는 1팀 팀조끼 1개와 2팀 팀조끼 1개, 2모둠 책상에는 3팀 팀조끼 1개와 4팀 팀조끼 1개를 올려놓는다.
❷ 술래팀 4명은 교실 앞에서 공격 준비를 하고, 수비팀은 교실 곳곳으로 흩어진다.
❸ 교사가 타이머를 누르고 "시작"이라고 외치면 공격팀은 공을 바닥에 굴려 공격하고 수비팀은 공을 피한다.
  - 공격팀 학생은 공을 잡고 한 발만 이동 가능하다.
  - 수비팀 학생은 책상을 잡고 점프할 수 있다.
  - 공이 발목에 닿으면 아웃, 아웃이 되면 근처 책상에 앉는다.
  - 벽에 맞거나 책상에 맞고 나온 공에 맞아도 아웃이 된다.
  - 수비팀은 아웃이 된 팀원에게 수비팀 팀조끼를 전달한다.
  - 아웃이 된 학생이 팀조끼를 던져서 공격팀 학생을 맞히면 아웃된 학생은 부활하고, 아웃이 된 학생이 던진 팀조끼를 공격팀 학생이 잡으면 아웃이 된 학생은 부활하지 못한다.
❹ 정해진 시간이 됐을 때 가장 많이 살아남은 수비팀이 승리한다.
❺ 정해진 시간 동안 술래팀을 바꿔가며 동일한 방식으로 놀이를 진행한다.

활동 TIP
- 공의 개수를 늘려서 진행하면 더 활발한 놀이가 된다.

106 벽 치기 피구

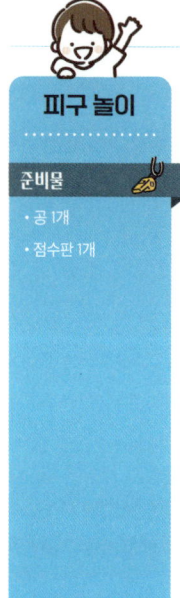

활동 전 준비

❶ 책상과 의자를 밀고 공간을 넓게 확보한다.
❷ 학생들을 두 팀으로 나눈다.

활동 TIP

- 아웃이 된 학생들을 배려하여 팔벌려 뛰기 3회 등 신체 과제를 수행한 후에 아웃 카운트를 올리고 부활할 수 있는 규칙을 만들 수도 있다.
- 공을 여러 개 활용하면 조금 더 활발한 놀이가 된다.

활동 방법

❶ 공격팀은 사물함 주변으로 큰 반원 형태로 앉고, 수비팀은 반원 안으로 들어가 선다.
 - 안전을 위하여 수비팀은 공격팀 안쪽에서만 공을 피할 수 있다.
 - 수비팀은 개인당 2포인트를 가지고 시작한다.

❷ 공격팀은 공을 굴리거나 쳐서 수비팀을 맞힌다.
 - 공격팀이 3초 이상 공을 가지고 있거나 공을 던지면 파울이 되어 아웃이 된 친구가 1포인트를 가지고 부활한다. 부활할 때는 먼저 아웃이 된 학생이 부활한다.
 - 공격팀이 직접 수비팀 학생을 맞히면 공에 맞은 학생은 1포인트를 실점한다.
 - 공격팀이 벽 또는 사물함을 맞히고, 수비팀 학생을 맞히면 공에 맞은 학생은 2포인트를 실점한다.

❸ 수비팀 학생은 가지고 있는 포인트를 모두 실점하면 아웃이 된다.

❹ 아웃이 된 학생은 밖으로 나와 점수판에서 상대 팀 점수를 올리고 아웃이 된 순서대로 한 줄로 서서 대기한다.

❺ 전반전이 끝나면 공격과 수비 역할을 바꿔 후반전을 실시한다.

❻ 놀이가 끝났을 때 점수가 높은 팀이 승리한다.

피구 놀이

준비물
- 공 1개
- 의자
  (학생 수의 절반)
- 점수판 1개

영상 보러 가기

107 바운딩 피구

의자에 앉아 공격하는
바운딩 피구 놀이   기본 대형

공격
수비

둥글게 의자에 둘러앉아 가운데
수비수들을 맞히는 게임

아웃되면
팔벌려 뛰기 후,
아웃 카운트 올리고 부활

패스 후 공격 가능

의자에 앉아서 공격

공이 바닥에 1회 튕겨야 함

활동 전 준비

❶ 책상과 의자를 밀고 공간을 넓게 확보한다.
❷ 의자(학생 수의 절반)를 큰 원형 형태로 배치하고, 학생들을 두 팀으로 나눈다.

활동 방법

❶ 두 팀 중 먼저 공격할 팀을 정한다.
❷ 공격팀은 의자에 앉아 공격 방식을 연습한다. 이때 수비팀은 경기장 밖에서 대기한다.
❸ 공격팀 연습이 끝나면 수비팀은 의자 안쪽으로 온다.
❹ 교사의 시작 신호와 함께 공격팀이 공격을 시작한다.
❺ 공에 맞은 수비팀은 아웃이 되며, 밖으로 나와 점수판에서 상대 팀 점수를 올리고 아웃이 된 순서대로 한 줄로 서서 대기한다.
❻ 공격 방법
  - 공격팀은 의자에서 일어날 수 없으며, 같은 팀에게 한 번 이상 패스 후 바닥에 양손으로 공을 바운딩하여 공격해야 한다.
❼ 수비 방법
  - 공격팀에게 너무 가까이 가지 않는다.
  - 바운딩이 된 공은 잡을 수 없고 무조건 피하기만 한다.
❽ 다음의 경우에는 공격팀 파울이며, 수비팀 1명이 부활한다.
  - 패스를 안 하고 바로 공격한 경우
  - 한 손으로 공을 바운딩한 경우
  - 공을 바운딩하지 않고 수비팀을 맞힌 경우
  - 공이 의자 바깥으로 나간 경우
  - 수비팀은 부활할 때 먼저 아웃이 된 순서대로 부활한다.
❾ 정해진 시간이 되면 공격과 수비를 바꿔서 진행한다.
❿ 동일한 시간 동안 놀이를 진행했을 때 점수가 더 높은 팀이 승리한다.

활동 TIP

- 아웃이 된 학생들을 배려하여 팔벌려 뛰기 3회 등 신체 과제를 수행한 후에 아웃 카운트를 올리고 부활할 수 있는 규칙을 만들 수도 있다.

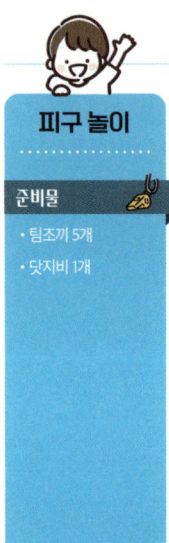

피구 놀이

준비물
- 팀조끼 5개
- 닷지비 1개

108 닷지비 교실 피구

1. 교실에 공격수 / 수비수가 흩어지기

2. 공격수는 닷지비로 터치하여 수비수를 아웃시키고 수비수는 피하기

활동 Tip!!
★ 아웃된 학생은 벌칙 수행 후, 부활 규칙 등을 만들 수 있음!
★ 제한 시간 동안 아웃시킨 숫자를 세어 경쟁 가능!

터치!!
아웃
닷지비에 닿으면 아웃

닷지비를 잡은 공격수는 자리에서 움직일 수 없다!!

아웃
공격수가 던진 닷지비에 맞으면 아웃

영상 보러 가기

활동 전 준비

❶ 책상을 모둠 형태로 배치한다.
❷ 공격수 5명을 뽑는다.
❸ 공격수들은 팀조끼를 입는다.

활동 방법

❶ 공격수와 수비수들은 교실 곳곳으로 흩어져서 선다.
❷ 교사가 닷지비를 허공에 날리면 놀이가 시작된다.
❸ 공격 방법
   - 닷지비를 잡은 공격수는 자리에서 움직일 수 없다.
   - 닷지비를 날려서 수비수를 맞히거나 근처에 있는 수비수를 닷지비로 터치하여 아웃시킬 수 있다.
❹ 수비 방법
   - 수비수는 닷지비를 터치할 수 없다.
   - 수비수는 닷지비를 피하기만 하여 끝까지 살아남아야 한다.
❺ 아웃이 된 학생들은 교실 한쪽에서 대기한다.
❻ 정해진 시간이 되면 다 같이 박수로 놀이를 마무리한다.

활동 TIP

- 이 놀이는 승패가 나누어져 있지 않다. 교실에서 짧은 시간에 가볍고 안전하며 즐겁게 피구 놀이를 하는 것에 목적을 둔 활동이다.
- '아웃이 된 학생은 아웃존에서 팔벌려 뛰기 3회 등 신체 과제를 수행한 후에 부활할 수 있다' 등의 규칙을 추가하여 진행할 수 있다.
- 학생들을 5인 1팀으로 만들고, 팀별로 정해진 시간 동안에 몇 명을 아웃시켰는지 체크하여 경쟁 활동을 할 수 있다.

PART 05
다양한 용품 놀이 ①

다양한 소품과 팀조끼 활용해 재미와 함께 협동심을 기르는 놀이입니다.

팀조끼 놀이 Ⅰ	팀조끼를 활용하여 다양한 놀이를 즐겨 보아요.
팀조끼 놀이 Ⅱ	팀조끼 놀이 Ⅰ 보다는 조금 어려운 놀이를 담았어요. 어려운 만큼 규칙을 잘 이해하면 더 재미있는 놀이 시간을 보낼 수 있어요.
우산놀이	비 오는 날, 우산 놀이를 활용하여 학생들의 집중력을 끌어올려 보아요.
풍선 놀이	풍선은 모두의 마음을 설레게 해요. 쉽고 간단한 풍선 놀이를 활용하여 학생들과 예쁜 추억을 만들어 보세요.
고리 놀이	고리를 차고, 밀고, 던지는 과정을 통해 협동과 경쟁을 재미있게 배워요.
탁구공 놀이	통통 튕기는 탁구공의 매력을 활용하여 순발력을 기르고 협동을 배워요.
종이컵 놀이	수업에 활용한 종이컵을 재활용하여 다양한 종이컵 놀이를 즐겨 보아요.

109 팀조끼 가위바위보 놀이

팀조끼 놀이 I

준비물
- 팀조끼 (학생 수)

영상 보러 가기

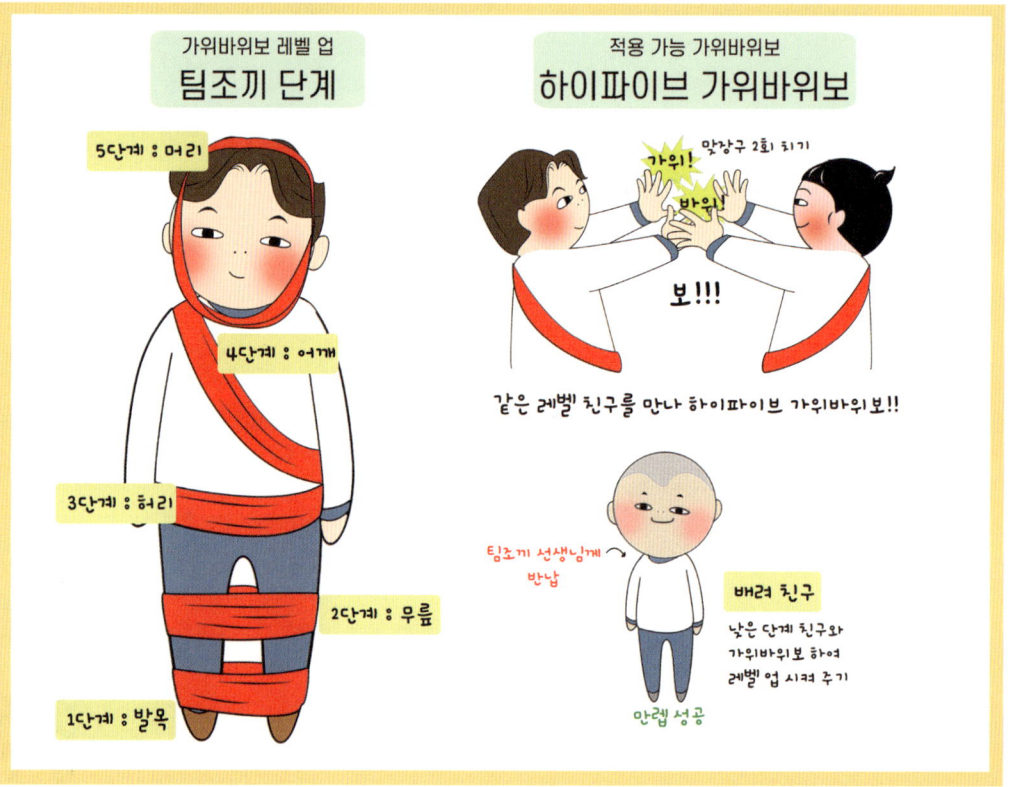

활동 전 준비

❶ 책상과 의자를 밀고 공간을 넓게 확보한다.

활동 방법

❶ 레벨에 따라 팀조끼를 신체의 다른 부위에 걸친다.
- 1레벨: 발목 / 2레벨: 무릎 / 3레벨: 허리 / 4레벨: 어깨 / 5레벨: 머리

❷ 같은 레벨의 학생들끼리 만나 하이파이브 가위바위보를 한다.
- 이기면 레벨이 올라가고 지면 레벨이 떨어진다.
- 1레벨은 레벨이 떨어지지 않는다.

❸ 5레벨을 달성하면 교사와 가위바위보를 한다.
- 교사에게 지면 다시 5레벨 학생과 가위바위보를 해서 이기고 교사에게 도전해야 한다.
- 교사에게 이기면 팀조끼를 반납하고 배려 친구가 된다.

❹ 배려 친구의 역할
- 모든 단계의 학생들과 가위바위보를 할 수 있다.
- 배려 친구에게 가위바위보를 져도 레벨이 떨어지지 않는다.

❺ 모든 학생이 팀조끼를 벗을 때까지 ❷ ~ ❸ 내용을 반복하고, 모든 학생이 팀조끼를 벗으면 다 같이 박수로 놀이를 마무리한다.

활동 TIP

- 침묵 버전을 통해 차분하면서도 즐거운 놀이를 즐길 수 있다.
  - 침묵 버전에서 학생들은 절대 말을 하지 않는다.
  - 팀조끼를 통해 레벨을 확인하고 팀조끼 가위바위보 놀이를 진행한다.

110 모두 함께! 수건돌리기 놀이

팀조끼 놀이 I

준비물
- 팀조끼 1개

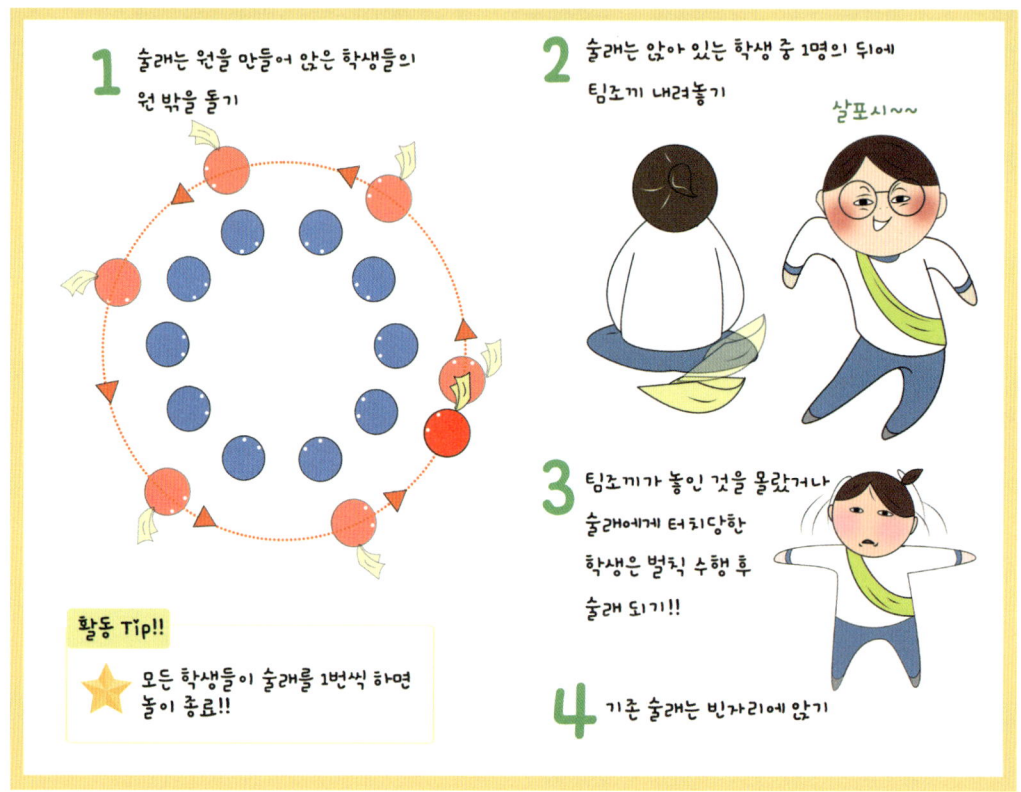

1. 술래는 원을 만들어 앉은 학생들의 원 밖을 돌기
2. 술래는 앉아 있는 학생 중 1명의 뒤에 팀조끼 내려놓기 — 살포시~~
3. 팀조끼가 놓인 것을 몰랐거나 술래에게 터치당한 학생은 벌칙 수행 후 술래 되기!!
4. 기존 술래는 빈자리에 앉기

활동 Tip!!
⭐ 모든 학생들이 술래를 1번씩 하면 놀이 종료!!

활동 전 준비

❶ 강당 등 넓은 장소를 확보한다.

활동 방법

❶ 학생들은 큰 원 형태로 앉고, 첫 번째 술래 1명을 뽑는다.
❷ 첫 번째 술래가 원 밖을 크게 돌면서 몰래 친구 뒤에 팀조끼를 놓는다.
❸ 자신의 뒤에 팀조끼가 놓인 것을 알아차린 학생(두 번째 술래)은 팀조끼를 들고 첫 번째 술래를 잡기 위해 열심히 뛴다.
  - 술래가 팀조끼를 놓고 한 바퀴를 돌 동안 자신의 뒤에 팀조끼가 놓인 것을 알아차리지 못한 학생은 팔벌려 뛰기 3회 등 신체 과제를 수행한 후에 다음 술래 역할을 한다.
  - 첫 번째 술래는 두 번째 술래에게 중간에 잡히든, 잡히지 않든 원을 한 바퀴 돈 후에 원 안쪽으로 들어와서 앉는다.
  - 두 번째 술래는 첫 번째 술래를 잡든 못 잡든 세 번째 술래로 지정하고 싶은 친구 뒤에 몰래 수건을 놓는다.
❹ 모든 학생이 술래를 한 번씩 하고 모두 원 안쪽으로 들어올 때까지 놀이를 반복한다.

활동 TIP

- 원을 두 바퀴 도는 방식으로도 놀이를 진행할 수 있다. 이 경우 '두 바퀴를 도는 과정에서 술래에게 따라잡혀서 터치 당한 학생은 팔벌려 뛰기 3회 등 신체 과제를 수행한 후에 다음 술래 역할을 한다'라는 규칙을 추가하여 놀이를 진행한다.

- 경쟁이 과열되어 너무 급하게 뛰다가 넘어지는 학생이 없도록 안전 지도를 한다.

- 맑은 날씨에 야외에서 놀이를 하면 더 즐겁게 활동할 수 있다.

- 배경 음악으로 신나는 노래를 틀면 더 즐거운 놀이 분위기를 형성할 수 있다.

팀조끼 놀이 I

준비물
- 팀조끼
  (팀당 2개)
- 원마커
  (팀당 1개)

111 진주 조개 파도 놀이

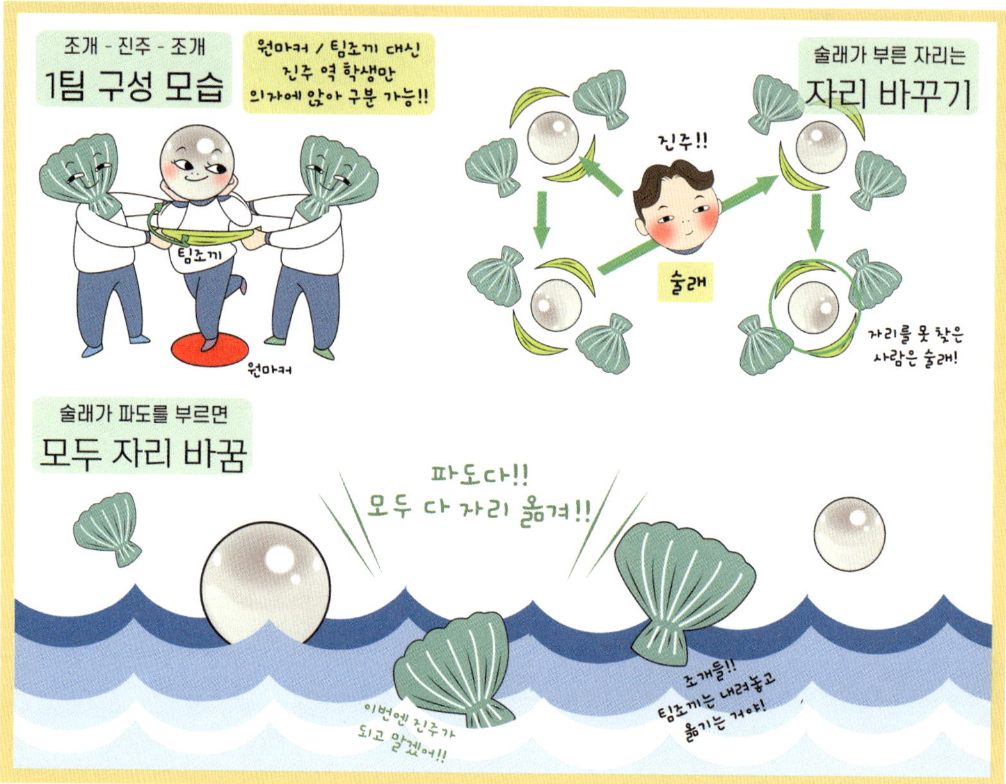

조개 - 진주 - 조개
1팀 구성 모습

원마커 / 팀조끼 대신
진주 역 학생만
의자에 앉아 구분 가능!!

술래가 부른 자리는
자리 바꾸기

진주!!

술래

자리를 못 찾은
사람은 술래!

술래가 파도를 부르면
모두 자리 바꿈

파도다!!
모두 다 자리 옮겨!!

이번엔 진주가
되고 말겠어!

조개을!!
팀조끼는 내려놓고
옮기는 거야!

영상 보러 가기

활동 전 준비

❶ 책상을 모둠 형태로 배치하고, 술래 1명을 뽑는다.
❷ 술래를 제외한 학생들은 3인 1팀을 만든다.
❸ 팀별로 팀조끼 2개와 원마커 1개를 가지고 교실 곳곳으로 흩어진다.

활동 방법

❶ 팀별로 진주(원마커 위에 올라갈 학생) 역할을 할 학생 1명을 뽑는다.
❷ 남은 2명은 진주 좌우에 서서 팀조끼 2개를 활용하여 진주를 감싸는 조개 역할을 한다.
❸ 모든 학생이 다 같이 "진주, 조개, 파도"를 외친 후에 술래가 그중 하나를 외치면 규칙에 맞게 이동한다.
  - 술래가 진주를 외치면 진주 역할을 하는 학생만 이동한다.
  - 술래가 조개를 외치면 조개 역할을 하는 학생만 이동한다.
  - 술래가 파도를 외치면 다 같이 이동한다.
❹ 이동을 할 때는 원래 있던 자리에는 있을 수 없다.
❺ 조개 역할을 하는 학생들은 팀조끼를 내려놓고 이동한다.
❻ 마지막까지 자리를 잡지 못한 1명이 다음 술래가 된다.
❼ 두 번 이상 술래가 되면 코끼리 코 10바퀴 등 신체 과제를 수행한다.

활동 TIP

- 진주, 조개, 파도 대신 용어를 자유롭게 설정할 수 있고, 교과 지식과 연계하면 교과 놀이로 활용할 수 있다. (예: 뿌리의 기능인 지지, 흡수, 저장 활용하기)
- 학생들이 친한 친구들과 무리 지어 이동하려는 움직임을 보이면 똑같은 친구와 연속으로 만날 수 없다는 규칙을 만든다.

팀조끼 놀이 I

준비물
- 팀조끼 (모둠당 1개)
- 점수판 (모둠당 1개)

영상 보러 가기

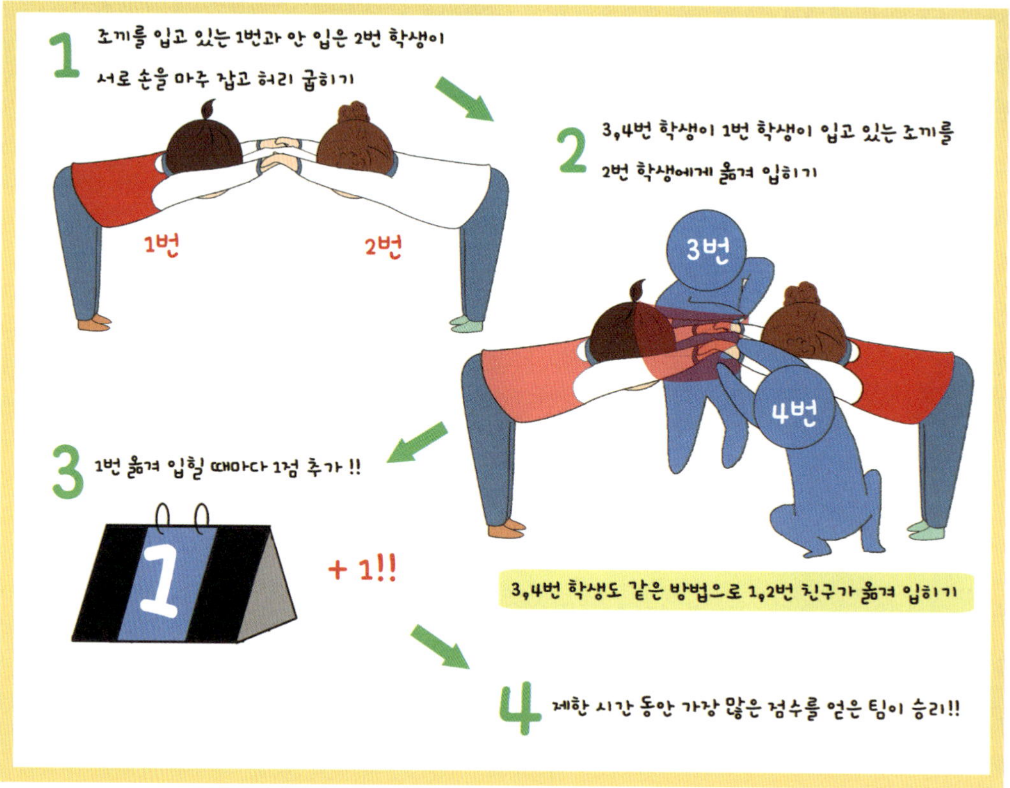

112 팀조끼 옮겨 입기 놀이

1. 조끼를 입고 있는 1번과 안 입은 2번 학생이 서로 손을 마주 잡고 허리 굽히기

2. 3,4번 학생이 1번 학생이 입고 있는 조끼를 2번 학생에게 옮겨 입히기

3. 1번 옮겨 입힐 때마다 1점 추가 !!

+ 1!!

3,4번 학생도 같은 방법으로 1,2번 친구가 옮겨 입히기

4. 제한 시간 동안 가장 많은 점수를 얻은 팀이 승리!!

활동 전 준비

❶ 책상을 모둠 형태로 배치한다.
❷ 팀조끼를 모둠당 1개씩 나눠 준다.

활동 방법

❶ 각 모둠은 팀조끼를 입는 순서를 정한다.
❷ 교사의 시작 신호와 함께 1번 학생이 팀조끼를 입는다.
❸ 1번 학생이 팀조끼를 다 입고 나면 2번 학생과 1번 학생이 손을 마주 잡고 허리를 굽힌다.
❹ 3번 학생과 4번 학생은 팀조끼를 1번 학생에게서 2번 학생에게로 옮겨 입힌다.
❺ 같은 방식으로 3번, 4번 학생까지 팀조끼를 한 번씩 입으면 모둠 점수판에서 점수를 1점 올린다.
❻ 정해진 시간이 될 때까지 ❸ ~ ❺의 내용을 반복한다.
❼ 놀이가 끝났을 때 점수가 가장 높은 모둠이 승리한다.

활동 TIP

- 팀조끼를 옮겨 입히는 과정에서 일상복까지 같이 올라가는 일이 발생하지 않도록 주의한다.
- 팀조끼를 옮겨 입히는 과정이 사춘기 학생들에게는 꺼려지는 활동일 수 있으므로 고학년은 모둠과 별개로 동성끼리 팀을 만들어서 놀이를 진행한다.

113 팀조끼 먼저 잡기 놀이

팀조끼 놀이 I

준비물
- 팀조끼 (조당 1개)

기본 동작

1 머리 2 어깨 3 허리 4 무릎 5 치기 6 잡기

1 선생님의 명령어 듣고 동작하기

어깨 / 머리 / 머리

2 [잡기] 명령어가 나왔을 때, 먼저 잡는 사람이 승리!!

잡기!! 한발 늦었군

동시에 잡은 경우, 가위바위보 하기

영상 보러 가기

활동 전 준비

❶ 책상을 모둠 형태로 배치한다.

❷ 학생들은 2인 1조를 만든다.

활동 방법

❶ 조별로 책상을 가운데에 두고 상대방과 마주 보고 선다.

❷ 책상 위에는 팀조끼 1개를 놓는다.

❸ 교사는 "머리, 어깨, 허리, 무릎, 치기, 잡기"의 명령어 중 하나를 말한다.

❹ 학생들은 교사의 명령어에 맞게 행동한다.

- 예를 들어 교사가 "치기"라고 하면 학생들은 양 손바닥으로 책상을 쳐야 한다.

❺ "잡기" 명령어를 듣고 먼저 팀조끼를 잡은 학생이 승리한다.

- "잡기" 외의 명령어에 팀조끼를 잡은 학생은 패배한다.
- 팀조끼를 동시에 잡으면 가위바위보로 승부를 결정한다.

활동 TIP

- 이긴 학생은 이긴 학생끼리, 진 학생은 진 학생끼리 짝을 지어 놀이를 진행할 수도 있다.
- 학생 1명에게 교사 역할을 시킨 후 많이 이긴 학생과 교사가 시합하면 놀이를 조금 더 재미있게 즐길 수 있다.
- 3인 1조를 만들고 학생 한 명이 교사 역할을 하는 방식으로 놀이를 진행할 수도 있다.
- 책상 위에서 놀이를 진행하는 방식 외에 다양한 변형 방식으로 놀이를 진행할 수도 있다.
  - 팀조끼를 바닥에 두고 쪼그려 앉아서 놀이하기
  - 팀조끼를 바닥에 두고 일어서서 놀이하기 (팀조끼를 손으로 잡는 대신 발로 뺀다.)
  - "머리, 어깨, 무릎" 노래와 율동을 하다가 심판이 잡으라고 할 때 잡기
- 명령어는 교사 재량으로 바꾼다.
  - 예를 들어 "돌기"라는 명령어를 들으면 학생들은 제자리에서 한 바퀴 돌아야 하고, "코"라는 명령어를 들으면 코를 만져야 한다.

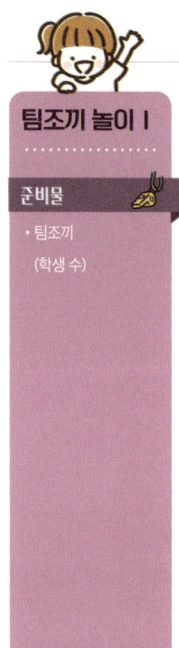

114 떨어지는 팀조끼 잡기 놀이

팀조끼 놀이 I

준비물
• 팀조끼
 (학생 수)

영상 보러 가기

1. 공격수 : 반으로 접은 팀조끼 들기
   수비수 : 공격수 손 위에 손 얹기

2. 공격수 : 예고 없이 팀조끼 놓치기
   수비수 : 떨어지는 팀조끼 잡기

공격 / 수비 / 팀조끼 반으로 접어 들기
지금이다!!! / 잡겠다!!!

3. 역할을 바꿔서 게임하기
4. 더 많이 잡은 사람이 승리!!

활동 Tip!!
★ 팀조끼 잡는 위치 조정으로 난이도 조절 : 낮을수록 어려움
★ 1판 진행 후, 진 사람끼리 - 이긴 사람끼리 대결하기 가능!!

활동 전 준비

❶ 학생들은 2인 1조를 만든다.
❷ 조당 팀조끼 2개를 나눠 준다.

활동 방법

❶ 조별로 상대방과 마주 보고 선다.
❷ 팀조끼를 반으로 접는다.
❸ 가위바위보를 통해 먼저 공격할 학생을 정한다.
❹ 공격수는 양손에 팀조끼를 1개씩 잡고 양팔을 가슴 높이로 올린다.
❺ 수비수는 양손을 공격수 양 손등 위에 살짝 올린다.
❻ 공격수는 예고 없이 팀조끼 1개를 떨어뜨리고, 수비수는 떨어지는 팀조끼를 잡는다.
❼ 역할을 바꾸어 놀이를 진행한다.
❽ 팀조끼를 더 많이 잡은 학생이 승리한다. 팀조끼를 잡은 횟수가 동일하면 팀조끼를 더 높은 곳에서 잡은 학생이 승리한다.

활동 TIP

- 팀조끼를 잡는 위치를 조정하여 난이도를 조절한다.
  - 머리 위(최하) / 어깨(하) / 가슴(중) / 허리(상) / 무릎(최상)
- 변형 놀이로 등지고 활동하기를 진행할 수도 있다.
  - 공격수는 양손에 팀조끼를 1개씩 잡고 양팔을 가슴 높이로 올린다.
  - 수비수는 공격수를 등지고 선다.
  - 공격수는 "하나, 둘, 셋!"을 외치면서 팀조끼를 떨어뜨리고, 수비수는 돌아서서 떨어지는 팀조끼를 잡는다.
- 이긴 학생은 이긴 학생끼리, 진 학생은 진 학생끼리 짝을 지어 놀이를 진행할 수 있다.
- 많이 이긴 학생은 교사에게 도전할 기회를 준다.

115 팀조끼 가져오기 놀이

팀조끼 놀이 I

준비물
- 팀조끼
  (팀당 8개)

팀조끼 가져오기

1. 수비는 1명 공격은 2명
2. 수비는 우리 팀에서 다른 팀 공격과 가위바위보
3. 진 공격은 우리 팀 책상 터치 후, 재출발
4. 이긴 공격은 상대 팀 팀조끼 1개를 우리 팀에 갖다 둠

훗.. 사랑이 완벽하면 매력 없지..

팀조끼 가지고 나가기

공격은 나갈 때, 우리 팀 팀조끼 1개를 가지고 나감

자.. 여..여기 우리 팀 팀조끼

진 공격은 가지고 나간 우리 팀 팀조끼를 상대 팀에 두고 감

활동 전 준비

❶ 학생들은 3인 1팀을 만든다.
❷ 팀별로 책상을 모둠 형태로 만든다.
❸ 팀당 팀조끼 8개를 나눠 준다.
❹ 팀별로 수비수 1명, 공격수 2명을 뽑는다. 수비수와 공격수는 놀이를 진행하면서 팀 내에서 자유롭게 바꿀 수 있다.

활동 방법

❶ 교사의 시작 신호와 함께 팀 내 공격을 맡은 학생들은 자기 팀 팀조끼 1개를 가지고 다른 팀 책상으로 이동한다.
❷ 팀에서 수비를 맡은 학생과 공격을 온 학생은 가위바위보를 한다.
  - A팀 학생이 B팀으로 공격을 와서 가위바위보에서 이기면 A팀 학생은 B팀 팀조끼 1개를 A팀 책상 위에 올려 둘 수 있다.
  - A팀 학생이 가위바위보를 지면 A팀 학생은 가지고 온 A팀 팀조끼 1개를 B팀 책상 위에 올려 두고 A팀으로 돌아가 책상을 터치한 후 팀조끼를 1개 더 챙겨서 다시 공격을 위해 출발한다.
❸ 정해진 시간이 됐을 때 팀조끼를 더 많이 가지고 있는 팀이 승리한다.

활동 TIP

- 1라운드는 5분 정도로 진행하는 것이 적절하다.
- 팀조끼가 없으면 학급 공용 학용품 또는 종이컵 등을 활용하여 놀이를 진행한다.
- 한 팀을 구성하는 인원수는 학급 학생 수를 고려하여 유동적으로 조절한다.
- 특정 팀에 학생이 몰리는 것을 방지하기 위하여 다음과 같은 규칙을 만든다.
  - 연속으로 같은 팀에게 공격하지 않는다.
  - 같은 팀 공격수 2명이 똑같은 팀으로 공격하지 않는다.

116 교실 한 바퀴 놀이

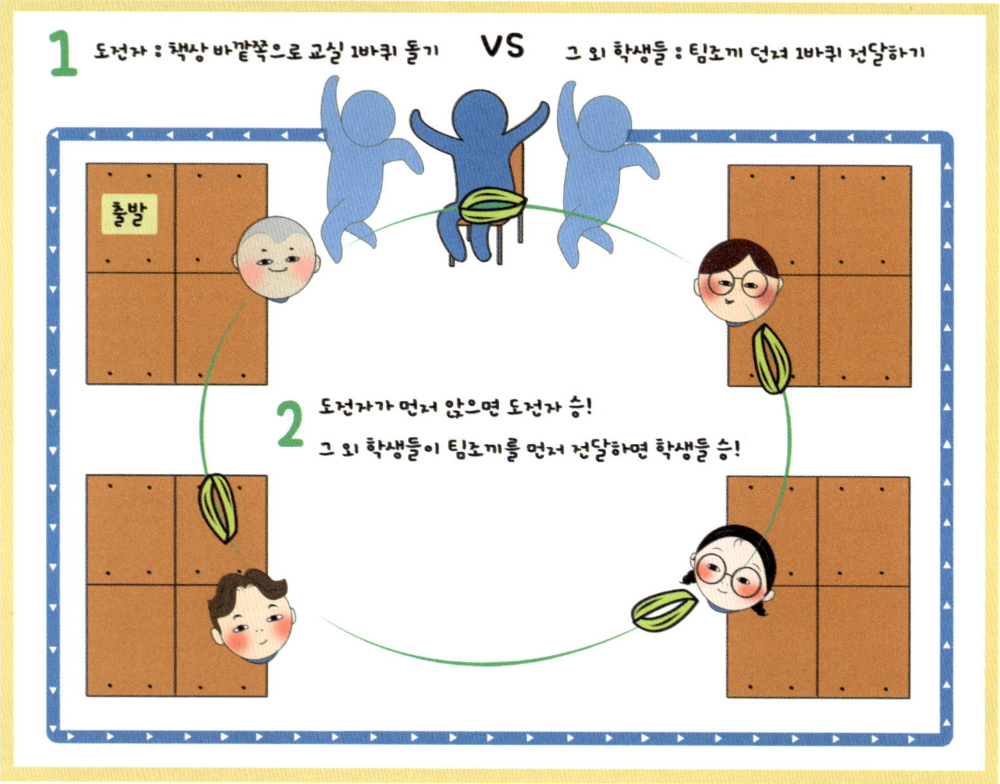

1. 도전자 : 책상 바깥쪽으로 교실 1바퀴 돌기 VS 그 외 학생들 : 팀조끼 던져 1바퀴 전달하기

2. 도전자가 먼저 앉으면 도전자 승! 그 외 학생들이 팀조끼를 먼저 전달하면 학생들 승!

활동 전 준비

❶ 책상을 모둠 형태로 배치하고, 칠판 앞에 의자 1개를 놓는다.
❷ 모둠 내에서 팀조끼 돌리기에 참여할 순서를 정한다.

활동 방법

❶ 랜덤 뽑기 프로그램을 활용하여 도전할 학생 1명을 뽑는다.
  - 뽑기 프로그램을 활용하지 않고 희망자를 받아서 도전자를 정할 수도 있다.
❷ 도전자는 칠판 앞 의자에 앉는다.
❸ 첫 번째로 팀조끼 돌리기에 참여하는 학생들은 책상 위에 올라가 앉는다.
  - 도전자가 1번인 모둠에서는 2번 학생이 책상 위로 올라간다.
  - 1모둠 1번 학생은 팀조끼를 받는다.
❹ 교사의 시작 신호와 함께 도전자는 최대한 빠르게 교실을 한 바퀴 돌고, 팀조끼 돌리기에 참여하는 학생들은 팀조끼를 다른 모둠 학생에게 던져서 한 바퀴 돌린다.
  - 예를 들어 1모둠 학생이 팀조끼를 2모둠 학생에게 던지고, 2모둠 학생이 팀조끼를 3모둠 학생에게 던지는 방식으로 팀조끼가 모든 모둠을 거쳐 다시 1모둠으로 돌아오게 한다.
❺ 팀조끼가 먼저 한 바퀴를 돌면 도전 실패이고, 도전자가 먼저 한 바퀴를 돌아 의자에 앉으면 도전 성공이다.
❻ 정해진 시간이 될 때까지 도전자를 뽑아 놀이를 이어 나간다.

활동 TIP

- 도전자가 너무 급하게 뛰다가 다치지 않도록 안전에 유의한다.

117 지그재그 돌기 놀이

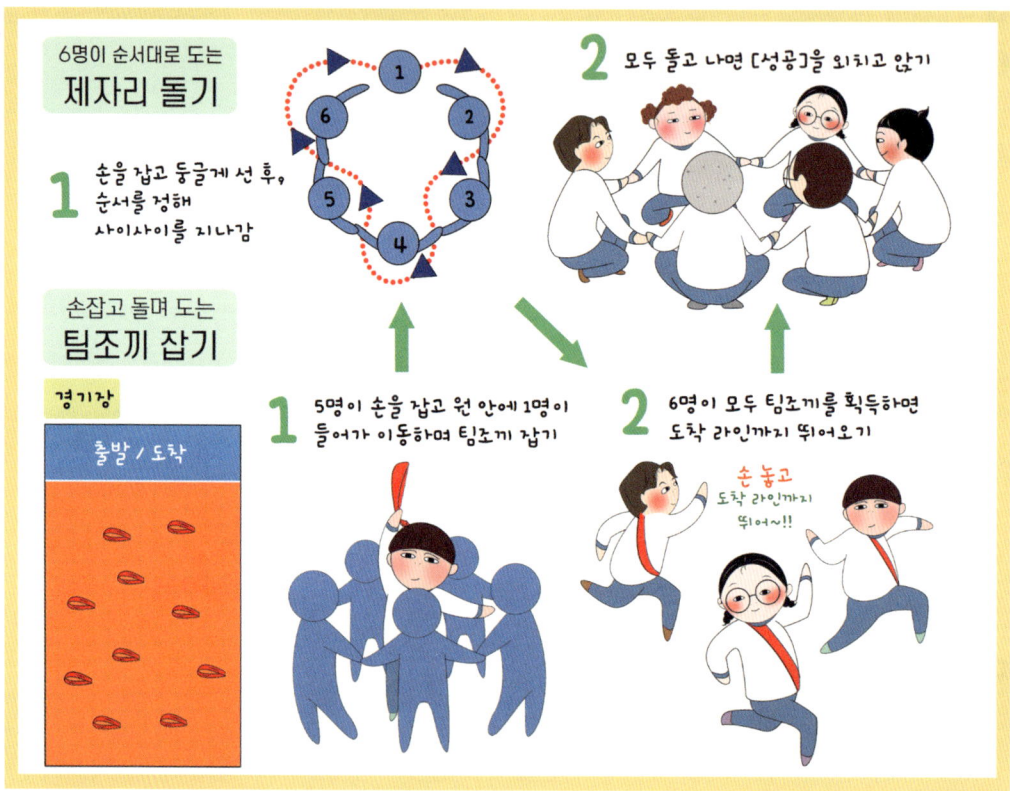

활동 전 준비

❶ 학생들과 함께 강당 등 충분히 넓은 공간으로 이동한다.
❷ 학생들은 6인 1팀을 만든다.

활동 TIP
• 한 팀이 꼭 6명일 필요는 없지만, 학생 수가 너무 적으면 놀이가 너무 금방 끝나므로 최소 5인 이상이 한 팀이 되는 것이 좋다.

활동 방법

❶ 6명이 순서대로 도는 제자리 돌기
- 팀 내에서 누구부터 지그재그를 할지 순서를 정한다.
- 팀별로 원을 만든다. 양쪽 옆에 있는 학생과 손을 잡고 양손을 천장을 향해 올린다.
- 정해진 순서에 맞게 1명씩 자기 팀이 만든 원을 지그재그로 최대한 빠르게 한 바퀴 돌아 자신의 자리로 돌아와 두 번째 순서의 학생과 하이파이브를 한다.
- 같은 방식으로 마지막 순서의 학생까지 한 바퀴 돌아 자리로 돌아오면 다 같이 "성공!"을 외치며 바닥에 앉는다.

❷ 손잡고 돌며 도는 팀조끼 잡기
- 출발선을 정하고 팀조끼를 강당 바닥에 넓게 퍼뜨려 놓는다.
- 팀 내에서 팀조끼를 잡을 순서를 정한다.
- 팀별로 팀원과 손을 잡고 원을 만든다. 이때 첫 번째 주자는 원 안으로 들어간다.
- 교사의 시작 신호와 함께 팀별로 원을 유지한 상태로 팀조끼가 있는 곳으로 달려간다.
- 첫 번째 주자는 팀조끼를 잡고 자기 팀의 원을 지그재그로 한 바퀴 돌며 지그재그를 시작한 위치로 돌아와서 양옆에 있는 학생과 손을 잡는다.
- 그 후 두 번째 주자가 원 안으로 들어와서 첫 번째 주자와 같은 방식으로 놀이를 진행한다.
- 모든 학생이 팀조끼를 다 잡으면 손을 놓고 다 같이 출발선으로 뛰어온다.
- 출발선에 가장 먼저 모인 팀이 승리한다.

118 교실 눈싸움 놀이

팀조끼 놀이 II

준비물
• 팀조끼 6개

눈 만들기 : 팀조끼를 묶어 눈 만들기

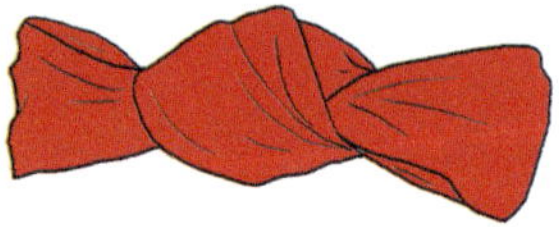

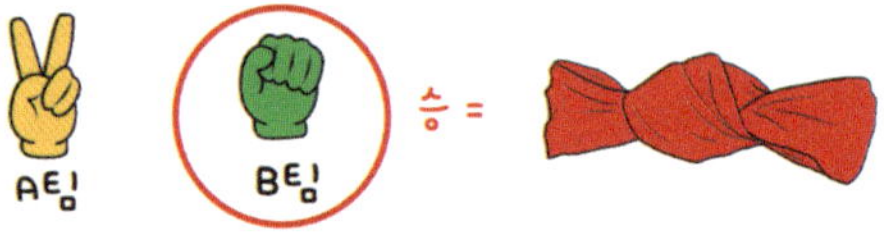

경기장 : 팀별 공격존 / 아웃존 만들기

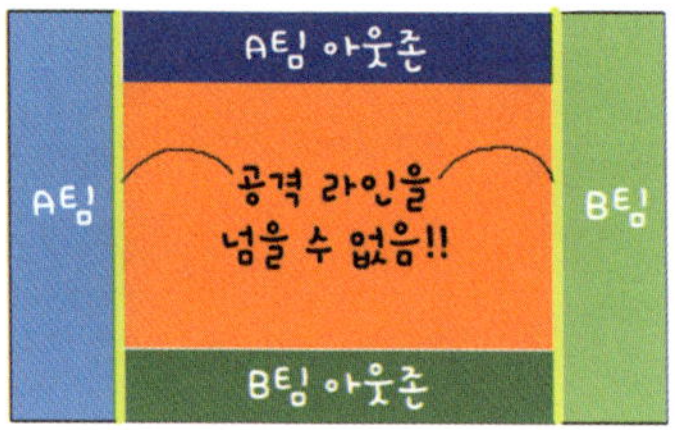

1. 가위바위보에서 이긴 팀에게 눈 1개 지급 (최대 6개까지 추가 지급 가능!!)
   A팀 / B팀 승 =

2. 눈에 맞으면 아웃존으로 이동
   앗!! 맞았다!! 아웃존으로 가야겠다!!

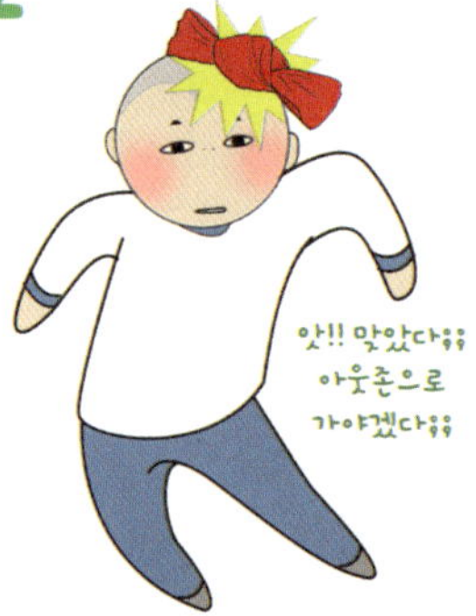

3. 우리 팀 공격존에 들어온 눈으로 공격 가능!!
   오케이!! 1명 부활!!

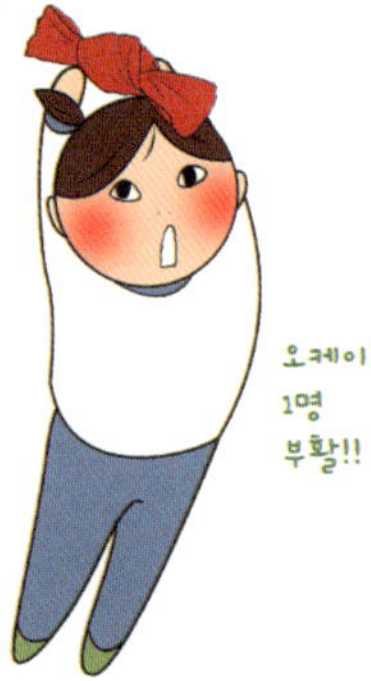

4. 제한 시간 안에 더 많이 아웃시킨 팀이 승리!!

A팀 아웃존 / A팀 / 공격 라인을 넘을 수 없음!! / B팀 / B팀 아웃존

아웃존 : 아웃된 순서대로 줄을 서서 순서대로 부활 가능!!

활동 전 준비

❶ 학생들을 두 팀으로 나눈다.
❷ 교실 구석에 A팀, B팀 각각의 아웃존을 만든다.
❸ 교실 앞에 A팀 공격 라인, 교실 뒤에 B팀 공격 라인을 명확히 표시한다.
❹ 팀조끼를 한 번 묶어서 눈 6개를 만든다.

활동 TIP

- 최대로 지급하는 눈의 개수는 놀이 공간의 크기와 학생 수를 고려하여 조절한다.
- 놀이 시작 전 눈을 너무 세게 던지지 않도록 지도한다.

활동 방법

❶ A팀과 B팀은 각 팀의 공격 라인으로 들어간다.
❷ 가위바위보를 통해 먼저 공격할 팀을 정하고, 눈을 1개 지급한다.
❸ 먼저 공격하는 팀은 상대 팀에게 눈을 던진다. 눈을 던질 때는 공격 라인을 절대 넘으면 안 된다.
❹ 상대 팀의 눈에 맞으면 아웃이다. 아웃이 된 학생은 자기 팀 아웃존에서 대기한다.
❺ 상대 팀의 눈을 잡으면 아웃존에 있는 학생 1명을 부활시킬 수 있다.
  - 이때 먼저 아웃이 된 학생부터 부활한다.
❻ 상대 팀의 눈을 피하면 그 눈을 이용하여 공격할 수 있다.
❼ 공격 라인 밖에 떨어진 눈은 가까운 팀이 주울 수 있다.
❽ 교사는 적절한 시기에 눈을 추가하여 놀이에 재미를 더한다. 눈은 가위바위보에서 이긴 팀에게 지급한다.
❾ 정해진 시간이 됐을 때 아웃을 많이 시킨 팀이 승리한다.

팀조끼 놀이 II

준비물
- 팀조끼 8개

119 줄 넘기 협동 놀이

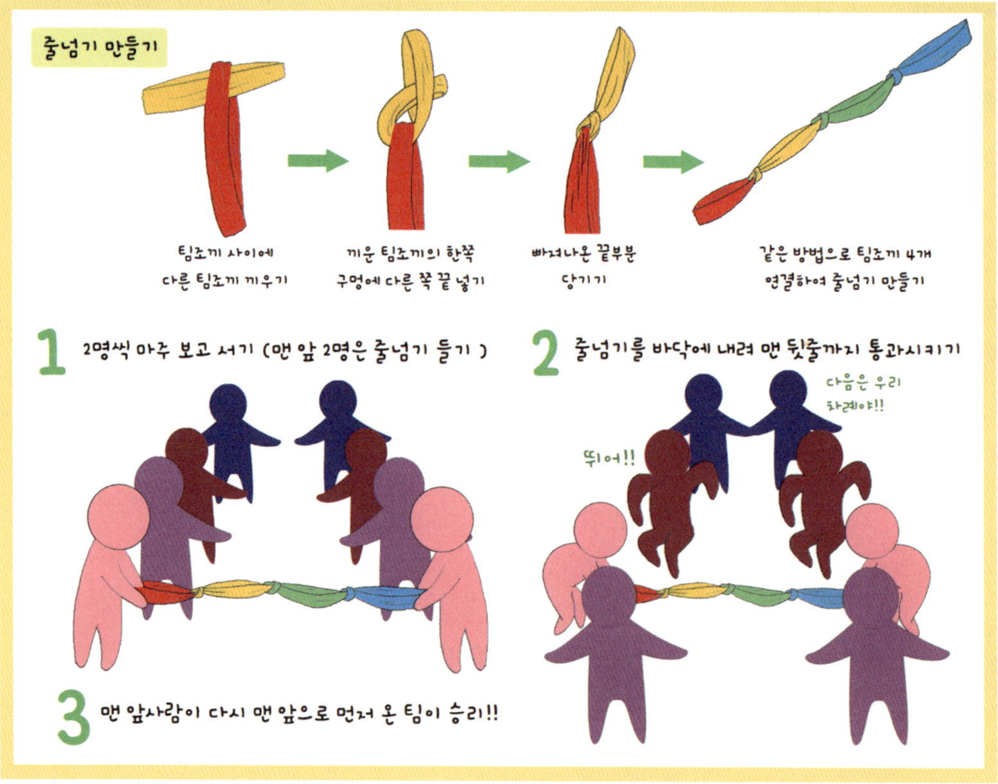

줄넘기 만들기

팀조끼 사이에 다른 팀조끼 끼우기 → 끼운 팀조끼의 한쪽 구멍에 다른 쪽 끝 넣기 → 빠져나온 끝부분 당기기 → 같은 방법으로 팀조끼 4개 연결하여 줄넘기 만들기

1 2명씩 마주 보고 서기 (맨 앞 2명은 줄넘기 들기)

2 줄넘기를 바닥에 내려 맨 뒷줄까지 통과시키기

다음은 우리 차례야!!
뛰어!!

3 맨 앞사람이 다시 맨 앞으로 먼저 온 팀이 승리!!

활동 전 준비

❶ 책상과 의자를 밀고 공간을 넓게 확보한다.
❷ 학생들을 두 팀으로 나눈다.

활동 방법

❶ 팀조끼 4개를 연결하여 줄 2개를 만든다.
❷ 같은 팀 학생들과 2명씩 마주 보고 선다.
❸ 각 팀의 첫 줄 학생들은 팀조끼로 연결한 줄을 든다.
❹ 첫 줄 학생 2명이 줄 양 끝을 잡고, 줄을 바닥에 대고 맨 뒷줄로 이동한다.
❺ 다른 학생들은 줄이 자신에게 올 때 점프하여 줄을 넘는다. 줄에 걸린 학생이 있으면 그 학생이 있는 줄부터 다시 도전하여 놀이를 계속한다.
❻ 첫 줄 학생들이 맨 뒷줄에 도착하면 그 자리에서 대기하면서 한 줄 앞의 학생들에게 패스한다.
❼ 줄을 받은 학생들은 이어서 한 줄 앞의 학생들에게 줄을 패스한다.
❽ 줄이 첫 줄에 도착하면 ❹ ~ ❼ 내용을 반복한다.
❾ 첫 줄 학생들이 다시 첫 줄로 더 빨리 오는 팀이 승리한다.

활동 TIP

- 경쟁이 과열되어 줄을 너무 빨리 이동시키면 많은 학생이 동시에 넘어져서 안전사고가 발생할 수 있으므로 주의한다.
- 놀이 시작 전 팀별 연습 시간을 주어 팀원 간에 호흡을 맞춰볼 수 있도록 한다.

120 팀조끼 꽃이 피었습니다 놀이

팀조끼 놀이 II

준비물
- 책상 2개
- 의자 6개
- 우산 2개
- 두 가지 색의 팀조끼 (학생 수)
- 점수판

영상 보러 가기

경기장
칠판 / 우산 / 앞문 / 뒷문 / 사물함 / 다시 시작!

1. 머리 위에 조끼 올리고 무궁화 꽃이 피었습니다!
   - 무궁화 꽃이 피었습니다~
   - 너 움직였어!!
   - 앗!! 나도 가야 해! 팀조끼가 떨어졌어.
   - 앗ㅠㅠ 사물함 앞으로 돌아가야 해

우산 확대: 의자 3개를 마주 보게 놓고 위에 우산 올려 두기

2. 책상 라인에 도착
3. 우산에 팀조끼 던져 넣기
4. 성공한 사람은 점수 쓰기

활동 전 준비

❶ 책상과 의자를 밀고 공간을 넓게 확보한다.
❷ 술래 1명을 뽑고, 남은 학생들을 두 팀으로 나눈다. 술래를 제외한 학생들에게 자신의 팀에 해당하는 팀조끼를 나눠 준다.
❸ 경기장 만들기
- 칠판: 팀별 점수판을 써 놓는다.
- 도착 지점: 교실 앞에 책상 2개를 활용하여 만든다.
- 우산 골대(팀당 1개): 도착 지점과 적당한 거리에 의자 3개를 붙이고, 그 위에 우산을 펼쳐서 거꾸로 올려 둔다.

활동 TIP
- 팀조끼를 한 번만 접어서 머리에 올리면 팀조끼가 잘 떨어지지 않아서 놀이의 난이도를 낮출 수 있다.

활동 방법

❶ 술래는 교실 앞에 위치한다.
❷ 다른 학생들은 팀조끼를 두 번 또는 세 번 접어 머리 위에 올리고 교실 뒤(시작 지점)에 위치한다.
❸ 술래는 앞에서 "무궁화 꽃이 피었습니다."를 외친다.
❹ 다른 학생들은 도착 지점을 향해 나아간다.
 - 이동은 술래가 말을 하고 있을 때만 가능하다. 술래가 말하고 있지 않을 때 이동하다가 걸리면 시작 지점으로 돌아가서 처음부터 다시 시작해야 한다.
 - 이동 도중 팀조끼를 머리에서 떨어뜨리면 시작 지점으로 돌아가서 처음부터 다시 시작한다.
❺ 도착 지점에 오면 팀조끼를 던져서 우산 안으로 넣는다.
 - 팀조끼를 우산 안으로 넣으면 점수판에 점수를 표시하고, 복도를 통해 시작 지점으로 가서 처음부터 다시 시작한다.
 - 팀조끼를 우산 안으로 넣는 데 실패하면 시작 지점으로 돌아가서 처음부터 다시 시작한다.
❻ 정해진 시간이 됐을 때 점수가 높은 팀이 승리한다.
❼ 술래를 바꿔서 다음 라운드를 진행한다.

팀조끼 놀이 II

준비물
- 원마커 2개
- 빨강 팀조끼 (학생 수의 절반)
- 노랑 팀조끼 1개

121 한 줄 팀조끼 옮기기 놀이

활동 전 준비

❶ 라인이 있는 넓은 공간으로 이동한다.
❷ 라인 위에 원마커 2개를 2m 간격을 두고 설치한다.
❸ 학생들을 두 팀으로 나누고, 팀 내에서 3인 1조를 만든다.
❹ A팀 학생들만 빨강 팀조끼를 입는다.

> **활동 TIP**
> • 놀이의 밸런스를 위하여 팀을 나눌 때는 양 팀 학생들의 키 높이를 비슷하게 맞춘다.

활동 방법

❶ 각 팀의 1조 학생들끼리 먼저 경기를 시작한다.
❷ 한쪽 원마커 위에는 A팀 인간 골대 학생이 위치하고, 반대쪽 원마커 위에는 B팀 인간 골대 학생이 위치한다.
  - 나머지 A팀 학생 2명과 B팀 학생 2명은 서로 번갈아 가면서 40cm 간격으로 선다.
  - 모든 학생은 한 발이 라인 혹은 원마커에 있어야 한다. 두 발 모두 떨어지면 공격권은 다른 팀 첫 번째 학생에게 넘어간다.
❸ A팀, B팀 중 먼저 공격할 팀을 정하고, 그 팀 첫 번째 학생은 노랑 팀조끼를 받는다.
❹ 첫 번째 학생은 노랑 팀조끼를 두 번째 학생에게 던지고, 두 번째 학생은 노랑 팀조끼를 자기 팀 인간 골대 학생에게 던진다.
  - 팀조끼가 인간 골대 학생에게 전달되면 득점한다.
  - 득점하면 팀조끼를 자기 팀 첫 번째 학생에게 전달하고 놀이를 이어 나간다. 전달 과정에서 팀조끼를 놓치면 공격권은 다른 팀 첫 번째 학생에게 넘어간다.
  - 다른 팀 학생들은 팀조끼가 전달되는 과정에서 팀조끼를 가로챌 수 있고, 가로챈 자리에서 바로 공격을 시작할 수 있다.
❺ 다른 조도 1조와 같은 방식으로 놀이를 진행하고, 각 조의 득점을 모두 합하여 승패를 결정한다.

팀조끼 놀이 II

준비물
- A팀 팀조끼 3개
- B팀 팀조끼 2개

122 돌아라! 잡아라! 놀이

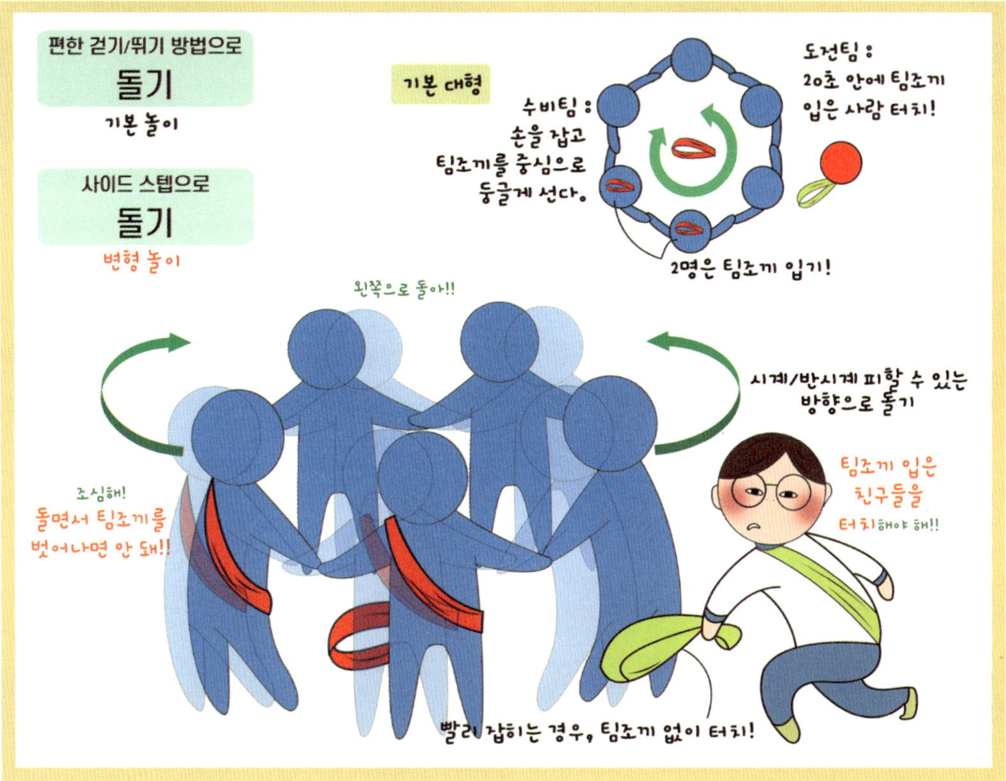

편한 걷기/뛰기 방법으로
돌기
기본 놀이

사이드 스텝으로
돌기
변형 놀이

기본 대형

수비팀: 손을 잡고 팀조끼를 중심으로 둥글게 선다.

도전팀: 20초 안에 팀조끼 입은 사람 터치!

2명은 팀조끼 입기!

왼쪽으로 돌아!!

시계/반시계 피할 수 있는 방향으로 돌기

조심해! 돌면서 팀조끼를 벗어나면 안 돼!!

팀조끼 입은 친구들을 터치해야 해!!

빨리 잡히는 경우, 팀조끼 없이 터치!

영상 보러 가기

활동 전 준비

❶ 책상과 의자를 밀고 공간을 넓게 확보한다.

❷ 남학생, 여학생을 각각 두 팀으로 나눈다.

활동 방법

❶ A팀은 팀조끼 1개를 바닥에 놓고, 그 팀조끼를 중심으로 손을 잡고 둥글게 선다. A팀 학생 중 2명은 팀조끼를 입는다.

❷ 교사의 시작 신호와 함께 A팀은 팀조끼를 중심으로 계속 돈다. 도는 방향은 언제든 바꿔도 상관없다.

❸ B팀 첫 번째 도전자는 20초 동안 A팀 팀조끼를 입은 학생의 등을 팀조끼로 터치하기 위해 노력한다.

❹ B팀이 득점하는 경우
 - A팀 팀조끼를 입은 학생의 등을 터치한 경우
 - A팀 중 누군가가 중앙의 물건을 터치한 경우
 - A팀 중 누군가가 B팀 도전자를 몸으로 막은 경우
 - 중앙의 물건이 A팀 원 밖으로 나간 경우

❺ 20초가 끝날 때마다 득점을 기록한다.

❻ B팀은 도전자를 바꾸고, A팀은 팀조끼 입는 학생을 바꾼다.

❼ B팀의 모든 학생이 도전을 마치면 A팀, B팀 역할을 바꿔서 놀이를 진행한다.

❽ 놀이가 끝났을 때 득점을 많이 한 팀이 승리한다.

활동 TIP

- 피하는 팀이 너무 빨리 잡히는 경우에는 잡는 팀이 팀조끼 없이 터치하도록 규칙을 바꾼다.
- 이 놀이를 사이드 스텝 등 다양한 방식의 스텝으로 진행하면 체육 수업에서도 활용할 수 있다.
- 손을 잡고 빠르게 도는 놀이이기 때문에 부상의 우려가 있다. 학생들이 너무 흥분하지 않도록 중간중간 학생들을 진정시키며 놀이를 진행한다.
- 공간이 충분하면 남학생, 여학생 동시에 놀이를 진행하고, 공간이 부족하면 남학생, 여학생이 번갈아 가면서 놀이를 진행한다.

123 팀조끼를 피해라! 놀이

팀조끼 놀이 II

준비물
- 팀조끼 3개

영상 보러 가기

활동 전 준비

❶ 책상을 모둠 형태로 배치한다.
❷ 의자를 책상에 집어넣고 가방을 책상 밑에 둔다.
❸ 술래 2명을 뽑는다. 술래는 남학생 1명과 여학생 1명으로 구성하고, 술래 2명은 팀조끼를 입는다.

활동 TIP

- 술래 수와 술래가 던지는 팀조끼의 개수를 조정하여 놀이의 난이도를 조절한다.
- 팀조끼를 한 번 묶어서 눈덩이처럼 만들어 활용하면 날아가는 팀조끼의 속도가 빨라져서 조금 더 활발한 놀이가 된다.

활동 방법

❶ 술래 2명은 교실 앞에 위치하고, 다른 학생들은 술래를 피해 흩어진다.
❷ 교사의 시작 신호와 함께 술래는 다른 학생들을 잡기 위해 돌아다니며 팀조끼를 던지고, 다른 학생들은 술래가 던지는 팀조끼를 피해 도망 다닌다.
  - 술래는 1m 이상의 거리에서 팀조끼를 던져서 다른 학생들을 맞혀 아웃시킨다.
  - 팀조끼는 남자 술래와 여자 술래가 번갈아 가면서 던진다.
  - 술래가 던진 팀조끼에 맞으면 근처의 책상에 올라가 앉는다.
  - 술래가 던진 팀조끼를 잡으면 아웃이 아니다.
  - 책상에 앉아 있는 학생이 술래가 다른 학생에게 던진 팀조끼를 중간에 가로채서 잡으면 부활한다. 잡은 팀조끼는 다시 술래에게 돌려준다.
  - 술래는 부활한 학생을 바로 잡을 수 없다.
❸ 정해진 시간이 됐을 때 아웃을 적게 당한 학생이 승리한다.

124 팀조끼 터치 피구 놀이

팀조끼 놀이 II

준비물
- 팀조끼 3개
- 점수판 1개
- 의자
  (학생 수의 절반)

영상 보러 가기

🙂 활동 전 준비

❶ 책상을 밀고 공간을 넓게 확보한다.
❷ 의자(학생 수의 절반)를 큰 원형 형태로 배치한다.
❸ 교실 구석에 아웃존을 만들고 점수판을 배치한다.
❹ 학생들을 두 팀으로 나눈다.
❺ 공격팀은 원 안으로 들어갈 공격수 2명을 뽑는다.

  - 공격수는 남학생 1명, 여학생 1명을 뽑는다.
  - 공격수는 팀조끼를 1개씩 입는다.

❻ 공격수를 제외한 공격팀은 의자에 앉고, 수비팀과 공격수 2명은 원 안으로 들어온다.

> **활동 TIP**
> • 원 안의 공격수를 하고 싶어 하는 학생이 많으면 놀이 중간에 원 안의 공격수를 바꾸는 규칙을 추가한다.

🙂 활동 방법

❶ 교사의 시작 신호와 함께 공격팀은 공격을 시작하고, 수비팀은 원 안에서 공격을 피해 도망 다닌다.
  - 공격수가 팀조끼로 수비수의 하체 부분을 터치하면 수비수는 아웃이다. 하체가 아닌 곳은 팀조끼에 닿아도 아웃이 아니다.
  - 원 안의 공격수는 팀조끼가 없을 때 자유롭게 움직일 수 있으나 팀조끼를 패스받으면 한 발은 바닥에 고정하고 한 발만 움직여서 팀조끼로 수비수를 터치할 수 있다.
  - 원 안의 공격수는 1회 터치 시도 후 반드시 의자에 있는 공격수에게 패스해야 한다.
  - 의자에 있는 공격수는 팀조끼를 받으면 패스하거나 터치 시도를 할 수 있다. 터치 시도를 할 때는 엉덩이를 떼면 안 되며, 1회 터치 시도 후 반드시 같은 팀에게 패스해야 한다.
  - 팀조끼를 피하다가 원 밖으로 나가면 아웃이다.
  - 아웃이 되면 아웃존에서 팔벌려 뛰기 5회 등 신체 과제를 수행하고, 점수판의 숫자를 올린 후에 부활한다.

❷ 정해진 시간이 되면 공격과 수비를 바꿔서 진행한다.
❸ 놀이가 끝났을 때 점수판의 점수가 낮은 팀(아웃이 적게 된 팀)이 승리한다.

125 팀조끼 피구 놀이

팀조끼 놀이 II

준비물
- 팀조끼 6개
  (같은 색 5개, 다른 색 1개)

영상 보러 가기

활동 전 준비

❶ 책상을 모둠 형태로 배치하고 술래 5명을 뽑는다.
❷ 술래는 팀조끼를 입는다.
❸ 술래에게 공격팀조끼 1개를 준다.

활동 방법

❶ 술래는 교실 앞에 위치하고, 다른 학생들은 술래를 피해 교실 곳곳으로 이동한다.
❷ 교사의 시작 신호와 함께 술래는 공격을 시작한다.
❸ 공격 규칙
 - 공격팀조끼를 가지고 있는 학생은 움직일 수 없고, 제자리에서 한 발을 바닥에 고정하고 터치를 통해 다른 학생들을 아웃시킬 수 있다.
 - 공격팀조끼를 가지고 있지 않은 술래는 움직일 수 있다.
 - 술래끼리 공격팀조끼를 던져서 서로에게 패스할 수 있다.
❹ 술래의 팀조끼에 터치 당하면 아웃이다.
❺ 아웃이 된 학생들은 교실 한쪽에서 대기한다.
❻ 정해진 시간이 됐을 때 아웃이 되지 않은 학생들을 확인하고, 다 같이 박수로 놀이를 마무리한다.

활동 TIP

- 효율적인 공격을 위해 공격팀 학생 중 공격팀조끼를 가지지 않은 학생들이 도망 다니는 친구들 근처로 이동하여 공격팀조끼를 패스받는 것이 좋다는 것을 지도한다.
- 공격팀 학생의 숫자를 조정하여 놀이의 난이도를 조절한다.
- 5인 1팀으로 술래팀을 여러 개 만들고, 어느 술래팀이 아웃을 가장 많이 시켰는지 경쟁하는 방식으로 놀이를 진행할 수도 있다.
- 아웃이 된 학생들을 배려하여 팔벌려 뛰기 3회 등 신체 과제를 수행한 후에 부활할 수 있는 규칙을 만들 수도 있다.

126 팀조끼를 던지고 잡아라! 놀이

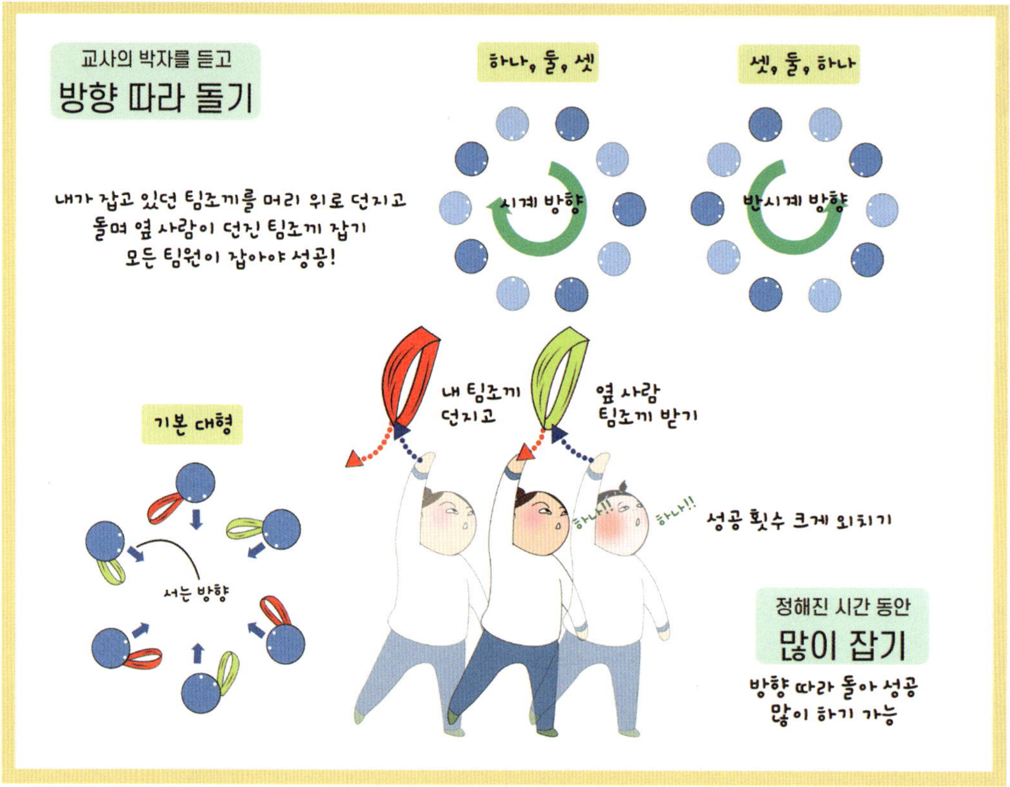

팀조끼 놀이 II

준비물
- 두 가지 색의 팀조끼
  (학생 수)

영상 보러 가기

교사의 박자를 듣고
방향 따라 돌기

하나, 둘, 셋 — 시계 방향
셋, 둘, 하나 — 반시계 방향

내가 잡고 있던 팀조끼를 머리 위로 던지고
돌며 옆 사람이 던진 팀조끼 잡기
모든 팀원이 잡아야 성공!

기본 대형

서는 방향

내 팀조끼 던지고
옆 사람 팀조끼 받기
하나!! 하나!!
성공 횟수 크게 외치기

정해진 시간 동안
많이 잡기

방향 따라 돌아 성공
많이 하기 가능

활동 전 준비

1. 강당 등 공간이 넓은 곳으로 이동한다.
2. 학생들은 6인 1팀을 만든다.
3. 학생들에게 팀조끼를 1개씩 나눠 준다.

활동 방법

1. **교사의 박자 듣고 방향 따라 돌기**
   - 팀별로 원형 형태로 선다.
   - 교사가 "하나, 둘, 셋!"을 외치면 시계 방향 또는 반시계 방향으로 돌면서 동시에 팀조끼를 위로 던지고 옆 학생 자리로 이동하여 옆 학생이 던진 팀조끼를 잡는다.
   - 팀조끼는 반드시 머리 위까지 올라가도록 던진다.
   - 모든 팀원이 팀조끼를 잡으면 성공이다.

2. **정해진 시간 동안 많이 잡기**
   - 팀별로 박자를 셀 학생 1명을 정한다.
   - 팀별로 박자에 맞춰 팀조끼를 던지고 옆 학생 자리로 이동하여 잡는다.
   - 팀조끼를 머리 위까지 던지지 않았거나 1개의 팀조끼라도 땅에 떨어지면 횟수에서 제외한다.
   - 팀조끼를 잡는 데 실패하면 성공 횟수를 기억하고 처음부터 다시 시작한다.
   - 정해진 시간 동안 한 번에 더 많은 횟수를 성공한 팀이 승리한다.

활동 TIP

- 학기 초 아이스브레이킹 및 협동심을 키우는 데 도움이 되는 놀이이다.
- 팀조끼가 모두 같은 색이면 누가 던진 팀조끼인지 헷갈릴 수 있으므로 옆 학생과 다른 색의 팀조끼를 사용한다. (예: 1번 학생은 노랑 팀조끼, 2번 학생은 빨강 팀조끼, 3번 학생은 노랑 팀조끼, 4번 학생은 빨강 팀조끼, 5번 학생은 노랑 팀조끼, 6번 학생은 빨강 팀조끼)

127 팀조끼 옮기기 놀이

활동 전 준비

❶ 교실 네 모퉁이에 책상 4개를 붙여서 공격팀이 앉을 자리를 마련하고 출발 책상에 팀조끼 4개를 배치한다.

❷ 공격팀 책상 안쪽에 의자를 두고 수비팀이 앉을 자리를 마련한다.

❸ 학생들을 두 개 조로 나눈다.

❹ 1조, 2조 학생들을 각각 두 팀으로 나눈다.

❺ A팀, B팀 대표 학생이 가위바위보를 하여 공격과 수비를 정한다.

활동 방법

❶ A팀(공격) 학생들은 책상에 앉고, B팀(수비) 학생들은 의자에 앉는다. A팀 학생은 책상에서 일어서면 안 되고, B팀 학생은 의자에서 일어서면 안 된다.

❷ 교사의 시작 신호와 함께 A팀 학생들은 팀조끼를 건너편 책상에 앉은 같은 팀원에게 패스한다.
  - 팀조끼는 대각선에 있는 책상으로 던질 수 없고, 가로 방향 혹은 세로 방향에 있는 책상으로만 던질 수 있다.
  - 팀조끼가 바닥에 떨어지면 다시 주울 수 없다.

❸ B팀 학생들은 팀조끼를 중간에서 잡을 수 있다. 잡은 팀조끼는 바닥에 내려놓는다.

❹ 정해진 시간이 됐을 때 도착 책상에 도착한 팀조끼의 개수를 파악하고 기록한다.
  - 고학년은 1분, 중학년은 2분, 저학년은 3분 정도가 적당하다.

❺ 공격과 수비를 바꿔서 같은 방식으로 놀이를 진행한다.

❻ 정해진 시간 내에 팀조끼를 도착 책상에 더 많이 이동시킨 팀이 승리한다.

❼ 1조 경기가 끝나면 2조도 같은 방식으로 진행한다.

활동 TIP
- 책상과 책상 사이 간격, 팀조끼 개수, 놀이 시간 등을 조정하여 놀이의 난이도를 조절한다.

128 우산 속 친구 찾기 놀이

우산 놀이

준비물
- 우산
 (모둠 인원 수)
- 점수판
 (모둠당 1개)

영상 보러 가기

1 같은 팀 학생들이 각자 우산 안에 숨기

2 다른 팀 학생들이 맞히기

가장 먼저 손 든 빡이 맞혀 보세요.

초록 우산 안에 빠글이가 있습니다!!

다른 모둠에서 맞힌 사람은 우산에서 나오기

쳇.. 어떻게 알았지!

3 맞힌 팀은 1점 득점!

+ 1!!

4 가장 득점을 많이 한 팀이 승리!!

활동 전 준비

❶ 책상을 모둠 형태로 배치한다.
❷ 교실 앞에 우산을 모둠원 수만큼 펼쳐 둔다.

활동 방법

❶ 1모둠 학생들은 교실 앞으로 나온다.
  - 다른 학생들은 모두 눈을 감고 책상에 엎드린다.
❷ 1모둠 학생들은 교실 앞에서 우산 뒤에 자신의 신체가 보이지 않게 완전히 숨는다.
❸ 1모둠의 모든 학생이 몸을 숨기면 다른 학생들은 눈을 뜬다.
❹ 모둠별로 협의를 통해 우산 뒤에 누가 숨어 있을지 추측한다.
❺ 추측이 끝나면 손을 들어 발언 기회를 얻는다.
  - 발언 기회는 교사가 손을 먼저 든 순으로 부여한다.
  - 정답을 맞히면 정답에 해당하는 학생은 우산 밖으로 나오고, 정답을 맞힌 학생은 모둠 점수판에서 점수를 올린다.
  - 오답을 말하면 다음 모둠에게 기회가 넘어간다.
❻ 각 우산 뒤에 누가 숨어 있는지 모두 밝혀지면 남은 모둠들도 순차적으로 ❶ ~ ❺의 내용을 반복한다.
❼ 놀이가 끝났을 때 모둠 점수판의 점수가 가장 높은 모둠이 승리한다.

활동 TIP
- 학기 초 같은 반 학생들의 얼굴과 이름을 익힐 때 활용하기 좋은 놀이이다.
- 우산으로 학생들이 완전히 가려지지 않으면 우산과 우산 사이에 여분의 우산을 펼쳐서 학생들이 완전히 가려질 수 있도록 한다.

129 우산 세우기 놀이

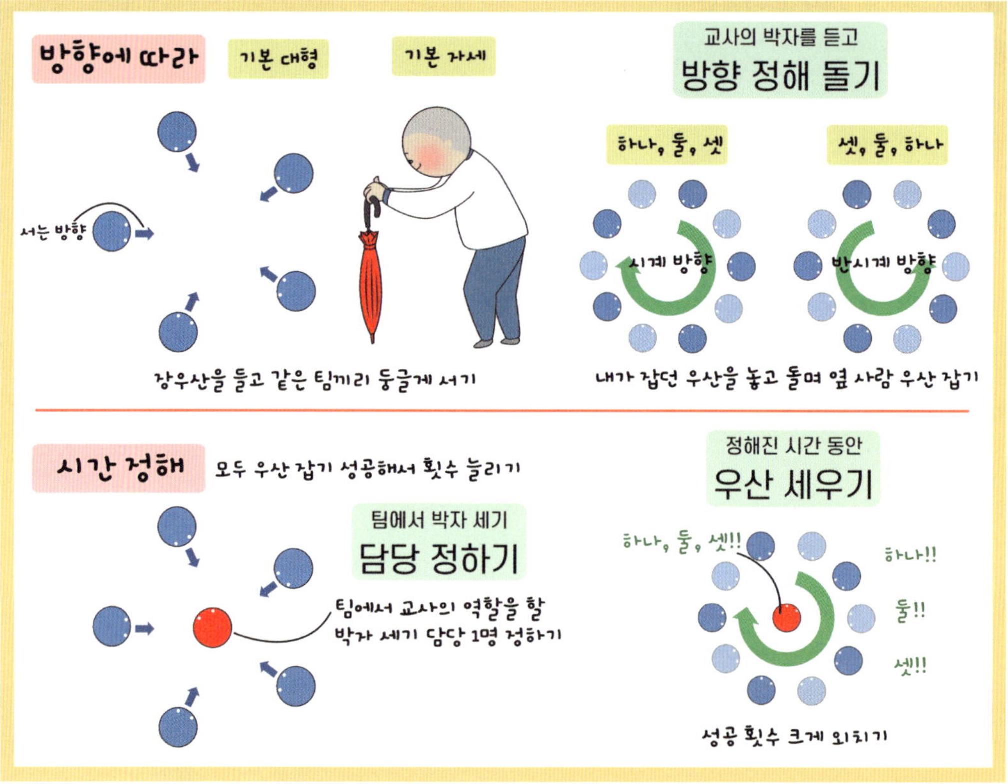

방향에 따라 / 기본 대형 / 기본 자세
서는 방향
장우산을 들고 같은 팀끼리 둥글게 서기

교사의 박자를 듣고 **방향 정해 돌기**
하나, 둘, 셋 — 시계 방향
셋, 둘, 하나 — 반시계 방향
내가 잡던 우산을 놓고 돌며 옆 사람 우산 잡기

시간 정해 모두 우산 잡기 성공해서 횟수 늘리기

팀에서 박자 세기 **담당 정하기**
팀에서 교사의 역할을 할 박자 세기 담당 1명 정하기

정해진 시간 동안 **우산 세우기**
하나, 둘, 셋!! / 하나!! / 둘!! / 셋!!
성공 횟수 크게 외치기

활동 전 준비

❶ 학생 1명당 우산 1개를 준비한다.
❷ 학생들은 5인 1팀을 만들고, 팀별로 원형 형태로 선다.

활동 방법

❶ 시계 방향으로 연습하기
- 교사의 박자를 듣고 다 같이 "하나, 둘, 셋!"을 외치며 시계 방향으로 돈다.
- 돌 때는 자신이 잡고 있던 우산을 놓으면서 동시에 옆에 있는 우산을 잡아야 한다.
- 팀원 모두가 우산을 잡아야 성공이다.

❷ 반시계 방향으로 연습하기
- 교사의 박자를 듣고 "셋, 둘, 하나!"를 외치며 반시계 방향으로 돌며 자신의 우산을 놓고 옆에 있는 장우산을 잡는다.

❸ 정해진 시간 동안 우산 세우기
- 팀에서 박자를 세는 역할을 하는 학생 1명을 뽑는다.
- 박자를 세는 역할을 하는 학생은 원의 중심으로 들어온다.

활동 TIP
- 박자의 빠르기를 조정하여 놀이의 난이도를 조절한다.
- 팀당 인원수를 많게 하면 놀이의 난이도가 올라가고, 적게 하면 놀이의 난이도가 내려간다.
- 정해진 시간 동안 한 번의 시도에서 많은 성공 횟수를 기록한 팀이 승리하는 방식으로 놀이를 진행할 수도 있다.

- 박자에 맞춰 정해진 시간 동안 다 같이 "하나, 둘, 셋!"을 외치며 우산 세우기 놀이에 도전한다.
- 도전에 성공할 때마다 성공 횟수를 다 같이 크게 외친다.
- 도전에 실패한 경우는 횟수에 포함하지 않는다.
- 정해진 시간이 됐을 때 누적 성공 횟수가 많은 팀이 승리한다.

130 점수제 표적 놀이

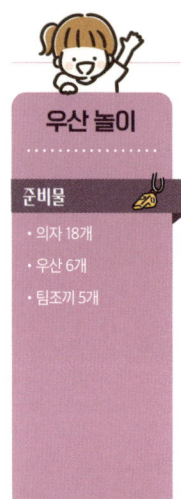

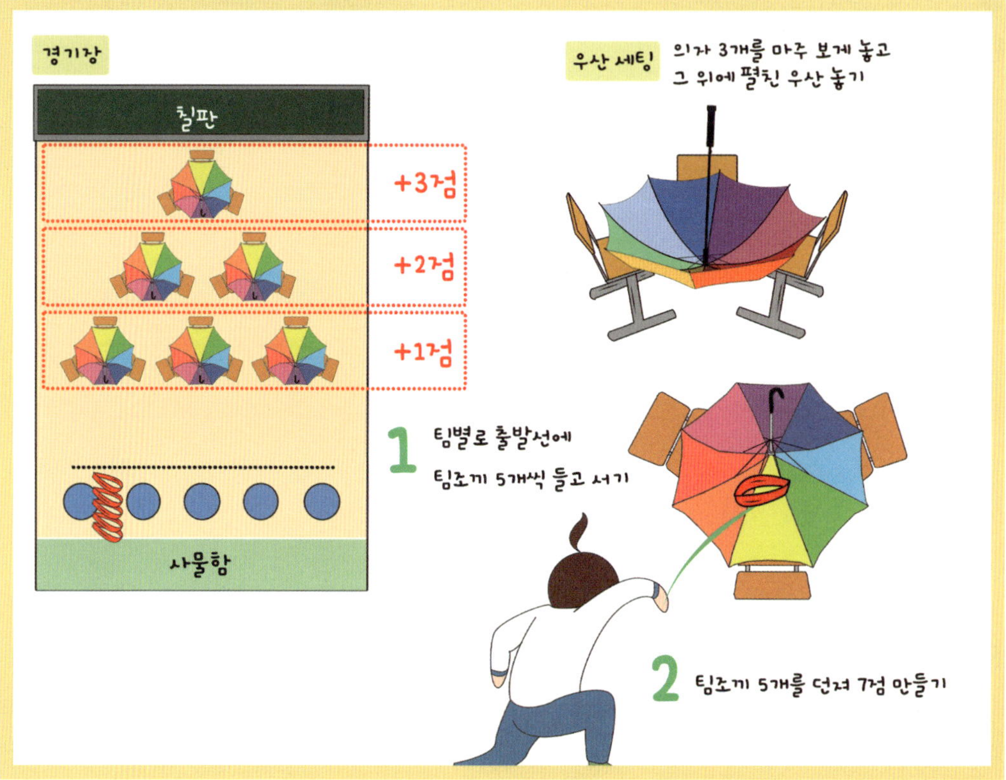

우산 놀이

준비물
- 의자 18개
- 우산 6개
- 팀조끼 5개

영상 보러 가기

경기장 — 칠판, +3점, +2점, +1점, 사물함

우산 세팅: 의자 3개를 마주 보게 놓고 그 위에 펼친 우산 놓기

1 팀별로 출발선에 팀조끼 5개씩 들고 서기

2 팀조끼 5개를 던져 7점 만들기

활동 전 준비

❶ 책상과 의자를 밀고 공간을 넓게 확보한다.

❷ 의자와 우산을 세 줄로 배치한다.
   - 첫 번째 줄에는 칠판과 가장 가까운 쪽에 의자 3개를 붙이고 그 위에 우산을 펼쳐서 거꾸로 둔다. 가장 큰 우산을 첫 번째 줄에 사용한다.
   - 두 번째 줄에는 첫 번째 줄과 같은 방식의 의자와 우산을 2세트 만들고, 세 번째 줄에는 첫 번째 줄과 같은 방식의 의자와 우산을 3세트 만든다.

❸ 학생들은 5인 1팀을 만든다.

❹ 어떤 팀이 먼저 도전할지 순서를 정한다.

❺ 도전 순서에 맞게 팀별로 팀조끼 5개를 들고 출발선에 가로로 한 줄로 선다.

활동 방법

❶ 팀조끼를 던져서 우산에 넣으면 다음과 같이 득점한다.
   - 첫 번째 줄 우산: 3점 / 두 번째 줄 우산: 2점 / 세 번째 줄 우산: 1점
   - 팀조끼가 우산에 절반 이상 들어가면 득점으로 인정한다.

❷ 팀별로 어떤 우산에 팀조끼를 넣어 7점을 만들지 전략을 세운다.

❸ 팀 내에서 팀조끼 던질 순서를 정한다.

❹ 순서에 맞게 팀조끼를 던진다.

❺ 더 빨리 7점을 만든 팀이 승리한다.

활동 TIP

- 한 명의 학생에게 주는 팀조끼의 개수, 목표 점수, 표적의 개수(우산의 개수)를 조정하여 놀이의 난이도를 조절한다.
- 목표 점수 획득이 아닌 다득점 만들기 방식으로 놀이를 진행할 수도 있다.
- 팀조끼를 한 번 묶어서 던지면 팀조끼가 훨씬 더 잘 날아가므로 저학년은 팀조끼를 묶어서 진행하는 것이 좋다.

우산 놀이

준비물
- 의자 24개
- 팀조끼 (학생 수의 절반 + 20개)
- 종 또는 호루라기 1개
- 우산 4개

영상 보러 가기

131 우산 골대 농구 놀이

경기장

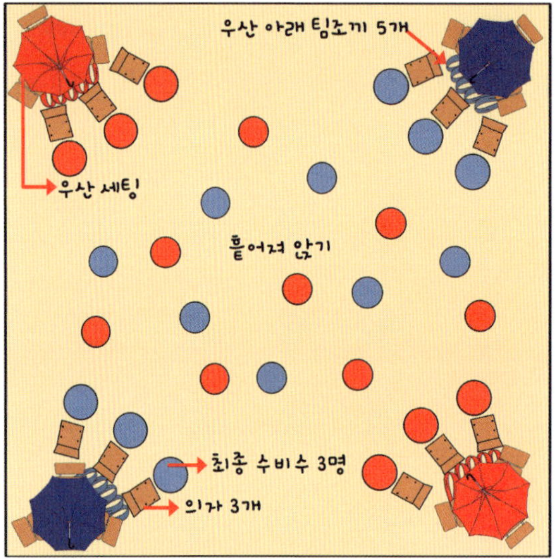

우산 아래 팀조끼 5개

우산 세팅

흩어져 앉기

최종 수비수 3명

의자 3개

- 의자/우산 세팅 팀별로 대각선 방향으로 2세트
- 우산 아래 팀조끼 5개
- 우산 세팅 앞에 의자 3개 두기
- 의자 3개 앞에 최종 수비수 3명
- 그 외 학생들은 안쪽에 흩어져 앉기

1 교사가 종(호루라기)을 치면 우산 아래 팀조끼 1개 꺼내 우리 팀에게 패스

캣치!!!

엉덩이를 뗄 수 없음!!

2 상대 팀 우산 안에 넣으면 득점!!

팀조끼가 반 이상 걸치면 득점!!

활동 전 준비

❶ 책상과 의자를 밀고 공간을 넓게 확보한다.

❷ 교실 네 코너에 다음과 같이 배치한다.
- 의자 3개를 붙이고 그 위에 장우산을 펼쳐서 거꾸로 둔다.
- 우산 밑에는 팀조끼 5개를 놓는다.
- 우산을 둔 의자 주위로 의자 3개를 반원 형태로 배치한다.

❸ 학생들을 두 팀으로 나누고, 한 팀만 팀조끼를 입는다.

❹ 팀별로 최종 수비수 6명을 뽑는다. 6명 중 3명은 한쪽 대각선 코너의 의자 앞에, 나머지 3명은 반대쪽 대각선 코너의 의자 앞에 앉는다.

❺ 최종 수비수를 제외한 나머지 학생들은 교실 중앙에 흩어져 앉는다.

> **활동 TIP**
> • 농구공으로 활용하는 팀조끼는 색을 구분하지 않는다.

활동 방법

❶ 교사의 시작 신호와 함께 최종 수비수는 우산 밑에 있는 팀조끼를 꺼내 중앙에 있는 같은 팀에게 패스한다.
- 중앙에 있는 학생들은 팀조끼를 상대 팀 우산에 던져 넣고 최종 수비수는 팀조끼가 우산에 들어가는 것을 막는다.
- 팀조끼가 우산에 절반 이상 걸치면 득점으로 인정한다.
- 득점이 안 된 팀조끼는 최종 수비수가 다시 가져와서 활용한다.
- 중앙에 있는 학생들은 팀조끼가 없을 때는 움직일 수 있지만, 팀조끼를 잡고 있을 때는 움직일 수 없다.
- 모든 학생은 상대 팀이 패스한 팀조끼를 가로채서 공격에 활용할 수 있다.
- 어떤 경우에도 엉덩이를 떼면 파울이고, 파울을 1회 하면 자기 팀 팀조끼 1개를 상대 팀 최종 수비수에게 넘겨야 한다. 파울을 2회 하면 1분간 퇴장이다.
- 교사는 적절한 시점마다 종을 울리거나 호루라기를 불어서 최종 수비수들이 새로운 팀조끼를 꺼낼 수 있도록 한다.

❷ 정해진 시간이 됐을 때 득점을 많이 한 팀이 승리한다.

우산 놀이

준비물
- 우산
  (팀당 1개)
- 콩주머니
  (팀당 10개)

영상 보러 가기

132 우산 속에 넣어라! 놀이

1 모둠에서 1명은 선 뒤에 서고 나머지 학생들은 우산 들기

2 선 뒤에 있는 학생은 콩주머니 던져 우산에 넣고 다른 친구들은 우산을 움직여 콩주머니 받기

3 콩주머니 던지고 나서 우산 쪽으로 뛰어가 역할 바꾸기

4 제한 시간 안에 가장 많이 콩주머니를 넣은 팀이 승리!!

꽁지야!! 여기로 와!
이번엔 내 차례야!!!

활동 전 준비

❶ 책상과 의자를 밀고 공간을 넓게 확보한다.
❷ 학생들은 3인 1팀을 만든다.
❸ 팀별로 우산 1개와 콩주머니 10개를 나눠 준다.
❹ 남는 우산을 활용하여 출발선을 만든다.

활동 방법

❶ 팀별로 첫 번째로 콩주머니를 던질 학생이 콩주머니를 가지고 출발선에 선다.
  - 콩주머니는 바닥에 내려놓는다.
❷ 다른 팀원들은 반대편으로 가서 우산을 펼쳐 콩주머니를 받을 준비를 한다.
❸ 교사의 시작 신호와 함께 첫 번째 학생이 콩주머니 1개를 던지고 반대편으로 간다.
❹ 반대편에 있던 학생 중 두 번째 학생이 출발선으로 와서 콩주머니를 던진다.
  - 첫 번째 학생이 던진 콩주머니가 우산에 들어가지 못하고 바닥에 떨어지면 두 번째 학생이 주워서 출발선으로 온다.
❺ 정해진 시간 동안 콩주머니를 많이 넣은 팀이 승리한다.

활동 TIP

- 정해진 개수의 콩주머니를 최대한 빨리 넣기 방식으로 놀이를 진행할 수도 있다.
- 놀이 시작 전 콩주머니가 날아오는 방향으로 우산을 기울여서 콩주머니를 받으면 성공 확률을 높일 수 있다는 것을 지도한다.
- 다른 친구 탓을 하기보다는 함께 협력하는 마음을 가지는 것이 승리하는 데 도움이 된다는 것을 놀이 시작 전 지도한다.

133 책상에 앉아 풍선 피구 놀이

활동 전 준비

❶ 책상을 활용하여 여섯 모둠을 만든다.
  - 의자는 책상 밑으로 넣는다.
❷ 교실 한 곳에 아웃존을 만든다.
❸ 공격수 8명을 뽑는다.
  - 공격수는 모두 팀조끼를 입는다.

활동 TIP
- 아웃이 된 학생들을 배려하여 팔벌려 뛰기 3회 등 신체 과제를 수행한 후에 부활할 수 있는 규칙을 만들 수도 있다.
- 풍선의 개수를 늘리면 조금 더 활발한 놀이 진행이 가능하다.

활동 방법

❶ 모둠 책상 1개당 공격수 1명을 배치한다.
  - 공격수는 신발을 벗고 책상 위로 올라간다.
  - 책상 위 공격수는 풍선을 던지거나 손으로 쳐서 돌아다니는 학생들을 맞히는 역할을 맡는다.
❷ 남은 공격수 2명은 이동 공격수 역할을 한다.
  - 이동 공격수는 바닥에 떨어진 풍선을 주워서 책상 위 공격수에게 전달하는 역할을 맡는다.
  - 이동 공격수는 직접 공격할 수 없다.
❸ 교사의 시작 신호와 함께 놀이가 시작되면 이동 공격수는 책상 위 공격수에게 풍선을 전달하고, 책상 위 공격수는 공격을 시작한다. 공격수가 아닌 학생들은 자유롭게 돌아다니며 공격수의 풍선 공격을 피한다.
❹ 풍선에 맞아 아웃이 된 학생들은 아웃존에서 대기한다.
❺ 정해진 시간이 되면 공격수를 바꾸고 ❶~❹의 내용을 반복한다.

풍선 놀이

준비물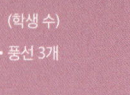
- 팀조끼
  (학생 수)
- 풍선 3개

영상 보러 가기

134 자유 이동 풍선 피구 놀이

아웃
풍선을 잡으면 아웃

바닥에 떨어진 풍선은 줍기 가능!
3초 안에 던져야 한다!!

아웃
술래가 던지거나 친 풍선에 맞으면 아웃

아웃되면 술래가 됨!

풍선은 1 - 2 - 3개로 늘릴 수 있음

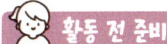 활동 전 준비

❶ 책상을 모둠 형태로 배치하고 의자는 책상 밑으로 넣는다.
❷ 술래 3명을 뽑는다. 술래는 팀조끼를 입는다.

활동 방법

❶ 술래는 풍선을 손으로 던지거나 쳐서 술래가 아닌 학생들을 맞힌다.
  - 풍선을 다른 학생 몸에 직접 터치하는 것은 반칙이다.
  - 술래는 바닥에 떨어진 풍선을 손으로 주울 수 있으나 풍선을 잡고 이동할 수는 없다.
  - 풍선을 잡으면 3초 안에 풍선을 쳐야 한다.
❷ 술래가 아닌 학생들은 자유롭게 돌아다니며 풍선을 피한다. 풍선에 맞거나 풍선을 잡은 학생은 팀조끼를 입고 술래가 된다.
❸ 술래가 10명이 되면 풍선을 1개 더 추가한다.
❹ 정해진 시간이 됐을 때 끝까지 살아남아 술래가 되지 않은 학생들이 승리한다.

활동 TIP

• 술래가 되고 싶어서 일부러 풍선에 맞는 학생들이 생기면 전체적인 놀이 분위기가 다운될 수 있다. 따라서 교사는 놀이 시작 전 일부러 풍선에 맞으면 놀이에서 제외한다는 것을 공지한다.

풍선 놀이

준비물
- 폼스틱 7개
- 풍선 1개

영상 보러 가기

135 풍선 치기 피구 놀이

활동 전 준비

❶ 책상을 모둠 형태로 배치한다.
❷ 교실 앞에 아웃존을 만든다.
❸ 공격수 7명을 뽑고 폼스틱을 1개씩 나눠 준다.

활동 방법

❶ 공격수 7명은 교실 앞에 위치하고, 다른 학생들은 술래를 피해 교실 곳곳으로 흩어진다.
❷ 교사의 시작 신호와 함께 공격수는 폼스틱으로 풍선을 쳐서 다른 학생들을 맞힌다.
  - 술래는 풍선을 손으로 잡거나 칠 수 없고, 폼스틱으로만 쳐야 한다.
  - 공중에 떠 있는 풍선을 칠 수도 있고, 바닥이나 벽, 책상 등에 튕기고 오른 풍선을 칠 수도 있다.
❸ 술래를 제외한 학생들은 풍선을 피해 도망 다닌다.
❹ 풍선에 맞거나 풍선을 잡은 학생들은 아웃존에 가서 대기한다.
❺ 정해진 시간이 됐을 때 살아 있는 학생들이 승리한다.

활동 TIP

- 배경 음악으로 신나는 노래를 틀면 더 즐거운 놀이 분위기를 형성할 수 있다
- 풍선의 개수를 늘리면 놀이의 난이도를 올릴 수 있다.
- 아웃이 된 학생들을 배려하여 팔벌려 뛰기 3회 등 신체 과제를 수행한 후에 부활할 수 있는 규칙을 만들 수도 있다.

풍선 놀이

준비물
- 훌라후프
  (팀의 수)
- 풍선
  (팀의 수)

영상 보러 가기

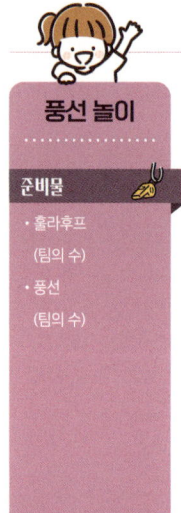

136 훌라후프에 풍선 넣기 놀이

훌라후프를 더 많이 통과한 팀이 승리!!

안 돼애!!

오케이!! 통과!!!

모둠별 1명은 훌라후프 들고 책상 위에 앉기

활동 전 준비

❶ 책상을 모둠 형태로 배치하고, 의자는 책상 밑으로 넣는다.
❷ 학생들은 5인 1팀을 만든다.

활동 방법

❶ 팀별로 훌라후프를 들고 책상 위로 올라갈 학생 1명을 뽑는다.
❷ 남은 학생들은 훌라후프를 가운데에 두고 마주 보고 선다.
❸ 교사의 시작 신호와 함께 풍선을 손으로 쳐서 훌라후프를 통과시켜 반대편으로 보낸다.
  - 훌라후프를 들고 있는 학생은 날아오는 풍선의 방향을 보고 훌라후프 위치를 조정하여 풍선을 통과시킨다.
❹ 반대편 학생은 다시 풍선을 손으로 쳐서 훌라후프를 통과시켜 반대편으로 보낸다.
❺ 정해진 시간 동안 풍선을 훌라후프에 더 많이 통과시킨 팀이 승리한다.

활동 TIP

• 책상 위에서 훌라후프를 들고 있는 학생이 훌라후프 위치를 조정하다가 떨어지는 안전사고가 발생하지 않도록 유의한다.

137 풍선 띄우기 놀이

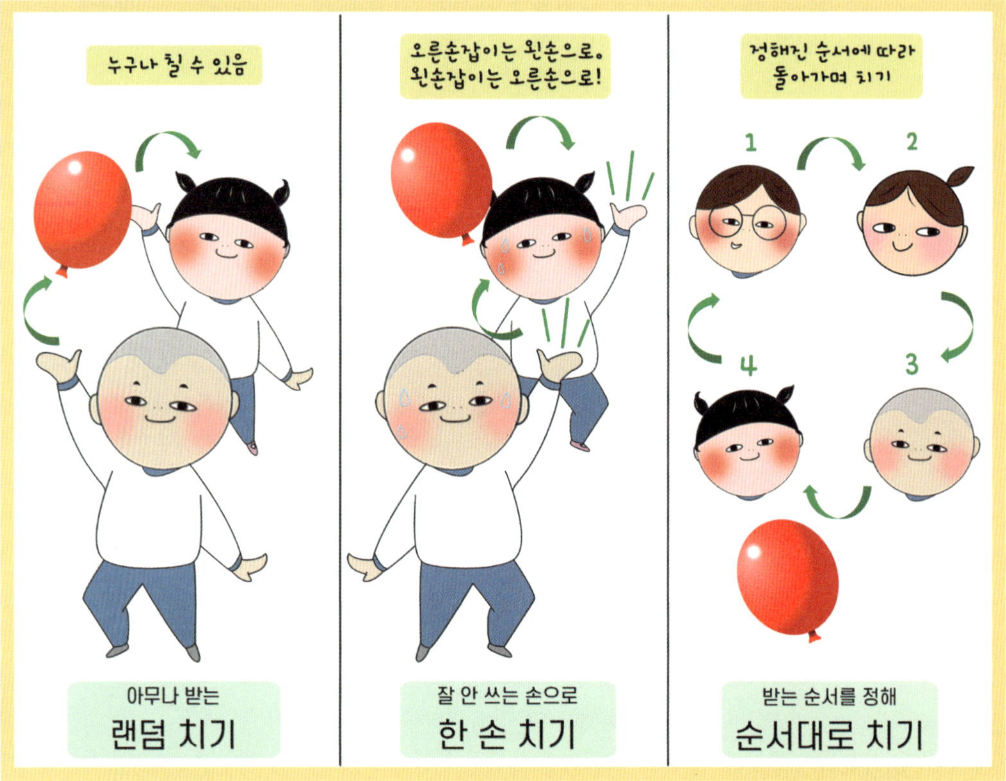

풍선 놀이

준비물
- 풍선
  (팀의 수)

영상 보러 가기

누구나 칠 수 있음
아무나 받는
랜덤 치기

오른손잡이는 왼손으로. 왼손잡이는 오른손으로!
잘 안 쓰는 손으로
한 손 치기

정해진 순서에 따라 돌아가며 치기
받는 순서를 정해
순서대로 치기

활동 전 준비

❶ 학생들을 4인 1팀으로 만들고, 팀별로 풍선 1개씩 나눠 준다.

활동 방법

❶ 아무나 받는 랜덤 치기
- 팀별로 원형 형태로 선다.
- 첫 번째 학생이 풍선을 친다.
- 풍선에 가장 가까운 학생이 풍선을 친다.
- 풍선을 한 번 칠 때마다 팀원 모두가 큰 소리로 횟수를 센다.
- 풍선을 땅에 떨어뜨리지 않고 최대한 많이 주고받는다.
- 풍선이 바닥에 떨어지면 풍선을 주워서 놀이를 이어서 진행한다.
- 정해진 시간이 됐을 때 누적 횟수가 많은 팀이 승리한다.

❷ 잘 안 쓰는 손으로 한 손 치기
- 오른손잡이는 왼손으로 풍선을 치고, 왼손잡이는 오른손으로 풍선을 친다.

❸ 받는 순서를 정해 순서대로 치기
- 팀 내에서 풍선을 칠 순서를 정한다.
- 정해진 순서에 따라 돌아가며 풍선을 친다.

활동 TIP

- 교사는 놀이를 시작하기 전에 학생들과의 대화를 통해 같은 팀 학생들이 골고루 참여하며 서로 협동하는 자세를 가지는 것이 중요하다는 것을 알려 준다.
- 한 번에 많은 횟수를 성공한 팀이 승리하는 방식으로 놀이를 진행할 수도 있다.
- 손 외에 머리, 무릎 등 다양한 신체 부위를 활용하여 놀이를 진행하면 놀이의 난이도를 올릴 수 있다. (예: 첫 번째 학생은 손으로 치기, 두 번째 학생은 머리로 치기, 세 번째 학생은 무릎으로 치기, 네 번째 학생은 발로 치기)

138 풍선 넘기기 놀이

풍선 놀이

준비물
- 두 가지 색의 풍선 (8개씩)
- 책상 9개
- 의자 9개

영상 보러 가기

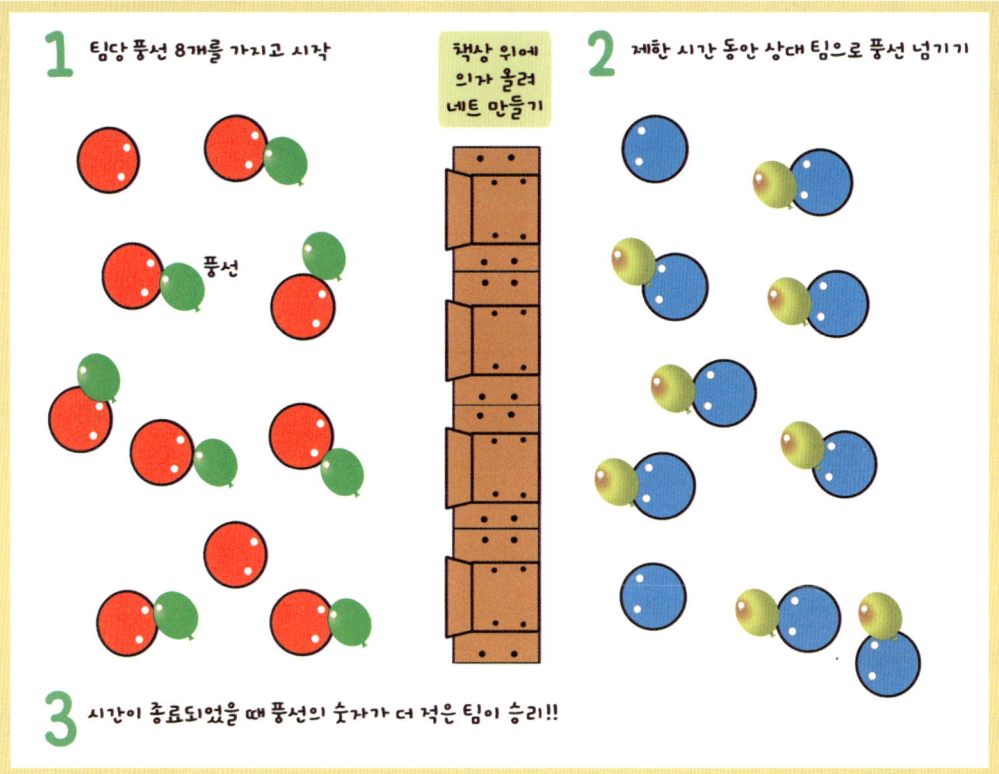

1. 팀당 풍선 8개를 가지고 시작
2. 제한 시간 동안 상대 팀으로 풍선 넘기기
3. 시간이 종료되었을 때 풍선의 숫자가 더 적은 팀이 승리!!

책상 위에 의자 올려 네트 만들기

활동 전 준비

❶ 책상과 의자를 활용하여 교실 중앙에 세로로 긴 네트를 만든다.
  - 책상 9개를 먼저 배치하고, 그 위에 의자 9개를 올린다.
❷ 학생들을 두 팀으로 나눈다.
❸ 각 팀의 학생들은 자신의 영역으로 들어간다. 팀원 중 절반의 학생들은 앞줄에 앉고, 절반의 학생들은 뒷줄에 선다.
❹ 각 팀에게 풍선을 8개씩 나눠 준다.

활동 방법

❶ 교사의 시작 신호와 함께 모든 학생은 풍선을 손으로 쳐서 상대 팀 영역으로 넘긴다.
  - 앉아 있는 학생들은 일어설 수 없다.
  - 서 있는 학생들은 자신의 영역 뒤에 떨어진 풍선 또는 중앙선 의자 위에 올라와 있는 풍선을 주워 손으로 쳐서 다른 팀 영역으로 넘긴다.
❷ 정해진 시간이 됐을 때 자신의 팀 영역에 풍선을 더 적게 가지고 있는 팀이 승리한다. 풍선의 개수가 똑같으면 연장전을 진행한다.

활동 TIP
- 배경 음악으로 신나는 노래를 틀면 더 즐거운 놀이 분위기를 형성할 수 있다
- 풍선이 터질 수 있으므로 너무 세게 치지 않도록 지도한다.
- 책상 위에 의자를 올리는 것이 어려우면 책상으로만 네트를 만들어도 된다.

풍선 놀이

준비물
- 풍선 (팀당 1개)
- 폼스틱 (팀원의 수)

영상 보러 가기

139 스틱 풍선 치기 협동 놀이

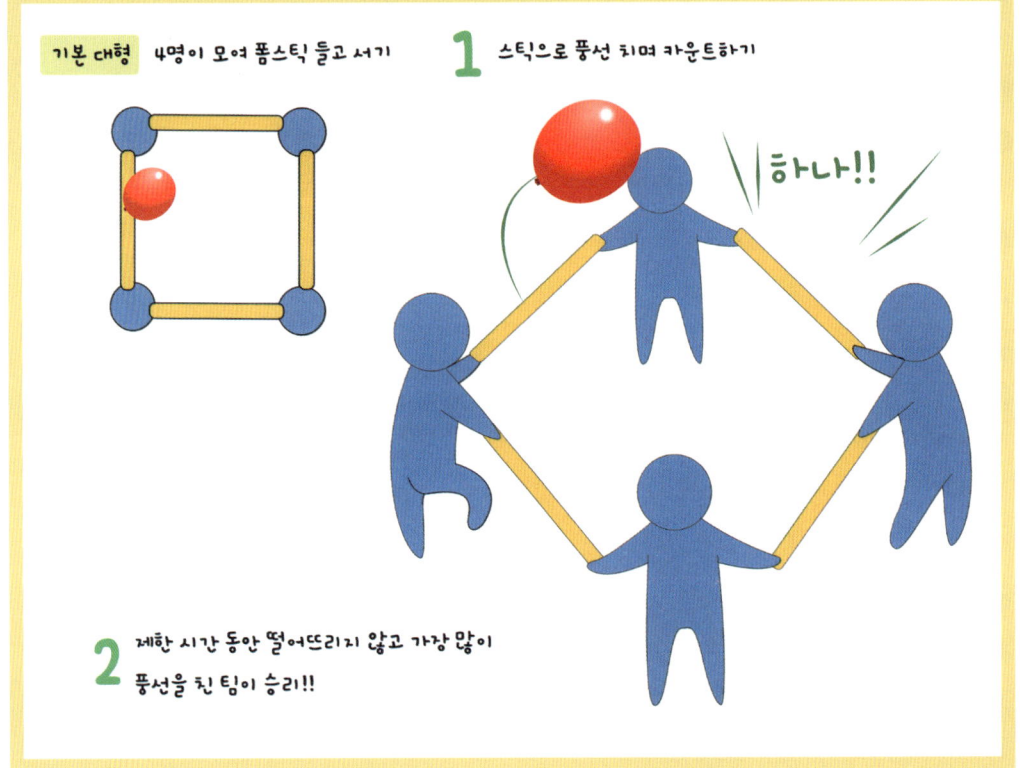

기본 대형 4명이 모여 폼스틱 들고 서기

1 스틱으로 풍선 치며 카운트하기

하나!!

2 제한 시간 동안 떨어뜨리지 않고 가장 많이 풍선을 친 팀이 승리!!

활동 전 준비

❶ 책상과 의자를 밀고 공간을 넓게 확보한다.
❷ 학생들은 4인 1팀을 만든다.
❸ 팀별로 풍선 1개와 폼스틱을 팀원 수만큼 나눠 준다.

활동 방법

❶ 팀별로 원형으로 선다.
❷ 좌우에 있는 팀원들과 폼스틱을 같이 잡는다.
❸ 교사 또는 다른 팀 학생이 풍선을 공중으로 올린다.
❹ 팀원들은 협동하며 풍선을 폼스틱으로 쳐서 공중으로 올린다. 풍선을 칠 때는 성공 횟수를 다 같이 큰 소리로 외친다.
❺ 다음의 경우에는 실패이며 처음부터 다시 도전해야 한다.
   - 폼스틱 외에 신체의 다른 부분으로 풍선을 친 경우
   - 풍선이 바닥에 닿은 경우
❻ 정해진 시간 동안 떨어뜨리지 않고 한 번에 성공한 횟수가 가장 많은 팀이 승리한다.

활동 TIP

• 아래와 같이 다양한 방식으로 놀이를 진행할 수 있다.
  - 기회가 한 번일 때 성공 횟수가 가장 많은 팀
  - 목표 횟수를 가장 빨리 성공한 팀
  - 정해진 시간 동안 누적 성공 횟수가 가장 많은 팀

• 여러 학생이 폼스틱으로 연결된 상태이므로 한 명이 넘어지면 다 같이 넘어지며 큰 부상으로 연결될 수 있다. 놀이 시작 전 꼭 넓은 공간을 확보하고 안전하게 놀이할 수 있도록 지도한다.

140 풍선 위 탁구공 튕기기 놀이

1 책상을 모아 가운데 풍선 붙이기

2 풍선 위에서 탁구공 튕긴 후, 다른 사람에게 패스

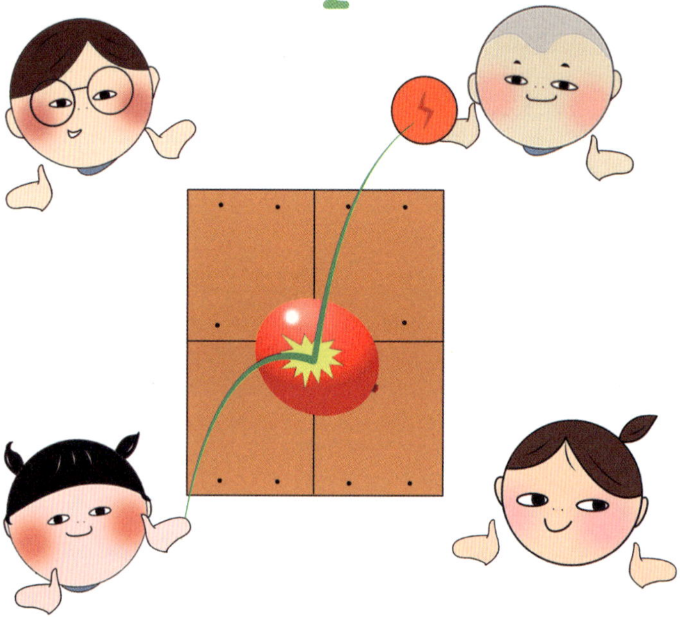

3 제한 시간 동안 몇 개 성공했는지 확인!!

활동 전 준비

❶ 책상을 모둠 형태로 만들고 의자를 책상 밑으로 넣는다.
❷ 모둠별로 테이프를 활용하여 풍선을 책상 가운데에 붙인다.
❸ 모둠별로 탁구공 1개를 나눠 준다.

활동 방법

❶ 모둠 내에서 탁구공을 던질 순서를 정한다.
❷ 첫 번째 순서의 학생은 탁구공을 풍선을 향해 던진다. 탁구공을 던질 때는 풍선 위 중앙을 향해 던진다.
❸ 다른 학생들은 어디로 튕길지 모르는 탁구공을 받기 위해 손을 벌려 잡을 준비를 한다.
❹ 탁구공을 잡은 학생은 두 번째 순서의 학생에게 탁구공을 전달한다.
❺ 순서에 맞게 탁구공을 풍선을 향해 던지고, 풍선에서 튕긴 탁구공을 잡는 활동을 반복한다.
❻ 탁구공이 책상 혹은 바닥에 닿으면 실패이다. 실패하면 실패한 학생부터 다시 도전해야 한다.
❼ 정해진 시간 동안 누적 성공 횟수가 가장 많은 팀이 승리한다.

활동 TIP

- 아래와 같이 다양한 방식으로 놀이를 진행할 수 있다.
  - 기회가 한 번일 때 성공 횟수가 가장 많은 팀
  - 목표 횟수를 가장 빨리 성공한 팀
  - 정해진 시간 동안 떨어뜨리지 않고 한 번에 성공한 횟수가 가장 많은 팀
- 놀이를 꼭 경쟁 형태로 진행할 필요는 없다. 학기 초, 모둠 변경 후 등 새로 만난 친구들과 어색함을 풀고 협동하는 마음을 기르기 위해서 가볍게 즐기는 용도로 놀이를 활용해도 좋다.

141 바구니에 풍선 넣기 놀이

기본 대형

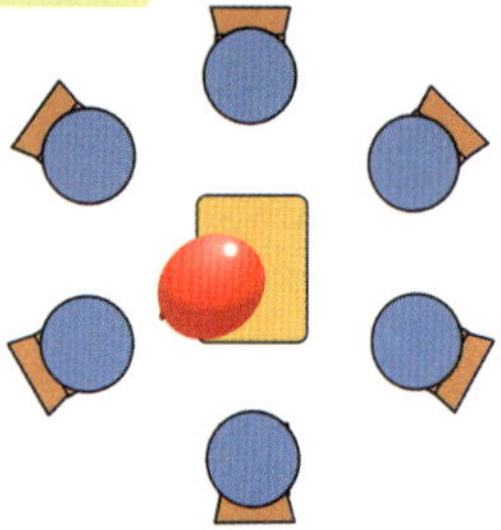

1 바구니를 바닥에 두고 주변에 둥그렇게 앉기

2 손을 쓰지 않고 풍선을 쳐서 바구니에 넣기

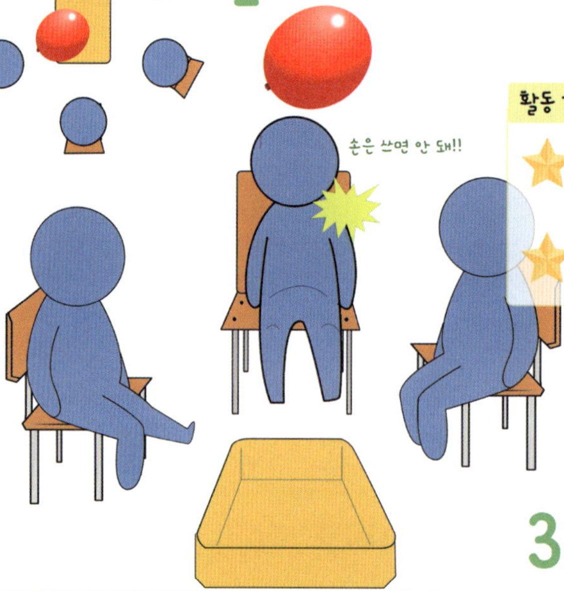

손은 쓰면 안 돼!!

활동 Tip!!
⭐ 풍선이 밖으로 떨어지면 주워서 다시 원 가운데에 띄워 시작
⭐ 발로 풍선을 잡으면 반칙!

3 정해진 시간 안에 많이 넣는 팀이 승리!

🙋 활동 전 준비

❶ 책상을 밀고 공간을 넓게 확보한다.
❷ 학생들은 8인 1팀을 만든다.
❸ 팀별로 풍선 1개와 바구니 1개를 받는다.
❹ 팀별로 의자를 가지고 원형으로 앉는다.
❺ 바구니를 원형 가운데에 놓는다.

🙋 활동 방법

❶ 팀원 중 1명이 풍선을 공중에 띄운다.
❷ 손 이외의 신체를 활용하여 풍선을 쳐서 바구니에 넣는다.
  - 풍선이 원 밖으로 나가면 풍선을 가져와서 처음부터 다시 시작한다.
  - 풍선을 양발로 잡는 것은 반칙이다.
  - 반칙하면 성공 횟수에서 1회를 감한다.
❸ 정해진 시간 동안 풍선을 바구니에 많이 넣은 팀이 승리한다.

활동 TIP

- '모든 팀원이 1회 이상 풍선을 터치하고 풍선을 바구니에 넣어야 횟수로 인정한다'라는 규칙을 정하면 놀이의 난이도를 올릴 수 있다.
- 제한 시간을 조정하면 놀이의 난이도를 조절할 수 있다.
- 학급 놀이 시간 이외에 쉬는 시간에도 학생들이 자율적으로 놀이할 수 있도록 환경을 만들어 주면 학생들의 교우 관계 증진에 도움이 된다.

풍선 놀이

준비물
- 풍선 6개
- 탁구공 여러 개
- 초시계 1개

영상 보러 가기

142 탁구공으로 풍선 터뜨리기 놀이

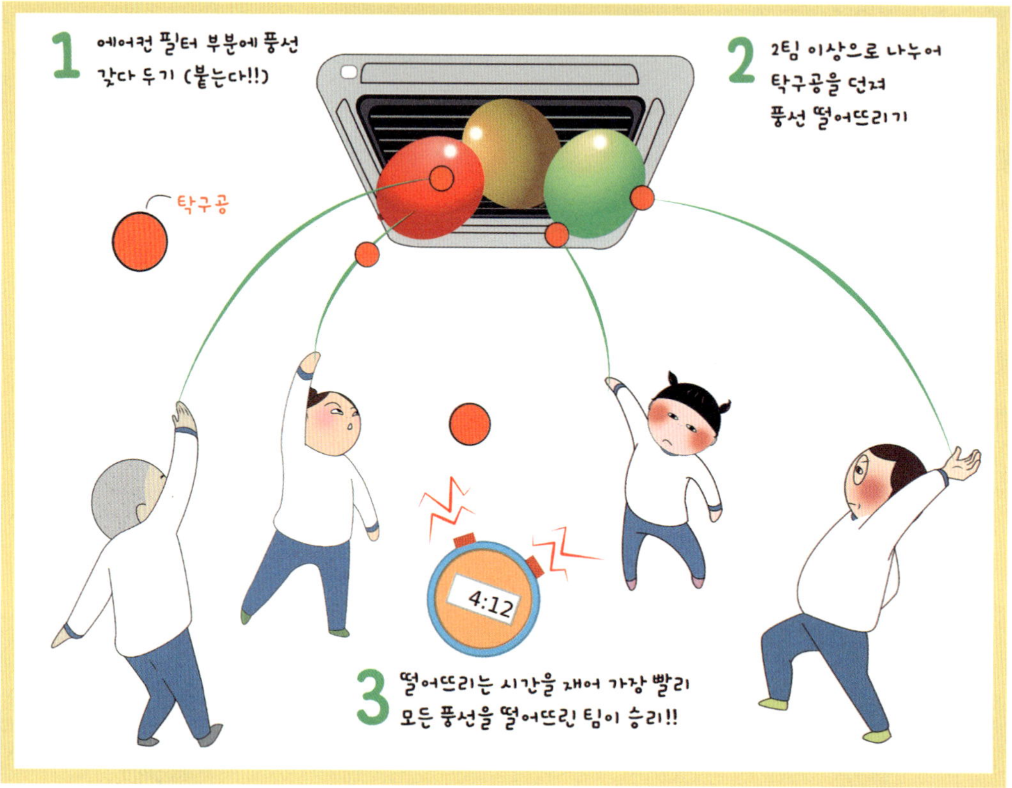

1. 에어컨 필터 부분에 풍선 갖다 두기 (붙는다!!)

2. 2팀 이상으로 나누어 탁구공을 던져 풍선 떨어뜨리기

탁구공

3. 떨어뜨리는 시간을 재어 가장 빨리 모든 풍선을 떨어뜨린 팀이 승리!!

활동 전 준비

❶ 책상을 모둠 형태로 만들고 의자를 책상 밑으로 넣는다.
❷ 학생들을 두 팀으로 나눈다.

활동 방법

❶ B팀은 교실 한쪽에서 대기한다.
❷ 교사는 풍선 6개를 천장형 에어컨에 붙인다.
❸ A팀 학생들은 탁구공을 받고 천장 에어컨 근처에 적당한 간격을 두고 모인다.
❹ 교사의 시작 신호와 함께 A팀 학생들은 풍선을 향해 탁구공을 던진다.
❺ 교사는 모든 풍선이 떨어질 때까지 걸린 시간을 체크하고 기록한다.
❻ A팀 놀이가 끝나면 B팀이 같은 방식으로 놀이를 진행한다.
❼ 더 빠른 시간에 모든 풍선을 떨어뜨린 팀이 승리한다.

활동 TIP

- 풍선을 옷 등에 문질러서 정전기를 발생시키면 테이프를 사용하지 않아도 풍선이 천장형 에어컨에 붙는다.
  - 천장형 에어컨이 없거나 풍선을 천장형 에어컨에 붙이지 못하는 상황이면 양면테이프 등을 활용하여 풍선을 천장에 붙여도 된다.
- 탁구공을 친구 혹은 천장에 있는 조명 등을 향해 던지지 않도록 안전 교육을 한 후에 놀이를 시작한다.
- 흥분해서 마구 던지는 것보다 정확히 조준하여 침착하게 던져야 성공 확률이 높다는 것을 지도한다.
- 놀이가 끝난 후에는 교실 곳곳에 떨어진 탁구공을 다 같이 정리하며 협력하는 마음을 길러준다.
- 정해진 시간 동안 많은 풍선을 떨어뜨린 팀이 승리하는 방식으로 놀이를 진행할 수도 있다.

고리 놀이

준비물
- 고리 (모둠 수)
- 폼스틱 (모둠 수)

영상 보러 가기

143 고리 협동 놀이

1 1~끝 번호 학생까지 폼스틱을 이용하여 고리 전달하기

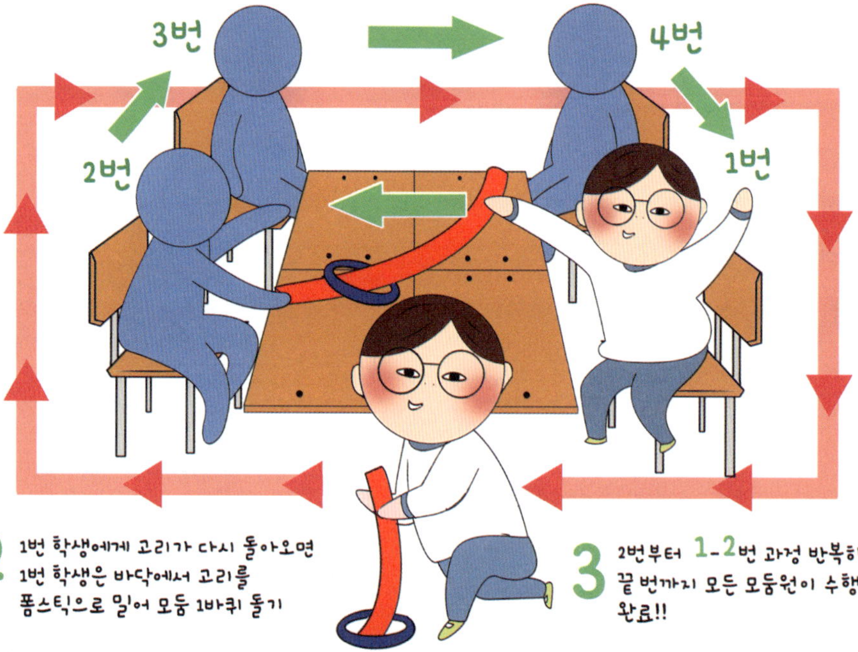

3번 4번 2번 1번

2 1번 학생에게 고리가 다시 돌아오면 1번 학생은 바닥에서 고리를 폼스틱으로 밀어 모둠 1바퀴 돌기

3 2번부터 1~2번 과정 반복하여 끝 번까지 모든 모둠원이 수행하면 완료!!

활동 TIP
- 폼스틱 대신 사인펜 등을 활용하여 놀이를 진행해도 된다.

활동 전 준비
❶ 책상을 모둠 형태로 배치한다.
❷ 모둠별로 고리 1개와 폼스틱 1개를 나눠 준다.

활동 방법
❶ 모둠 내에서 도전 순서를 정한다.
❷ 교사의 시작 신호와 함께 각 모둠의 1번 학생들은 동시에 도전을 시작한다.
❸ 도전 방법
- 고리를 폼스틱에 끼운다.
- 고리를 폼스틱에서 떨어뜨리지 않은 상태로 폼스틱을 같은 모둠 2번 학생에게 전달한다.
- 2번 학생은 3번 학생에게, 3번 학생은 4번 학생에게 이어서 전달한다.
- 폼스틱이 한 바퀴를 돌아 1번 학생에게 돌아오면 1번 학생은 고리를 바닥에 두고 폼스틱을 고리에 끼운 상태로 폼스틱으로 고리를 밀어서 모둠을 한 바퀴 돈다.
- 한 바퀴를 돈 후에는 고리와 폼스틱을 2번 학생에게 넘긴다.
- 2번 학생도 같은 방식으로 도전하고 고리와 폼스틱을 3번 학생에게 넘긴다.
❹ 모둠의 모든 학생이 먼저 도전을 성공한 모둠이 승리한다.
- 놀이 도중 고리가 빠지면 고리가 빠진 지점부터 다시 시작한다.

고리 놀이

준비물
- 고리 1개
- 책상
  (학생 수의 절반)
- 빗자루
  (학생 수의 절반)

영상 보러 가기

144 내 골대를 지켜라! 교실 놀이

책상 사이를 골대로
축구형 놀이

기본 대형

원 안을 바라보게 눕힌 책상

골아!! 얼른 터져라!
다음 골이 들어간 골대 자리는
내 차지다!!

대기

내 골대로 돌아와
다른 사람의 골대로 차기

가운데에 고리가 멈췄다면
먼저 발로 잡은 사람이 가지고 오기

교실 빗자루를 채로 써
하키형 놀이

하키형 놀이로 변형 가능

발로 차는 대신
빗자루 뒤쪽에
고리를 걸어 고리 밀기

활동 전 준비

❶ 책상과 의자를 밀고 공간을 넓게 확보한다.
❷ 책상을 눕혀서 적당한 간격을 두고 큰 원형 형태로 배치한다.
  - 책상은 전체 학생 수의 절반만큼 배치한다.
❸ 학생들을 두 개 조로 나눈다.

활동 TIP

- 축구형 놀이, 하키형 놀이 모두 팀전으로 진행할 수도 있다.
  - 학생들을 두 개 조로 나누고, 1조 학생들을 두 팀으로 나눈다.
  - 1조 A팀, B팀이 놀이를 진행한 후에 2조 C팀, D팀이 놀이를 진행한다.
  - 팀전으로 진행할 경우에는 고리를 막지 못해도 경기장 밖으로 나가지 않는다.
  - 정해진 시간이 됐을 때 골을 많이 넣은 팀이 승리한다.

활동 방법

❶ 축구형 놀이
  - 1조 학생들이 먼저 책상과 책상 사이에 선다.
  - 2조 학생들은 놀이에 먼저 들어갈 순서를 정하고 책상 밖에 순서대로 한 줄로 서서 대기한다.
  - 1조 학생 중 먼저 공격할 학생을 정한다.
  - 먼저 공격하는 학생은 고리를 발로 차서 다른 학생 골대에 넣는다.
  - 양옆 학생 골대에는 넣을 수 없다.
  - 고리가 경기장 가운데에 멈추면 먼저 가서 고리를 발로 잡아 자리로 돌아온 학생이 공격권을 얻는다.
  - 다른 학생들은 발을 사용하여 고리를 막는다. 고리를 막으면 공격권을 가져올 수 있다.
  - 고리를 막지 못한 학생은 경기장 밖으로 나가고 그 자리에 2조 학생이 들어온다.
  - 모든 학생이 놀이에 한 번씩 참여하면 놀이를 종료한다.
  - 골을 가장 많이 넣은 학생이 승리한다.

❷ 하키형 놀이
  - 발 대신 빗자루 뒷부분을 활용하여 같은 방식으로 놀이를 진행한다.

145 고리를 피해라! 놀이 2종

고리 놀이

준비물
- 고리 1개
- 점수판 1개

영상 보러 가기

고리를 밀어 맞히는 앉아서 공격 기본 대형

공격
수비
앉는 방향

동그랗게 앉은 공격팀이 그 안의 수비팀의 발을 맞힘

예~ 맞혔다!!

고리는 바닥에서 떨어지지 않게 밀어야 함

아웃되면

발에 맞으면 아웃!

팔벌려 뛰기 후, 아웃 카운트 올리고 부활

고리를 발로 차 서서 공격

공격팀도 동그랗게 서서 공격함

활동 전 준비

❶ 책상과 의자를 밀고 공간을 넓게 확보한다.
❷ 학생들을 두 팀으로 나눈다.

활동 방법

❶ 손으로 고리 밀기
- 공격팀은 큰 원 형태로 교실에 앉는다.
- 수비팀은 원 안으로 들어간다.
- 교사는 공격팀에게 고리 1개를 준다.
- 교사의 시작 신호와 함께 공격팀 학생들은 고리를 손으로 밀어서 수비팀 학생들을 맞힌다. 이때 고리가 바닥에서 떨어지지 않도록 한다.
- 수비팀 학생들은 원 안에서 점프를 통해 고리를 피한다.
- 수비팀 학생이 고리에 맞으면 아웃존으로 가서 점수판의 점수를 올리고, 팔벌려 뛰기 3회 등 신체 과제를 수행한 후에 원 안으로 다시 들어온다.
- 정해진 시간이 되면 역할을 바꿔서 놀이를 진행한다.
- 놀이가 끝났을 때 아웃이 적게 된 팀이 승리한다.

❷ 발로 고리 밀기
- 공격팀 학생들은 일어서서 큰 원 형태를 만들고 고리를 발로 밀어서 공격한다.
- 나머지 활동 방법은 손으로 고리 밀기와 동일하다.

활동 TIP
- 고리의 개수를 늘리면 조금 더 박진감 넘치는 놀이가 된다.

고리 놀이

준비물
- 네 가지 색의 고리 (1개씩)
- 네 가지 색의 팀조끼 (학생 수)
- 종이 20장

영상 보러 가기

146 고리 사냥꾼 점수제 놀이 2종

점수를 모으는 다득점 게임
고리를 발로 차 점수를 많이 모으는 팀이 승리!

1 고리 차기

이런.. 이면지에 고리의 50% 이상이 올라가야 득점인데!!

지정한 점수를 모으는 특정 점수 게임
교사가 지정한 특정 점수를 먼저 모으는 팀이 승리!

우리 팀은 지금 8점이니까 11점이 되려면 3점에 차야 해!

우리 팀이 딴 이면지를 가져가야지!

2 이면지 옆에 대기 → **3 다음 친구가 찬 고리를 주워 그다음 차례에게 가져다 주기**

고리 갖다 주고 맨 뒤에 다시 줄 서야지~

| 1 | 2 | 4 | 3 | 1 | 3 |

| 1 | 2 | 3 | 4 | 1 | 3 | 2 |

활동 전 준비

1. 책상과 의자를 밀고 공간을 넓게 확보한다.
2. 교실 앞에 출발선을 만든다.
3. 20장의 종이에 점수를 쓰고(1~3점) 교실 뒤에 적당한 간격으로 배치한다.
4. 학생들을 네 팀으로 나눈다.
   - 팀별로 자신의 팀에 해당하는 팀조끼를 입는다.

활동 TIP
- 무조건 세게 차는 것이 좋은 것이 아니라 목표 지점과의 거리를 생각하여 적당히 힘 조절을 하는 점이 중요하다는 것을 지도한다.

활동 방법

1. 점수를 모으는 다득점 게임
   - 각 팀에서 1명을 뽑아 교실 뒤에 있는 종이 옆으로 보낸다.
   - 나머지 학생들은 고리 출발선에 팀별로 한 줄로 선다.
   - 교사는 각 팀의 첫 번째 학생에게 고리를 1개씩 나눠 준다.
   - 교사의 시작 신호와 함께 맨 앞에 있는 학생들은 고리를 발로 차고 교실 뒤로 가서 대기한다.
   - 종이 옆에 있는 학생들은 고리의 절반 이상이 종이 위에 올라갔는지(종이 사냥에 성공했는지) 판단한다.
   - 종이 사냥에 성공하면 종이와 고리를 챙기고, 실패하면 고리만 챙겨서 앞으로 온다.
   - 종이는 따로 모으며, 고리를 출발선에 두고 자신의 팀 맨 뒷줄에 선다.
   - 고리가 종이 2장 위에 겹쳐서 올라가면 높은 점수의 종이를 가져올 수 있다.
   - 정해진 시간이 됐을 때 종이 위에 적힌 점수의 합이 높은 팀이 승리한다.

2. 지정한 점수를 모으는 특정 점수 게임
   - 놀이를 시작하기 전에 학생들과 함께 목표 점수를 정한다.
   - 다득점 게임과 같은 방식으로 놀이를 진행한다.
   - 먼저 목표 점수를 만든 팀이 승리한다.

고리 놀이

준비물
- 큰 콘 20개
- 플라스틱 하키 스틱 (학생 수의 절반)
- 고리 2개
- 점수판 1개

영상 보러 가기

147 고리 피구 놀이 2종

고리를 발로 차서 축구형 피구
고리를 발로 차 수비팀 발 맞히기

기본 대형
- 공격
- 수비
- 고리

예!!
발에 맞았어!

고리가 멈추면 공격하기 어렵게 멀리 차버려야지!!

아웃되면
팔벌려 뛰기 후, 아웃 카운트 올리고 부활

고리를 스틱에 끼워 하키형 피구
하키형 피구로 변형 가능

활동 전 준비

❶ 강당 등 넓은 장소를 확보한다.
❷ 콘을 이용하여 지름 9m 이상의 큰 원을 만든다.
❸ 원 밖에 아웃존을 만든다. 아웃존에는 점수판 1개를 배치한다.
❹ 학생들을 두 팀으로 나눈다.

활동 방법

❶ 고리를 발로 차서 축구형 피구
 - 수비팀은 원 안으로 들어가고, 공격팀은 콘과 콘 사이에 선다.
 - 교사는 공격팀 중 2명의 학생에게 고리를 1개씩 준다.
 - 교사의 시작 신호와 함께 놀이를 시작한다.
 - 공격수는 고리를 발로 차서 수비수를 맞힌다.
 - 공격수는 고리를 잡으면 3초 이내에 고리를 차야 한다.
 - 공격수는 원 안에 멈춘 고리를 제자리로 가지고 와서 공격할 수 있다.
 - 수비수는 원 밖으로 나갈 수 없고, 원 안에서 고리를 피한다.
 - 수비수는 고리가 원 안에 멈추면 고리를 원 밖으로 멀리 찰 수 있다. 움직이는 고리는 찰 수 없다.
 - 수비수가 고리에 맞으면 아웃존으로 가서 점수판에 점수를 올리고, 팔벌려 뛰기 3회 후 원 안으로 다시 들어온다.
 - 전반전이 끝난 후 공격과 수비를 바꿔서 진행한다.
 - 놀이가 끝났을 때 아웃이 적게 된 팀이 승리한다.

❷ 고리를 스틱에 끼워 하키형 피구
 - 고리를 발로 차는 대신 고리를 스틱에 끼워 밀어서 공격한다.
 - 나머지 활동 방법은 축구형 피구와 동일하다.

활동 TIP
• 놀이에 사용하는 고리의 개수를 늘리거나 줄여서 놀이의 난이도를 조절한다.
• 하키형 피구를 할 때 고리를 스틱에 끼워서 밀지 않고 스틱으로 고리를 쳐서 공격할 수도 있다.

고리 놀이

준비물
- 훌라후프
  (팀의 수)
- 세 가지 색의 고리
  (학생 수)

148 고리 팽이 놀이

1 훌라후프 안에서 고리 세워 돌리기

2 가장 오랫동안 움직이고 있는 고리의 주인은 1점 득점!!

+ 1점

고리가 훌라후프 밖으로 떨어진 경우, 탈락!!

영상 보러 가기

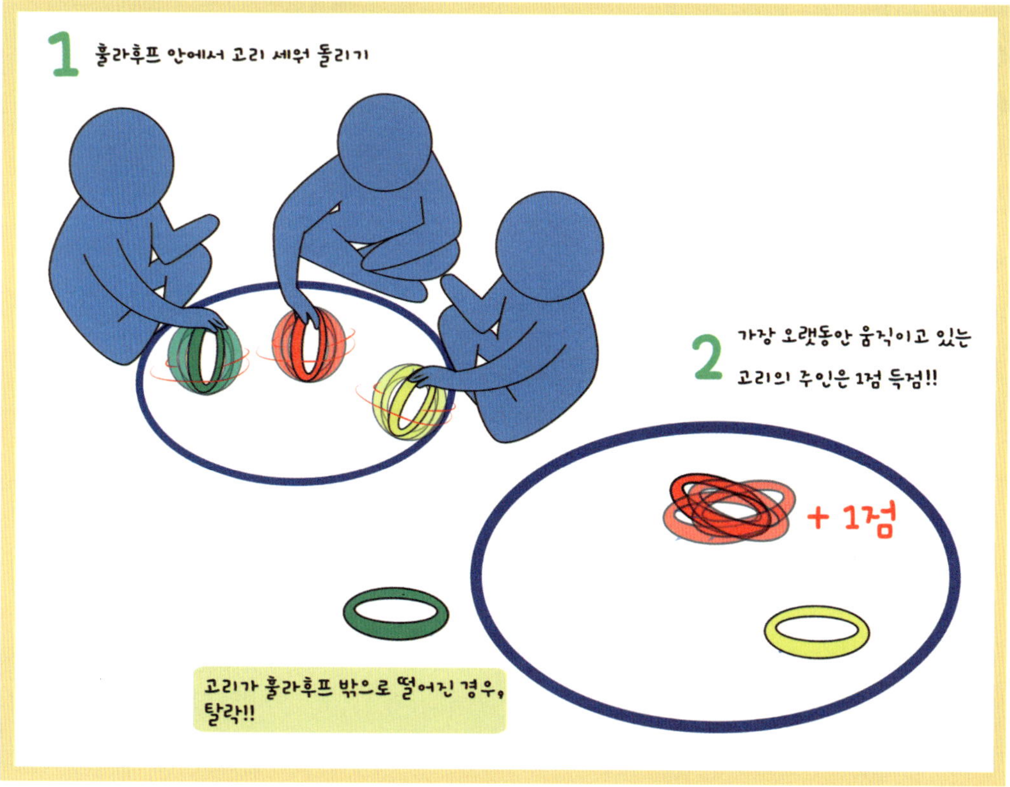

활동 전 준비

❶ 책상을 모둠 형태로 배치한다.
❷ 학생들은 3인 1팀을 만든다.
❸ 팀별로 훌라후프 1개와 고리 3개를 나눠 준다.

활동 방법

❶ 팀별로 훌라후프를 바닥에 놓고 그 주위에 모여 앉는다.
❷ 각자의 고리를 훌라후프 안에 수직으로 세워놓고 대기한다.
❸ 교사의 시작 신호와 함께 모든 학생은 고리를 동시에 회전시킨다.
❹ 회전이 가장 마지막에 멈춘 고리 팽이의 학생이 승리한다
- 어떤 경우이든 고리가 훌라후프 밖으로 나가면 패배한다.
- 고리가 바닥에 눕더라도 움직이고 있다면 회전하고 있는 것으로 간주한다.

활동 TIP

- 학생들의 고리 팽이끼리 부딪혀도 놀이를 그대로 진행한다.
  - 부딪힌 후에도 끝까지 움직임이 있는 팽이의 학생이 승리한다.
  - 일부러 부딪힘을 유발하는 학생은 교사의 판단하에 놀이에서 제외할 수 있다는 것을 놀이 시작 전 학생들에게 설명한다.
- 시간에 여유가 있다면 이긴 학생은 이긴 학생끼리 경쟁하는 승자전, 진 학생은 진 학생끼리 경쟁하는 패자부활전을 진행한다.

149 고리 던지기 놀이 2종

고리 놀이

준비물
- 의자 (팀당 1개)
- 고리 (팀당 2개)

영상 보러 가기

고리를 던져 의자에 넣기

넣었다!!

이번엔 내가 넣을 차례니까 꺼내서 선 뒤로 가야지!

선 뒤에서 고리를 던져 의자 다리에 넣음

고리를 던져 손에 넣기

3명이 팀이 되어 릴레이 놀이

다음은 내가 받을 차례야!!

던지고 맞은편 뒤로 가서 받을 준비

받고 맞은편에 던지기

활동 전 준비

❶ 책상과 의자를 밀고 공간을 넓게 확보한다.
❷ 학생들을 3인 1팀으로 만들고, 팀별로 의자 1개와 고리 2개를 나눠 준다.
❸ 의자를 교실 뒤에 일렬로 배치한다.

활동 TIP

- 단순 협력 놀이로 진행할 수도 있고, 제한 시간을 두고 성공 횟수가 많은 팀을 선별하는 경쟁 놀이로 진행할 수도 있다.

활동 방법

❶ 고리를 던져 의자에 넣기
 - 교실 앞에 출발선을 만든다.
 - 팀별로 2명은 출발선 앞에 서고, 나머지 1명은 자기 팀 의자 뒤에 선다.
 - 출발선에 있는 학생들은 고리를 1개씩 받는다.
 - 교사의 시작 신호와 함께 고리를 들고 있는 학생들은 고리를 던져서 의자의 다리에 넣는다.
 - 고리를 넣는 데 실패하면 의자 옆에 있는 같은 팀 학생이 고리를 주워서 다시 전달한다.
 - 고리를 들고 있던 학생이 고리를 넣는 데 성공하면 의자 옆에 있는 학생과 역할을 바꿔서 놀이를 이어 간다.

❷ 고리를 던져 손에 넣기
 - 팀별로 2명(A, B), 1명(C)으로 나누어서 선다.
 - 학생 A가 맞은편 학생 C에게 고리를 던지고 학생 C 뒤로 가서 선다.
 - 고리를 받은 학생 C는 맞은편에 있는 학생 B에게 고리를 던지고 학생 B 뒤로 가서 선다.
 - 학생 B는 고리를 맞은편에 있는 학생 A에게 던지고 학생 A 뒤로 가서 선다.
 - 정해진 시간 동안 위와 같은 방법으로 고리를 주고받는다.

150 탁구공 튕기기 놀이

탁구공 놀이

준비물

- 탁구공 (모둠 수)

영상 보러 가기

1 탁구공 튕길 개수 순서 확인하기

2 모둠원끼리 돌아가며 순서대로 탁구공 개수만큼 튕기고 잡기

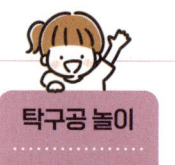

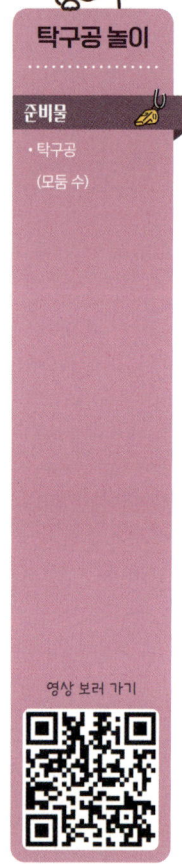

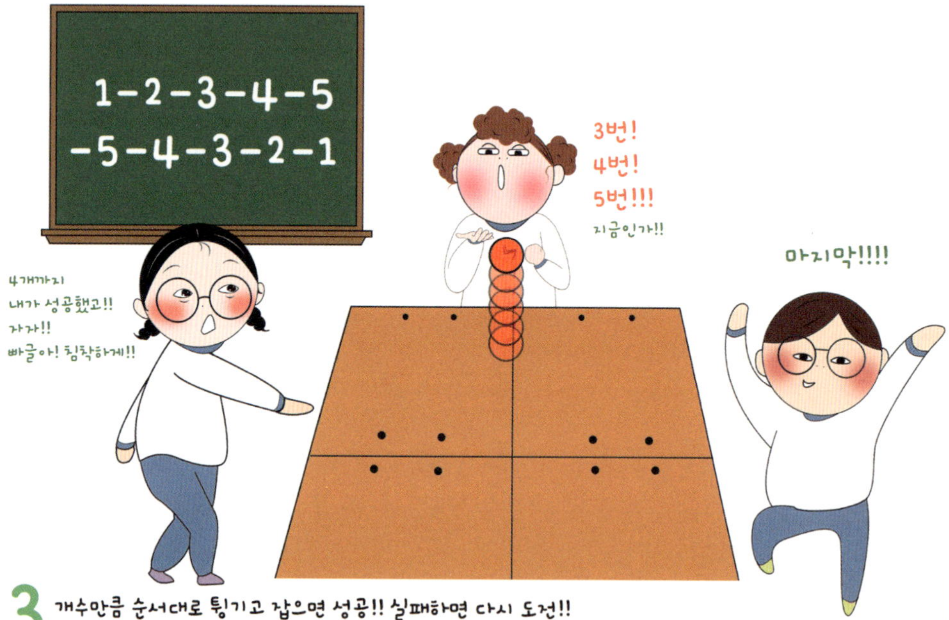

3 개수만큼 순서대로 튕기고 잡으면 성공!! 실패하면 다시 도전!!

활동 전 준비

❶ 책상을 모둠 형태로 배치한다.
❷ 모둠별로 탁구공을 1개씩 나눠 준다.

활동 방법

❶ 탁구공을 튕길 개수와 순서를 정한다.
(예: 1번 학생 한 번→ 2번 학생 두 번→ 3번 학생 세 번→ 4번 학생 네 번)

❷ 순서와 개수에 맞게 탁구공을 책상 위에 튕기고 잡는다. 탁구공은 직전 학생이 튕긴다.
- 1번 학생은 4번 학생이 튕긴 탁구공이 한 번 튕겼을 때 잡는다.
- 2번 학생은 1번 학생이 튕긴 탁구공이 두 번 튕겼을 때 잡는다.
- 3번 학생은 2번 학생이 튕긴 탁구공이 세 번 튕겼을 때 잡는다.
- 4번 학생은 3번 학생이 튕긴 탁구공이 네 번 튕겼을 때 잡는다.

❸ 먼저 모든 순서를 마친 모둠이 승리한다.

활동 TIP

- 놀이 시작 전 탁구공을 비스듬하게 튕기는 것보다는 수직으로 튕기는 것이 성공 확률이 높다는 것을 지도한다.
- 학생들이 놀이에 익숙해지면 숫자를 높여서 놀이의 난이도를 올린다.
- 모둠별로 주사위를 주고, 주사위를 던져 나온 숫자만큼 튕기고 잡는 방식으로 놀이를 진행해도 된다.
  - 예를 들어 주사위를 던져 숫자 4가 나오면 모둠원 모두 탁구공을 네 번 튕기고 잡는다.

탁구공 놀이

준비물
- 탁구공 2개
- 의자 2개
- 종이컵 2개
- 교과서

(학생 수)

영상 보러 가기

151 탁구공 전달 놀이 2종

하트책 만드는 방법

책 중간 정도를 펴 안쪽 가운데에 책 끝을 끼우기
책 아래쪽 손으로 힘껏 잡기

탁구공 전달하는
몸풀기 게임

하트책을 만들어
탁구공 왔다 갔다 성공하기
(탁구공이 떨어지면 재도전)

탁구공 컵에 넣는
탁구공 전달 놀이

컵이 있는 곳까지 길이 끊기지 않도록 연결

마지막에 탁구공을 컵에 쏙!!

활동 TIP
- 놀이 전 팀별로 연습하며 전략을 협의한다.
- 다른 팀이 먼저 성공하더라도 끝까지 탁구공 전달을 마무리하며 끈기를 배울 수 있도록 지도한다.
  - 먼저 성공한 팀은 다른 팀을 응원하도록 지도한다.

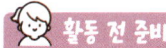 활동 전 준비

❶ 책상과 의자를 밀고 공간을 넓게 확보한다.

❷ 교과서를 하트 모양으로 만든다.
   - 교과서 절반을 접어 책 안으로 집어넣고, 나머지 절반도 접어 책 안으로 집어넣는다.

❸ 학생들을 두 팀으로 나눈다.

활동 방법

❶ 탁구공 전달하는 몸풀기 게임
   - 팀별로 한 줄로 서서 각자의 교과서를 연결한다.
   - 교사의 시작 신호와 함께 맨 앞에 있는 학생은 교과서를 기울여서 탁구공을 굴려 옆에 있는 학생에게 전달한다.
   - 탁구공을 받은 학생은 탁구공을 굴려 계속 옆으로 전달한다.
   - 탁구공이 맨 뒤에 있는 학생에게 도착했다가 다시 맨 앞에 있는 학생에게 먼저 돌아오는 팀이 승리한다.
   - 탁구공이 중간에 떨어지면 그 지점에서 다시 시작한다.

❷ 탁구공 컵에 넣는 탁구공 전달 놀이
   - 탁구공 전달 놀이 코스를 설정한다.
   - 도착 지점에 팀별로 의자 1개를 배치하고, 각 의자 위에 종이컵을 1개 놓는다.
   - 교사의 시작 신호와 함께 맨 앞에 있는 학생은 교과서를 기울여서 탁구공을 굴려 옆에 있는 학생에게 전달하고 팀의 맨 뒤로 가서 선다.
   - 탁구공을 받은 학생은 탁구공을 굴려 옆으로 전달하고, 팀의 맨 뒤로 가서 선다.
   - 위와 같은 방식으로 컵이 있는 곳까지 길이 끊기지 않도록 연결하여 탁구공을 전달하고, 탁구공을 종이컵 안에 먼저 넣는 팀이 승리한다.

152 탁구공 협동 놀이 3종

탁구공 놀이

준비물
- 탁구공 (모둠 수)
- 종이컵 (모둠 수)
- 교과서 (학생 수)

영상 보러 가기

활동 전 준비

① 책상을 모둠 형태로 배치하고, 의자는 책상 밑으로 넣는다.
② 모둠별로 탁구공을 1개씩 나눠 준다.

활동 TIP
- 중간에 탁구공이 떨어지면 실패한 횟수부터 이어서 다시 시작한다. 예를 들어 20회에서 탁구공이 떨어지면 탁구공을 주워 20회부터 다시 시작한다.
- 모든 학생이 놀이에 골고루 참여할 수 있도록 지도한다.
- 목표 횟수를 조정하여 놀이의 난이도를 조절한다.

활동 방법

① **난이도 하 1단계** (탁구공 치기 1명당 3회)
  - 첫 번째 학생부터 탁구공을 손바닥으로 쳐서 세 번 띄운다.
  - 모둠의 모든 학생이 성공하면 다음 단계로 넘어간다.

② **난이도 하 2단계** (책상에 튕기고 잡기 30회)
  - 첫 번째 학생이 탁구공을 책상에 한 번 튕겨서 다음 학생에게 패스한다. 다음 학생은 탁구공을 양손으로 잡는다. 같은 방식으로 탁구공을 다음 학생에게 패스한다.
  - 탁구공 튕기고 잡기 30회를 성공하면 다음 단계로 넘어간다.

③ **난이도 하 3단계** (책상에 튕기고 바운딩 치기 30회)
  - 첫 번째 학생이 탁구공을 책상에 튕겨서 다음 학생에게 패스한다.
  - 다음 학생은 탁구공을 잡지 않고 손바닥으로 쳐서 책상에 바운딩을 해 그다음 학생에게 패스한다.
  - 30회 연속 바운딩에 먼저 성공하는 팀이 승리한다.

④ **난이도 중 1단계** (책상에 튕기고 컵으로 받기 1명당 2회)
  - 모둠 내에서 2인 1팀을 만든다. 모둠별로 1명은 책상에 탁구공을 튕기고, 다른 1명은 종이컵으로 탁구공을 받는다.
  - 모든 학생이 탁구공 받기 2회에 성공하면 다음 단계로 넘어간다.

⑤ **난이도 중 2단계** (탁구공 전달 왕복 5회)
  - 교과서를 하트 모양으로 만들고, 탁구공을 끝에서 끝으로 5회 왕복시킨 후에 다음 단계로 넘어간다.

⑥ 난이도 중 3단계는 난이도 하 3단계와 동일하며, 1단계부터 3단계까지 먼저 성공하는 팀이 승리한다.

153 튕겨라! 탁구공 점수제 놀이

준비물
- 책상 (팀의 수)
- 의자 (팀의 수)
- 탁구공 (팀의 수)

영상 보러 가기

활동 전 준비

❶ 책상과 의자를 밀고 공간을 넓게 확보한다.
❷ 책상과 의자를 활용하여 바운더를 적당한 간격을 두고 팀의 개수만큼 만든다.
  - 의자를 눕히고 책상을 의자에 기대어 책상 면이 자기 팀 학생들이 앉아 있는 쪽을 향하게 한다.
❸ 학생들은 6인 1팀을 만들고, 팀별로 탁구공을 1개 받는다.

활동 방법

❶ 첫 번째로 탁구공을 튕길 학생을 정한다. 탁구공을 튕기는 학생은 바운더 앞에 선다.
❷ 다른 학생들은 아래와 같은 방식으로 앉는다.
  - 바운더에서 가장 가까운 의자(1점 자리): 2명
  - 가운데에 있는 의자(2점 자리): 2명
  - 바운더에서 가장 멀리 있는 의자(3점 자리): 1명
❸ 교사의 시작 신호와 함께 탁구공을 바운더에 튕긴다.
  - 앉아 있는 학생 중 탁구공 잡는 학생이 나올 때까지 튕긴다.
❹ 앉아 있는 학생 중 누군가가 탁구공을 잡으면 탁구공을 튕긴 학생은 탁구공을 잡은 학생이 앉았던 자리로 가서 앉고, 탁구공을 잡은 학생은 바운더 앞으로 나가서 탁구공을 튕긴다.
❺ 정해진 시간이 될 때까지 ❹의 내용을 반복하고, 점수를 계산했을 때 득점을 많이 한 팀이 승리한다.
  - 1점 자리에서 잡으면 1점, 2점 자리에서 잡으면 2점, 3점 자리에서 잡으면 3점이다.

활동 TIP

- 탁구공이 바닥에 떨어졌을 때는 탁구공과 가장 가까운 학생이 일어나서 탁구공을 잡아 바운더 앞에 있는 학생에게 전달하도록 지도한다. 이런 과정을 통해 학생들이 자연스럽게 팀원 간의 협력이 중요하다는 것을 배울 수 있도록 한다.

154 탁구공과 컵을 활용한 협동 놀이

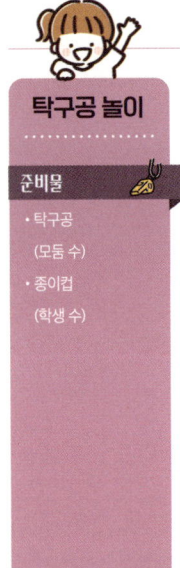

탁구공 놀이

준비물
- 탁구공
  (모둠 수)
- 종이컵
  (학생 수)

영상 보러 가기

1. 탁구공을 튕겨 우리 팀 다른 친구가 컵으로 받기

2. 받은 개수 다 같이 큰 소리로 외치기

하나!!

컵으로 받지 못하거나 책상 밑으로 떨어진 것은 제외

3. 가장 많은 개수를 성공한 팀이 승리!!

활동 전 준비

❶ 책상을 모둠 형태로 배치하고, 의자는 책상 밑으로 넣는다.
❷ 모둠별로 종이컵을 팀원 수만큼 나눠 주고, 탁구공 1개를 준다.

활동 방법

❶ 모둠 내에서 처음 탁구공을 튕길 학생을 정한다.
❷ 교사의 시작 신호와 함께 처음 시작하는 학생이 탁구공을 책상 위로 튕겨서 다른 학생에게 패스한다.
❸ 다음 학생은 탁구공을 종이컵으로 받는다.
❹ 종이컵을 책상 위로 살짝 휘둘러서 종이컵에 담긴 탁구공을 책상 위로 튕겨 다음 학생에게 패스한다.
❺ 정해진 시간이 될 때까지 ❸~❹의 내용을 반복하며 다 같이 탁구공이 종이컵에 담긴 횟수를 센다.
  - 탁구공을 종이컵에 받지 못하면 횟수에서 제외한다.
  - 탁구공을 종이컵에 받지 못하면 탁구공을 줍고, 탁구공을 손으로 책상에 튕겨서 놀이를 이어 나간다.
❻ 정해진 시간 동안 가장 많은 횟수를 성공한 모둠이 승리한다.

활동 TIP

- 놀이를 시작하기 전에 모든 학생이 골고루 놀이에 참여하며 협동하는 것이 놀이의 목적이라는 것을 학생들에게 설명하면 학생들의 협동심을 높일 수 있다.
- 목표 횟수를 더 빨리 성공한 팀이 승리하는 방식으로 놀이를 진행할 수도 있다.

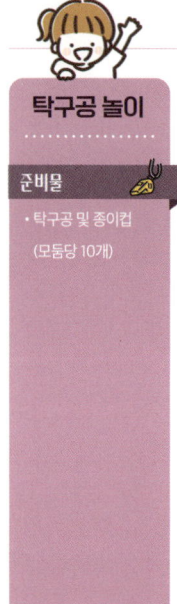

155 탁구공 종이컵 넣기 놀이

탁구공 놀이

준비물
- 탁구공 및 종이컵 (모둠당 10개)

탁구공 넣는 방법

- 종이컵을 뒤집어 바닥면에 탁구공 올려 두기
- 종이컵을 튕겨 탁구공 띄우기
- 탁구공이 떨어지기 전에 종이컵을 뒤집어 종이컵 안에 넣기

먼저 5개를 성공한 사람이 승리!!

영상 보러 가기

활동 전 준비

① 책상을 모둠 형태로 배치한다.
② 모둠별로 탁구공과 종이컵을 5개씩 나눠 준다.
③ 종이컵 10개를 뒤집어서 막힌 부분이 위로 오도록 책상 위에 놓는다.
   - 종이컵은 5개를 한 줄로 하여 두 줄로 놓는다.
④ 종이컵 위에 탁구공을 올려놓는다.
⑤ 학생들은 모둠 내에서 2인 1조를 만든다.

활동 방법

① 교사의 시작 신호와 함께 각 모둠의 1조부터 놀이를 시작한다.
   - 팔과 손목을 활용하여 탁구공을 위로 띄우고, 재빠르게 종이컵을 뒤집어서 탁구공을 종이컵 안으로 넣는다.
   - 먼저 5개의 탁구공을 종이컵 안에 넣는 학생이 승리한다.
   - 탁구공이 종이컵에서 떨어지면 탁구공을 주워 놀이를 이어 나간다.
② 1조의 놀이가 끝나면 종이컵과 탁구공을 다시 세팅하고, 2조도 같은 방식으로 놀이를 진행한다.

활동 TIP

- 빠르게 하는 것보다 실수 없이 침착하게 하는 것이 중요하다는 것을 지도한다.
- 시간에 여유가 있다면 이긴 학생은 이긴 학생끼리, 진 학생은 진 학생끼리 한 번 더 놀이를 진행한다.
- 종이컵과 탁구공의 개수를 조정하여 놀이의 난이도를 조절한다.

156 떨어지는 탁구공 잡기 놀이

1. 공격 : 수비수가 알지 못하게 탁구공 숨겨 잡기
   수비 : 공격수 손등 위에 손 올리기

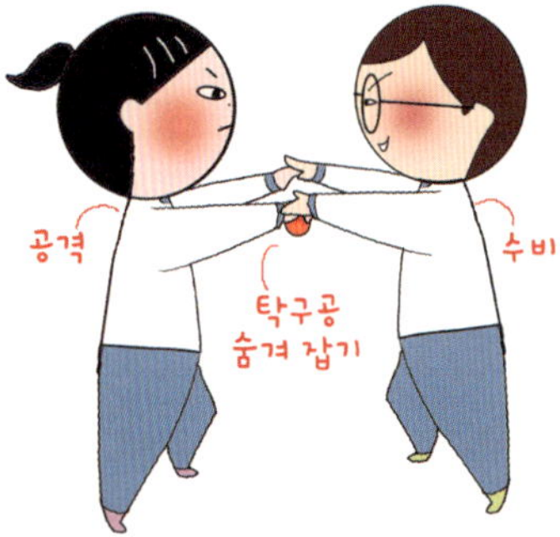

2. 공격 : 탁구공 떨어뜨리기
   수비 : 1바퀴 돌기

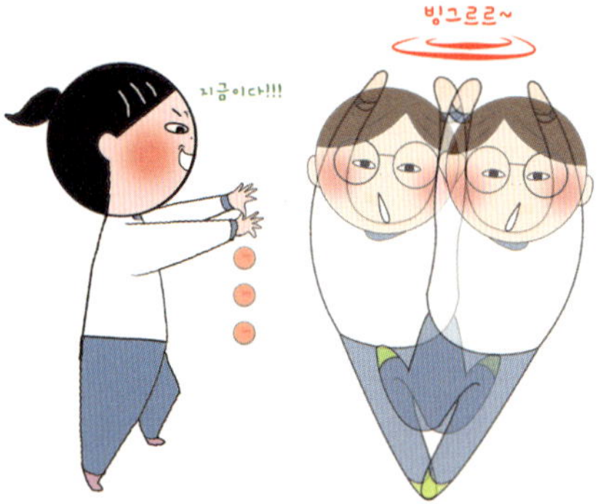

3. 수비 : 탁구공이 1번 튕긴 후, 잡으면 승리!!
   공격 : 수비수가 못 잡으면 승리!!

공격 – 수비 역할 바꿔서 게임하기

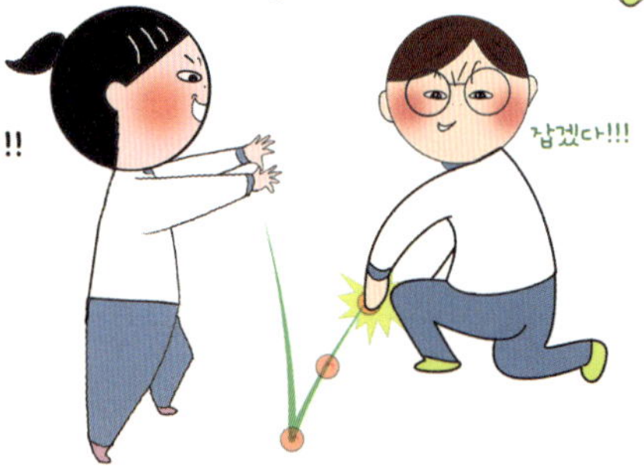

활동 전 준비

❶ 책상을 모둠 형태로 배치한다.
❷ 학생들은 2인 1조를 만든다.
❸ 조별로 탁구공 1개를 나눠 준다.

활동 방법

❶ 조별로 먼저 공격할 학생을 정한다.
❷ 공격을 하는 학생은 탁구공이 눈에 보이지 않도록 한 손 안에 넣고, 양손을 뒤로 하고 탁구공의 위치를 원하는 손으로 바꾼 후 양팔을 앞으로 뻗는다.
❸ 수비를 하는 학생은 양팔을 뻗어 탁구공을 잡은 학생의 손등 위에 자신의 손등을 올려놓는다.
❹ 공격을 하는 학생은 "하나, 둘, 셋!"을 외친 후에 탁구공을 손에서 놓는다. 이때 수비를 하는 학생은 제자리에서 한 바퀴를 돈다.
❺ 한 바퀴를 돌고 탁구공이 두 번 튕기기 전에 탁구공을 잡으면 수비 학생의 승리이고, 탁구공을 잡지 못하면 공격 학생의 승리이다.
❻ 공격과 수비 역할을 바꿔가며 놀이를 계속한다.

활동 TIP

- 탁구공 떨어뜨리는 위치를 조정하여 놀이의 난이도를 조절한다. (예: 가슴 높이에서 떨어뜨리기, 허리 높이에서 떨어뜨리기)
- 공격 학생이 탁구공을 예고 없이 떨어뜨리는 것으로 놀이 방법을 바꾸면 놀이의 난이도를 올릴 수 있다.
- 시간에 여유가 있으면 조를 바꿔 가며 다양한 학생과 놀이를 한다.

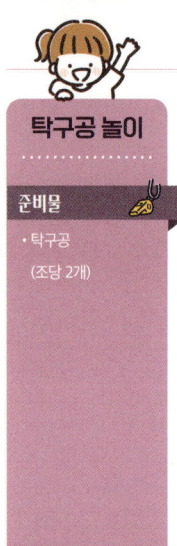

157 탁구공 움켜잡기 놀이

탁구공 놀이

준비물
- 탁구공
  (조당 2개)

1. 손을 편 상태로 손 사이에 탁구공을 끼운 후, 마주 보고 서기 
2. 선생님의 신호가 울리면 재빠르게 탁구공 움켜잡기

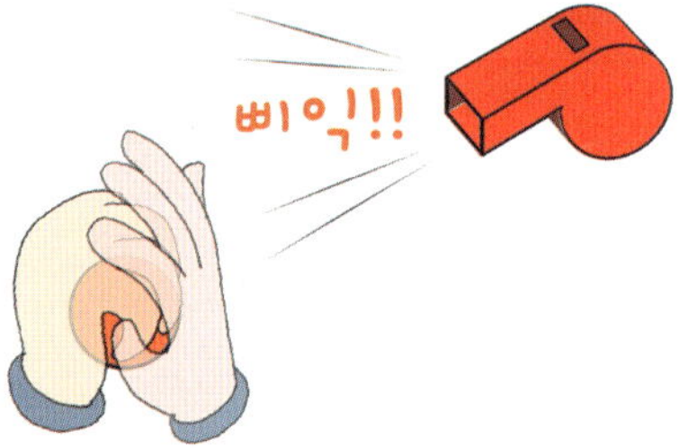

삐익!!

3. 양손을 따로 계산하여 먼저 탁구공을 잡은 만큼 점수 획득!!

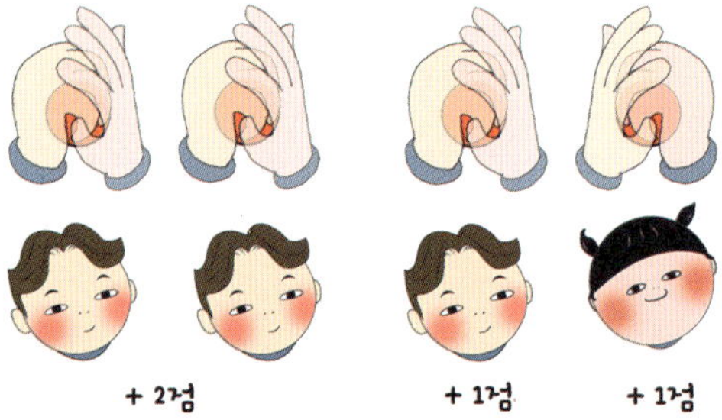

+ 2점   + 1점   + 1점

영상 보러 가기

활동 전 준비

❶ 학생들은 2인 1조를 만든다.
❷ 조별로 탁구공을 2개씩 나눠 준다.

활동 방법

❶ 같은 조 학생과 마주 보고 선다.
❷ 양 손바닥을 쫙 펴고 탁구공을 같은 조원의 손바닥 사이에 놓아서 탁구공이 자신과 같은 조원의 손바닥 사이에 위치하게 한다.
❸ 교사가 신호하면 탁구공을 재빠르게 움켜잡는다.
❹ 탁구공 2개를 먼저 움켜잡는 학생이 승리한다.
 - 교사가 신호를 보내지 않았는데 탁구공을 움켜잡으면 반칙패이다.
 - 하나의 탁구공이라도 바닥에 떨어지면 무승부이다.
 - 탁구공을 1개씩 움켜잡는 경우에는 가위바위보로 승패를 결정한다.

활동 TIP

• 교사는 놀이의 재미를 위해 놀이 중간중간에 가짜 신호를 섞어서 사용한다.
• 시간에 여유가 있으면 학급 전체 학생을 대상으로 토너먼트 형식으로 놀이를 진행한다.
• 손톱이 길면 친구를 다치게 할 수 있으므로 놀이 시작 전 손톱이 긴 학생이 있는지 확인한다.

158 입으로 컵 불기 놀이

종이컵 놀이

준비물
- 종이컵
  (학생 수)

영상 보러 가기

두 손으로 잡기	한 손으로 잡기	책상 위에 세우기	손가락에 넣기
불어서 떨어지는 컵을 두 손으로 잡기	불어서 떨어지는 컵을 한 손으로 잡기	불어서 떨어지는 컵을 책상 위에 세우기	불어서 떨어지는 컵을 검지를 세워 넣기

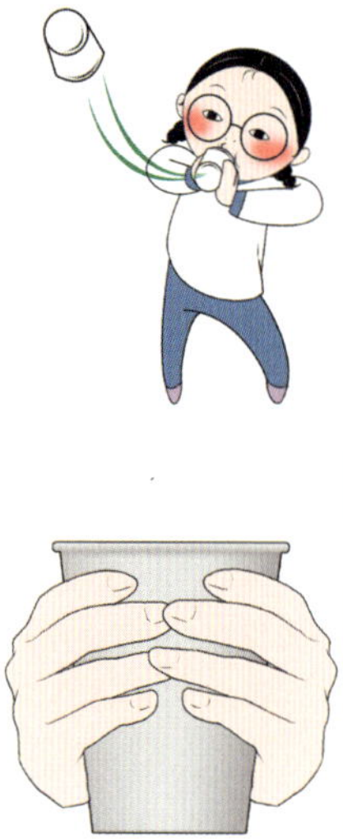

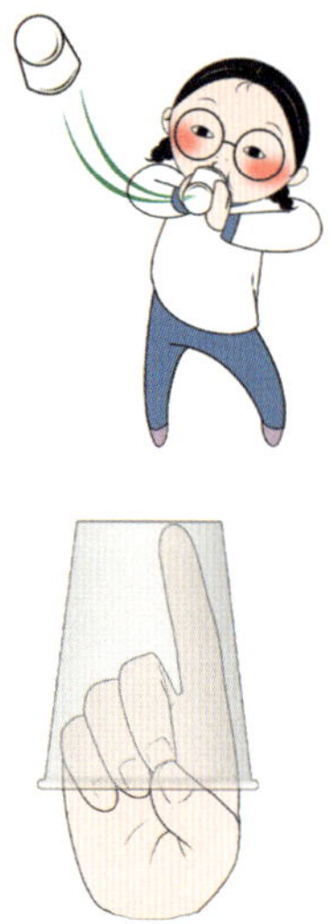

활동 전 준비

❶ 책상을 모둠 형태로 배치한다.
❷ 학생 1명당 종이컵 1개를 나눠 준다.

활동 TIP
- 입으로 컵을 불어 손바닥 위에 세우기 등 다양한 방식으로 변형하여 놀이를 진행할 수도 있다.
- 승패가 없는 간단한 놀이이므로 자투리 시간에 간단히 즐기기 좋다.

활동 방법

❶ 입으로 컵을 불어 두 손으로 잡은 횟수 세기
- 종이컵이 위로 향하게 두 손으로 잡는다.
- 종이컵을 놓으면서 동시에 입으로 종이컵을 분다.
- 종이컵이 위로 올라갔다가 떨어질 때 두 손으로 잡는다.
- 정해진 시간 동안 성공한 횟수를 센다.

❷ 입으로 컵을 불어 한 손으로 잡은 횟수 세기
- 종이컵을 잡을 때 한 손으로 잡는다.
- 나머지 활동 방법은 ❶과 동일하다.

❸ 입으로 컵을 불어 책상 위에 세우기
- 종이컵이 위로 향하게 두 손으로 잡는다.
- 종이컵을 놓으면서 동시에 입으로 종이컵을 분다.
- 정해진 시간 동안 종이컵이 책상 위로 세워진 횟수를 센다.

❹ 입으로 컵을 불어 손가락에 넣기
- 종이컵이 위로 향하게 두 손으로 잡는다.
- 종이컵을 놓으면서 동시에 입으로 종이컵을 분다.
- 종이컵이 위로 올라갔다가 떨어질 때 손가락을 종이컵에 넣는다.
- 정해진 시간 동안 성공한 횟수를 센다.

종이컵 놀이

준비물
- 종이컵 (모둠당 6개)
- 연필 (학생 수)

영상 보러 가기

159 종이컵 쌓기 놀이

종이컵 옮기는 방법

4명이 모여 각자 연필로 종이컵의 한쪽을 대거나 종이컵 안에 1명이 연필을 넣어 균형을 맞춘 뒤 들어 올리기

종이컵 탑

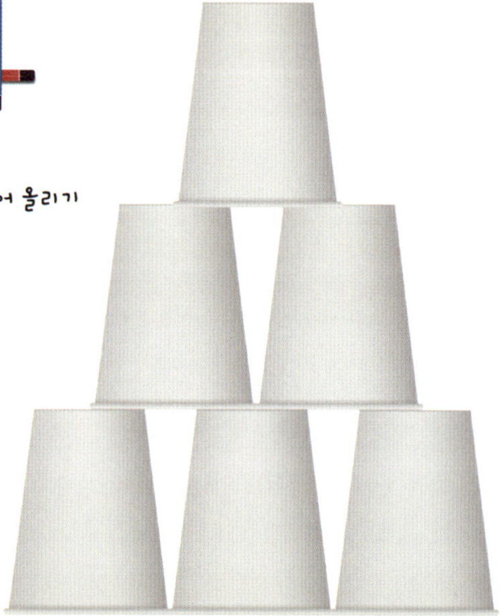

1 4명이 협동하여 종이컵 들어 올리기

종이컵을 손으로 만져서는 안 된다!!

2 종이컵 탑 모양 먼저 만든 모둠이 승리!

중간에 무너졌어도 이어서 한다!!

활동 전 준비

❶ 책상을 모둠 형태로 배치한다.
❷ 모둠별로 종이컵 6개를 나눠 준다.
❸ 학생들은 각자 연필 1자루씩 준비한다.

활동 방법

❶ 종이컵 옮기는 방법
  - 모둠원이 모여 각자 연필을 종이컵의 한쪽에 댄다.
  - 모둠원이 동시에 종이컵을 들어 올린다.
  - 종이컵을 책상 위에 뒤집어서 놓는다.
❷ 교사의 시작 신호와 함께 모둠원들은 서로 협력하여 종이컵을 1층에 3개, 2층에 2개, 3층에 1개가 놓이도록 쌓는다.
  - 종이컵을 옮길 때는 반드시 연필을 이용해야 한다.
  - 종이컵을 절대 손으로 만지면 안 된다.
  - 종이컵을 옮기는 과정에서 종이컵이 떨어지면 그곳에서 종이컵을 들어 놀이를 이어 나간다.
  - 종이컵이 중간에 무너지면 그 부분부터 다시 쌓고 놀이를 이어 나간다.
❸ 종이컵을 3층까지 먼저 쌓는 모둠이 승리한다.

활동 TIP

- 모둠당 종이컵의 개수를 10개로 늘리면 놀이의 난이도를 올릴 수 있다.
- 빠르게 하려고 서두르면 오히려 실패할 확률이 높으므로 종이컵을 1개씩 침착하게 쌓는 것이 중요하다는 것을 지도한다.
- 1명이 잘한다고 승리할 수 있는 것이 아니라 모둠원 모두가 한마음으로 협력하여야 승리할 수 있는 놀이이므로 학생들이 놀이를 통해 협력의 중요성을 자연스럽게 배울 수 있도록 한다.

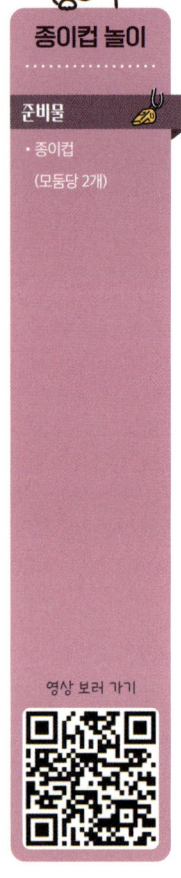

160 종이컵 따라 놀이

선생님이 들고 있는 종이컵 2개의 움직임을 보고 발로 따라 하기

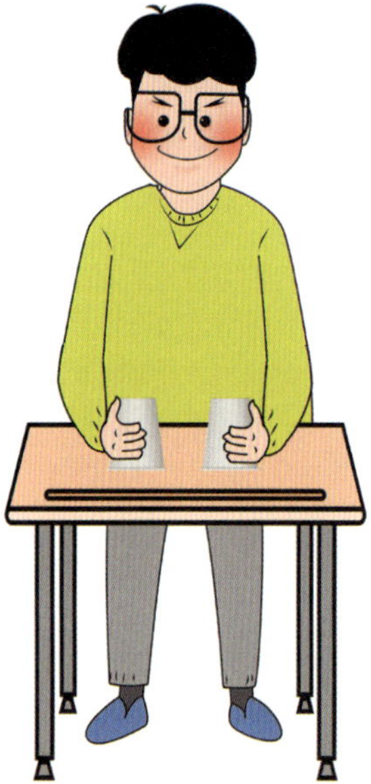

종이컵 움직임 예시

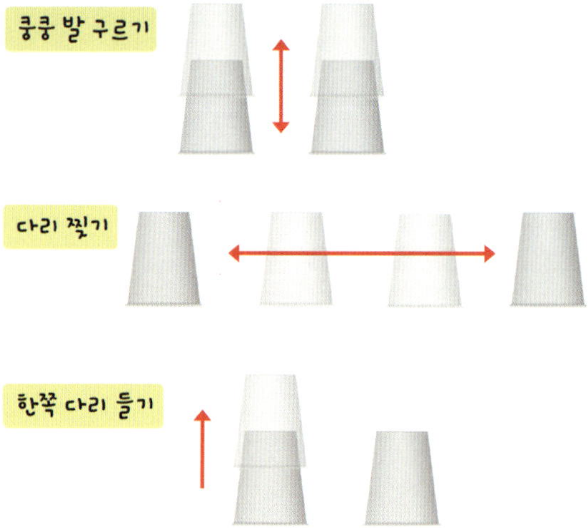

쿵쿵 발 구르기

다리 찢기

한쪽 다리 들기

활동 Tip!!
⭐ 모둠별로 술래를 정하여 교사 역할을 대신 할 수도 있다!

활동 전 준비

❶ 책상을 모둠 형태로 배치하고, 의자는 책상 밑으로 넣는다.

활동 방법

❶ 교사는 교실 앞 중앙에 종이컵 2개를 들고 위치한다.

❷ 학생들은 교사를 바라보고 바른 자세로 선다.

❸ 교사는 종이컵 2개를 자유롭게 움직인다.

(예: 종이컵 좌우로 벌리기, 종이컵 빠르게 두드리기, 한쪽 종이컵 위로 들기)

❹ 학생들은 교사의 움직임을 발로 똑같이 따라 한다.

❺ 모둠별로 진행하기

- 모둠별로 종이컵을 2개씩 받는다.

- 모둠별로 가위바위보를 통해 술래를 정한다. 술래는 교사 역할을 한다.

- 나머지 학생들은 술래가 종이컵을 움직이는 대로 발로 따라 한다.

활동 TIP

- 놀이 시작 전에 충분한 스트레칭을 하여 학생들의 부상을 예방한다.
- 종이컵의 움직임을 팔로 따라 할 수도 있다.
- 종이컵의 움직임을 한쪽은 발로, 한쪽은 팔로 따라 할 수도 있다.
  - 예를 들어 왼쪽 종이컵은 왼쪽 팔로 따라 하고, 오른쪽 종이컵은 오른발로 따라 하는 방법도 가능하다.

종이컵 놀이

준비물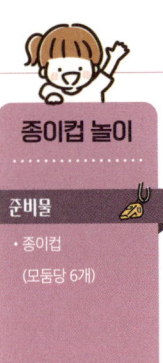
- 종이컵
  (모둠당 6개)

161 종이컵 가져오기 놀이

팀별 책상 세팅

책상 위에 종이컵 6개씩 올려 두기

1 다른 팀의 종이컵을 머리 위에 올려 우리 팀까지 가지고 오기

손으로 종이컵을 만질 수 없음!!

2 우리 팀에 도착하면 모둠 책상에 떨어뜨리기

오는 중, 또는 팀에 떨어뜨릴 때 바닥에 떨어뜨리면 원래 팀 자리에 갖다 두고 다른 팀 종이컵 가지고 오기 도전!!

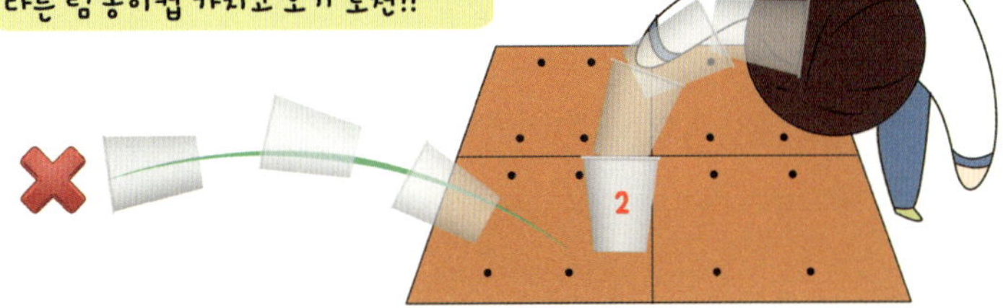

3 제한 시간 동안 가장 많은 종이컵을 모은 팀이 승리!!

영상 보러 가기

 **활동 전 준비**

❶ 책상을 모둠 형태로 배치한다.

❷ 팀별로 종이컵을 6개씩 나눠 준다.
- 종이컵을 뒤집어서 책상 위에 놓는다.
- 종이컵에 모둠을 나타내는 숫자를 적는다.

활동 방법

❶ 교사의 시작 신호와 함께 학생들은 다른 팀의 종이컵을 자기 팀으로 가져온다.

❷ 종이컵을 가져오는 방법
- 다른 팀의 종이컵을 자기 머리 위에 올린다.
- 손을 사용하지 않고 무게 중심을 잘 잡은 상태로 종이컵을 자신의 모둠 책상 위에 떨어뜨린다.
- 종이컵을 머리 위에 올리고 이동하는 중간에 종이컵을 머리에서 떨어뜨리거나, 자신의 모둠 책상 위에 잘 떨어뜨렸지만 종이컵이 책상 위에 튕겼다가 책상 아래로 떨어지면 종이컵을 원래 팀으로 가져다 두고 다른 팀의 종이컵을 가져온다.

❸ 정해진 시간이 됐을 때 더 많은 종이컵을 가지고 있는 팀이 승리한다.

활동 TIP

- 종이컵을 머리 위에 올리고 이동하는 학생들은 온 신경이 머리 위에 있는 종이컵에 가 있기 때문에 다른 학생들을 보지 못하고 부딪히는 경우가 발생한다. 따라서 놀이 시작 전에 이동 중 주변을 잘 살피고 다른 학생들과 부딪히지 않도록 안전 교육을 한다.

PART 06
다양한 용품 놀이 ②

다양한 소품과 조끼를 활용해 재미와 협동심을 동시에 기르는 놀이입니다.

계란판 놀이	계란판을 버리지 않고 모아서 계란판 놀이를 즐겨 보아요.
스틱 놀이	말랑말랑한 폼스틱은 학생들의 흥미를 불러일으키는 최고의 도구입니다. 폼스틱을 활용하여 재미있는 놀이 시간을 가져 보아요.
안대 놀이	안대를 쓰는 것만으로도 놀이의 즐거움이 배가 됩니다. 안대를 쓰고 술래잡기와 협동 놀이를 즐겨 보아요.
폐교과서 놀이	함께 공부한 학생들과 모여서 폐교과서 놀이를 하며 열심히 공부한 것을 칭찬하고 기념해 보아요.

계란판 놀이

준비물
- 계란판
  (모둠 수)
- 탁구공
  (모둠당 5개)

영상 보러 가기

162 계란판 탁구공 빙고 놀이

모둠별 준비물 모둠원 중 1명이 계란판 들기
다른 모둠원들은 탁구공 1개씩,
모둠별 총 5개 들기

빙고 만들기 탁구공 4개가 빙고가 되면
성공!!

책상에 튕겨 계란판에 넣기

활동 전 준비

❶ 책상을 모둠 형태로 배치한다.
❷ 모둠별로 계란판 1개와 탁구공 5개를 나눠 준다.

활동 방법

❶ 모둠 내에서 1명이 계란판을 든다.
❷ 다른 학생들은 1명씩 돌아가며 탁구공을 책상에 한 번 튕긴 후에 계란판에 넣는다.
❸ 5개의 탁구공 중 4개 이상이 일렬(가로, 세로, 대각선 모두 가능)로 모이면 성공이다.
❹ 정해진 시간 동안 역할을 바꿔 가며 놀이를 계속 진행한다.

활동 TIP

- 도전할 수 있는 탁구공의 개수, 빙고에 필요한 탁구공의 개수 등을 조정하여 놀이의 난이도를 조절한다.
- 교사의 선택에 따라 놀이를 모둠 간 경쟁 활동으로 진행할 수도 있다. (예: 빙고를 세 번 빨리 만드는 모둠이 승리)
- 저학년의 경우에는 놀이의 난이도를 낮추기 위하여 빙고와 상관없이 탁구공을 계란판에 빨리 넣기로 활동 방법을 수정한다.
- 두 가지 색의 탁구공이 있으면 모둠 내에서 팀전 형태로 놀이를 진행할 수도 있다.
  - 계란판을 바닥에 놓고, 계란판과 4~50cm 정도의 거리를 두고 모둠끼리 둥글게 앉는다.
  - 모둠 내에서 2인 1팀을 만들고 팀별로 탁구공을 5개씩 나눠 준다.
  - 탁구공을 튕길 순서를 정하고 순서에 따라 한 명씩 탁구공을 바닥에 한 번만 튕겨서 계란판에 넣는다.
  - 5개의 탁구공 중 3개의 탁구공을 먼저 한 줄로 만드는 팀이 승리한다. 한 줄의 방향은 가로, 세로, 대각선 모두 상관없다.
  - 5개의 탁구공을 모두 사용했는데도 한 줄을 못 만들면 계란판에 있는 5개의 탁구공 중 1개를 다시 꺼내서 사용한다.
  - 탁구공이 두 번 이상 튕기거나 계란판에 들어가지 않으면 해당 도전은 무효 처리되며, 기회는 다음 학생에게 넘어간다.

163 계란판 탁구공 이동 놀이

계란판 놀이

준비물
- 계란판
  (모둠 수)
- 탁구공
  (모둠당 5개)
- 점수판
  (모둠 수)

영상 보러 가기

1 계란판 가장 아래 줄(몸 쪽)에 탁구공 5개 놓고 계란판 튕겨서 가장 위 줄까지 이동시키기

2 탁구공 5개 모두 가장 위 줄로 이동했다면 성공!!

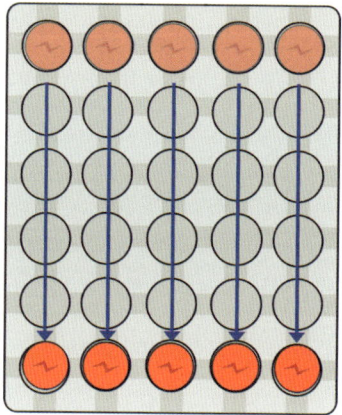

중간에 탁구공을 떨어뜨린다면 다음 학생이 도전!!

3 제한 시간 동안 가장 많은 도전가가 성공한 팀이 승리!!

활동 전 준비

❶ 책상을 모둠 형태로 배치한다.
❷ 모둠별로 계란판 1개, 점수판 1개, 탁구공 5개를 나눠 준다.

활동 방법

❶ 모둠 내에서 도전 순서를 정하고, 순서에 따라 정해진 시간이 될 때까지 계속 도전한다.
❷ 도전 방법
- 탁구공 5개를 계란판 맨 아랫줄(몸 쪽)에 배치한다.
- 손목 스냅을 활용하여 계란판을 튕겨서 탁구공 5개 모두를 계란판 맨 윗 줄에 이동시키면 도전 성공이다.
- 도전에 성공하면 모둠 점수판에서 1점을 올리고, 계란판과 탁구공을 다음 도전 학생에게 전달한다.
- 중간에 탁구공이 1개라도 계란판에서 떨어지면 도전은 실패로 간주하며, 기회는 다음 도전 학생에게 넘어간다.

❸ 정해진 시간이 됐을 때 점수가 가장 높은 모둠이 승리한다.

활동 TIP

- 탁구공이 계란판에서 여러 줄로 배치되면 탁구공을 다시 한 줄로 만드는 것이 어렵다. 따라서 항상 탁구공을 계란판에 일렬로 배치한 상태로 탁구공을 이동시키는 것이 유리하다는 것을 지도한다.

계란판 놀이

준비물
- 구멍이 뚫린 계란판
  (모둠 수)
- 탁구공
  (모둠당 5개)
- 점수판
  (모둠 수)

영상 보러 가기

164 계란판 탁구공 쏙! 넣기 놀이

계란판에 구멍 뚫기

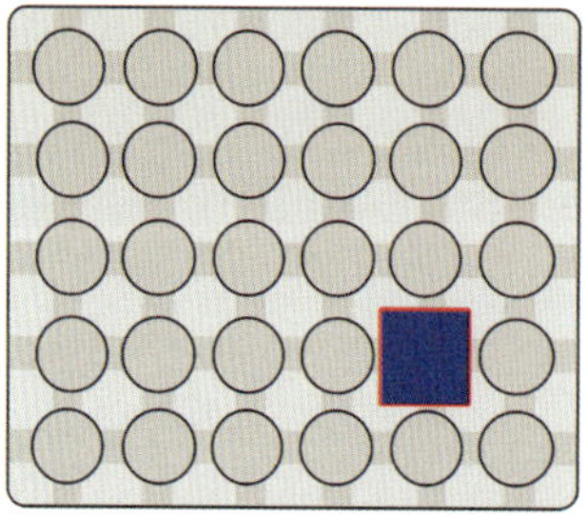

1 계란판 가장 아래 줄(몸 쪽)에 탁구공 5개 넣고 계란판 튕겨서 구멍에 통과시키기

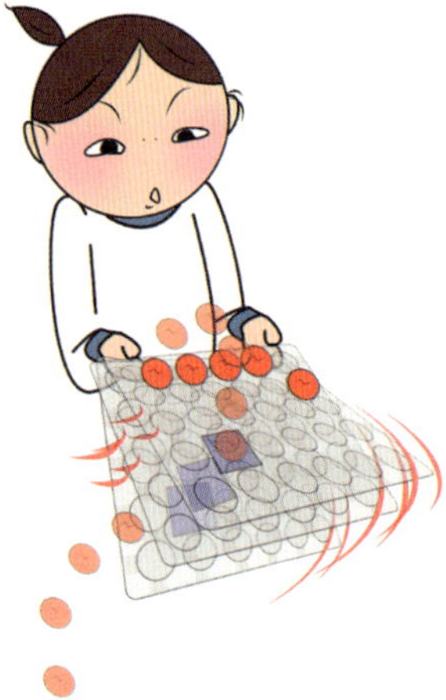

2 탁구공 5개 모두 구멍으로 빠져나왔다면 성공!!

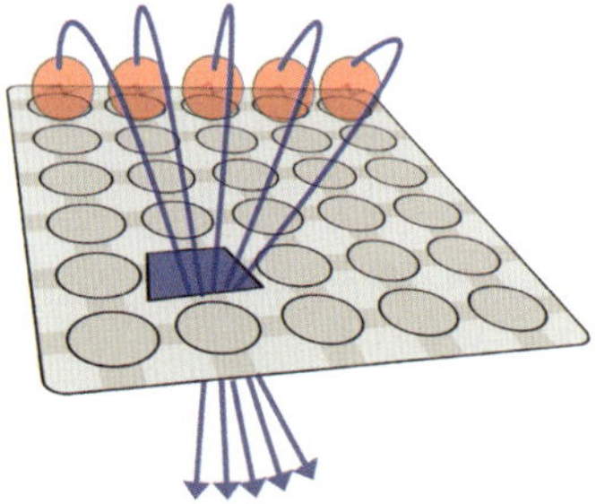

중간에 탁구공을 떨어뜨린다면 다음 학생이 도전!!

3 제한 시간 동안 가장 많은 도전자가 성공한 모둠이 승리!!

활동 전 준비

❶ 책상을 모둠 형태로 배치한다.
❷ 모둠별로 구멍이 뚫린 계란판 1개, 점수판 1개, 탁구공 5개를 나눠 준다.

활동 방법

❶ 모둠 내에서 도전 순서를 정하고, 순서에 따라 정해진 시간이 될 때까지 계속 도전한다.
❷ 도전 방법
 - 탁구공 5개를 계란판 맨 아랫줄(몸 쪽)에 배치한다.
 - 손목 스냅을 활용하여 계란판을 팅겨서 탁구공 5개를 계란판에 뚫려 있는 구멍에 넣으면 도전 성공이다.
 - 도전에 성공하면 점수판에서 1점을 올리고 계란판과 탁구공을 다음 도전 학생에게 전달한다.
 - 중간에 탁구공이 1개라도 계란판에서 떨어지면 도전은 실패이며, 기회는 다음 도전 학생에게 넘어간다.
❸ 정해진 시간이 됐을 때 점수가 가장 높은 모둠이 승리한다.

활동 TIP

- 학생들의 안전을 위하여 계란판에 구멍을 뚫는 것은 놀이 시작 전 교사가 직접 한다.
- 계란판에 구멍을 많이 뚫어 놓으면 놀이의 난이도를 낮출 수 있다.

스틱 놀이

준비물
- 폼스틱
  (학생 수)

165 스틱으로 스틱 맞히기 놀이

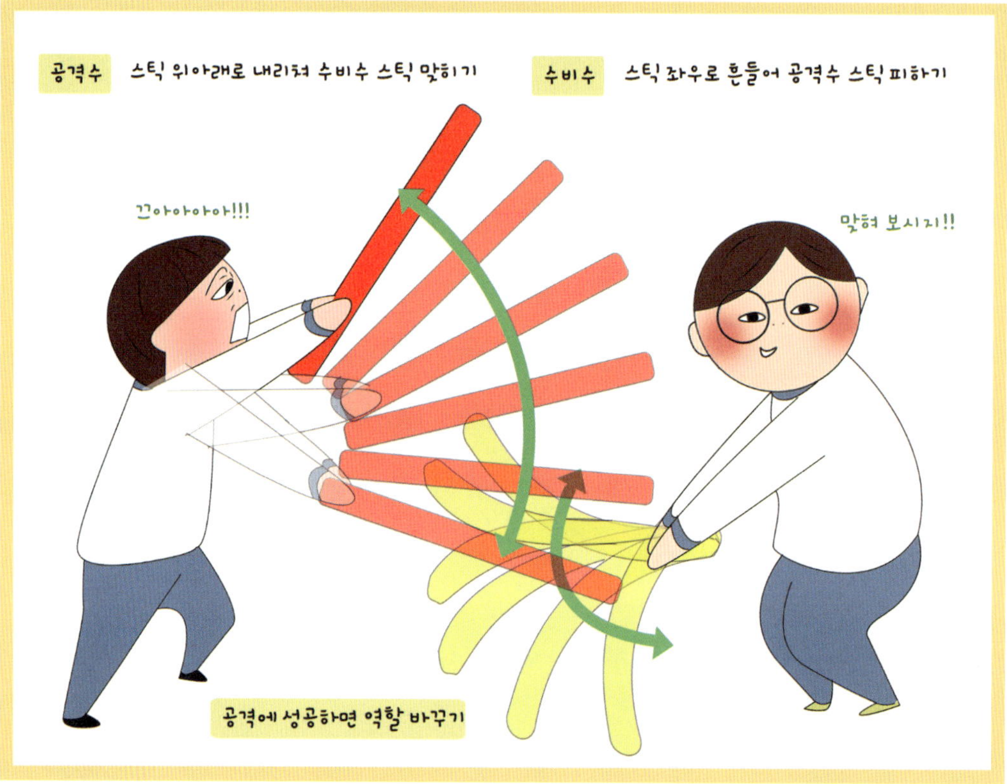

공격수: 스틱 위아래로 내리쳐 수비수 스틱 맞히기
수비수: 스틱 좌우로 흔들어 공격수 스틱 피하기

끄아아아아!!!

맞혀 보시지!!

공격에 성공하면 역할 바꾸기

활동 전 준비

❶ 책상을 모둠 형태로 배치한다.

❷ 학생들은 2인 1조를 만든다.

❸ 조별로 폼스틱을 2개씩 나눠 준다.

활동 방법

❶ 폼스틱을 들고 같은 조 학생과 서로 마주 보고 선다.

❷ 가위바위보로 공격과 수비를 정한다.

❸ 공격수는 폼스틱을 위에서 아래로 휘둘러서 수비수의 폼스틱을 맞힌다.
- 폼스틱을 옆으로 휘두르면 안 되고, 위에서 아래로만 휘둘러야 한다.

❹ 수비수는 폼스틱을 좌우로 흔들며 공격수의 공격을 피한다.
- 폼스틱 흔드는 것을 멈추면 안 되며, 폼스틱 흔드는 속도를 조절할 수는 있다.

❺ 공격수가 수비수의 폼스틱을 맞히면 공격과 수비 역할을 바꿔서 놀이를 진행한다.

❻ 조를 바꿔 가며 놀이를 이어 나간다.

활동 TIP

- 공격수와 수비수 사이에 적절한 간격을 유지하여 안전사고를 예방한다.

166 스틱 보리 보리 쌀 놀이

스틱 놀이

준비물
- 폼스틱
  (조당 1개)

보리 스틱 잡기 X   쌀 스틱 잡기 O

쌀 잡았구요~!!   쌀!!!

잡기에 성공하면 역할 바꾸기

영상 보러 가기

활동 TIP
- 승패가 없는 간단한 놀이이기 때문에 학기 초 어색한 친구들과 가까워지는 데 효과적이다.

 **활동 전 준비**

❶ 책상을 모둠 형태로 배치한다.

❷ 학생들은 2인 1조를 만든다.

❸ 조별로 폼스틱 1개를 받는다.

활동 방법

❶ 폼스틱을 들고 같은 조 학생과 마주 보고 선다.

❷ 가위바위보로 공격과 수비를 정한다.

❸ 수비수는 팔을 앞으로 내밀고 손바닥을 모은다.

❹ 공격수는 폼스틱을 수비수의 손바닥에 내려쳤다가 빠르게 빼면서 "보리" 혹은 "쌀"을 외친다.

- 수비수는 "보리"에 폼스틱을 잡으면 안 되고, "쌀"에 폼스틱을 잡아야 한다.
- 공격수는 "보리", "쌀"을 외치는 순서를 잘 조절하여 수비수가 공격을 예상할 수 없게 한다.
- 공격수는 스틱을 너무 세게 내려치지 않도록 주의한다.

❺ 수비수가 폼스틱을 잡으면 역할을 바꿔서 놀이를 진행한다.

❻ 조를 바꿔 가며 놀이를 이어 나간다.

167 협동 스틱 잡기 놀이

기본 자세 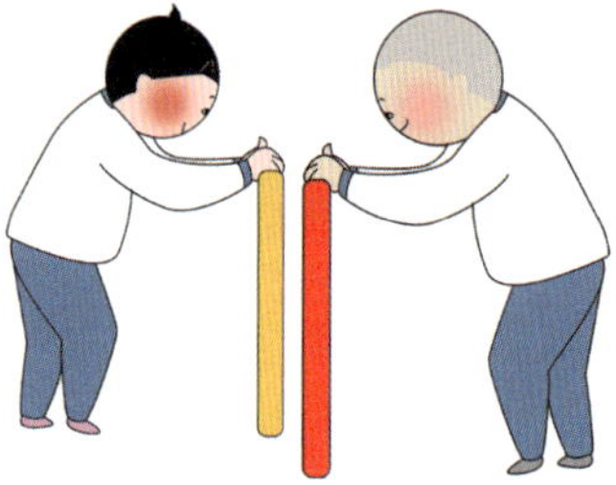
폼스틱 들고 다리 벌려 서기

교사의 박자를 듣고 맞바꿔 잡기
1 스틱 잡고 서기 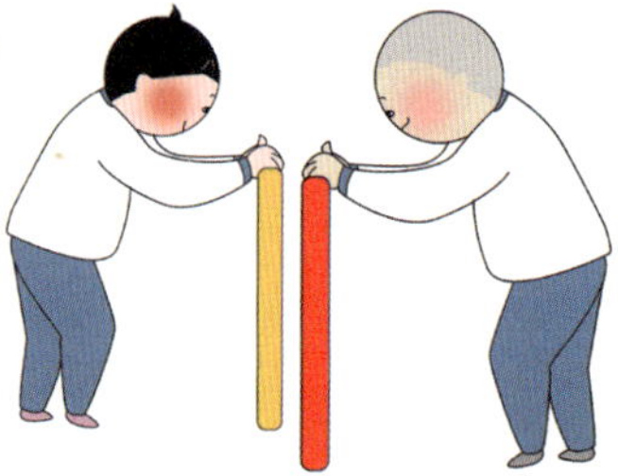
2 교사의 신호에 맞춰 스틱 바꿔 잡기

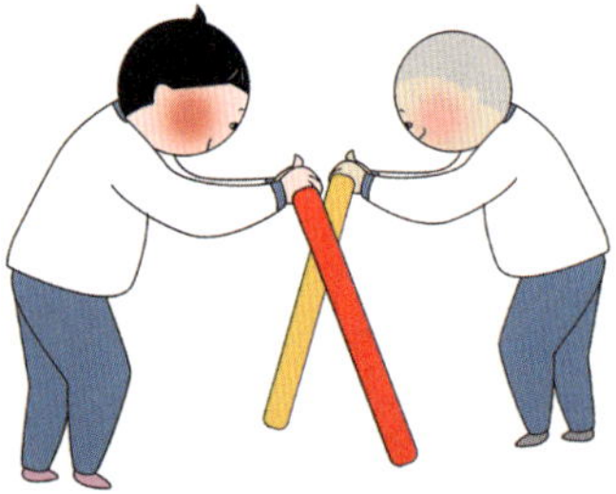

교사의 박자를 듣고 방향 정해 돌기
내가 잡던 스틱을 놓고 돌며 옆 사람 스틱 잡기

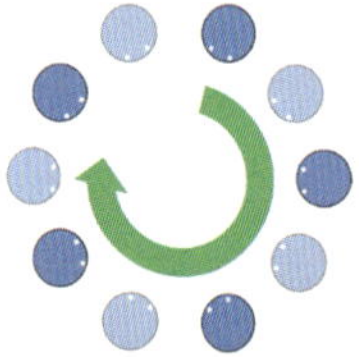

활동 전 준비

❶ 책상과 의자를 밀고 공간을 넓게 확보한다.
❷ 학생들은 2인 1팀을 만든다.
❸ 모든 학생에게 폼스틱을 1개씩 나눠 준다.

활동 방법

❶ 팀별로 폼스틱을 들고 서로 마주 보고 선다.
❷ 각자의 폼스틱을 바닥에 세운 후에 잘 잡고 있다.
❸ 교사의 "하나, 둘, 셋!" 신호에 맞춰 동시에 자신의 폼스틱을 놓고 팀원의 폼스틱을 잡는다.
❹ ❸의 활동을 충분히 연습한 후에 4명이 팀이 되어 원을 만든다.
❺ 교사의 "하나, 둘, 셋!" 신호에 맞춰 4명이 동시에 자신의 폼스틱을 놓고 시계 방향 또는 반시계 방향으로 1칸 움직이며 옆 학생의 폼스틱을 잡는다.
❻ ❺의 활동을 충분히 연습한 후에 반 전체가 한 팀이 되어 원을 만든다.
❼ 교사의 "하나, 둘, 셋!" 신호에 맞춰 반 전체가 동시에 자신의 폼스틱을 놓고 시계 방향 또는 반시계 방향 1칸 움직이며 옆 학생의 폼스틱을 잡는다.
❽ 반 전체 학생이 만든 원이 한 바퀴를 도는 데 성공할 때까지 도전을 계속한다.

활동 TIP

- 다리를 벌려서 진행하면 놀이의 난이도를 올릴 수 있다.
- 학생들이 놀이에 적응되면 교사의 일률적인 신호에 맞춰서 놀이를 하기보다는 학생들 간의 협의를 통해 자율적으로 리듬을 만들고, 그 리듬에 맞춰서 놀이를 진행해 볼 수 있도록 지도한다.
- 놀이를 통해 학생들이 협동심과 끈기를 기를 수 있도록 지도한다.

스틱 놀이

준비물
- 폼스틱
  (모둠당 2개)
- 탁구공
  (모둠 수)
- 점수판
  (모둠 수)
- 종이컵
  (모둠 수)

168 스틱으로 탁구공 넣기 놀이

1. 모둠에서 2명씩 짝지어 폼스틱 2개를 맞잡고 다른 1명이 탁구공 올려 주기

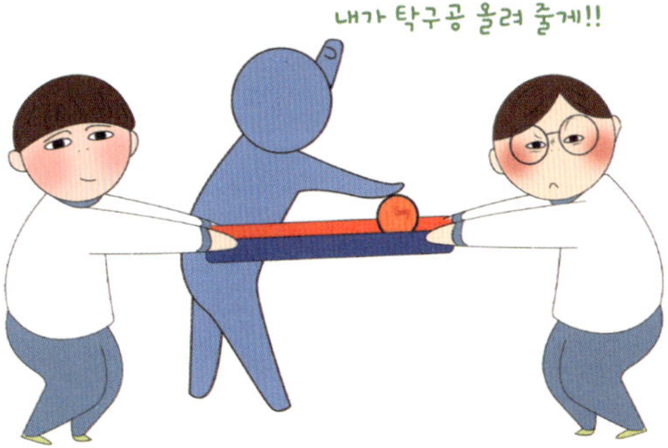

   내가 탁구공 올려 줄게!!

2. 탁구공 떨어뜨리지 않고 모둠 1바퀴 돌기

3. 1팀이 성공할 때마다 1점 득점!!

4. 가장 많은 점수를 얻은 모둠이 승리!!

활동 Tip!!
⭐ 탁구공을 중간에 떨어뜨리면 출발 지점에서 다시 시작!!
⭐ 탁구공이 들어간 후, 종이컵이 넘어진 경우는 득점 인정!!

영상 보러 가기

활동 TIP
- 학생들끼리 부딪히는 안전사고를 예방하기 위하여 모둠 간 간격을 충분히 유지한다.

활동 전 준비
❶ 책상을 모둠 형태로 배치한다.
❷ 모둠별로 폼스틱 2개, 탁구공 1개, 종이컵 1개, 점수판 1개를 나눠 준다.
❸ 종이컵은 모둠 책상 가운데에 배치한다.

활동 방법
❶ 모둠 내에서 2인 1팀을 만든다.
❷ 같은 팀 2명이 폼스틱 2개를 붙여서 같이 든다.
❸ 모둠 내 다른 학생들이 폼스틱 위에 탁구공을 올린다.
❹ 교사의 시작 신호와 함께 폼스틱을 든 2명은 탁구공을 떨어뜨리지 않으면서 모둠을 한 바퀴 돌아 책상 위 종이컵에 탁구공을 넣는다.
  - 탁구공을 중간에 떨어뜨리면 처음 위치에서 다시 시작한다.
  - 탁구공을 종이컵에 넣은 후에 종이컵이 쓰러진 것은 성공으로 간주한다.
❺ 탁구공을 종이컵에 넣으면 점수판에서 점수를 1점 올리고, 폼스틱과 탁구공을 모둠 내 다음 팀에게 넘긴다.
❻ 정해진 시간이 됐을 때 점수가 가장 높은 모둠이 승리한다.

169 안대 쓰고 숨바꼭질 술래잡기

안대 놀이

준비물
• 안대 1개
• 폼스틱 1개

영상 보러 가기

 **활동 전 준비**

❶ 술래 1명을 뽑는다.
❷ 술래에게 안대 1개와 폼스틱 1개를 준다.

활동 방법

❶ 술래는 안대를 쓴 상태로 대기하고, 다른 학생들은 교실 곳곳에 자유롭게 숨는다.
❷ 술래는 1분 후에 안대를 쓴 상태로 폼스틱을 들고 다른 학생들을 찾아다닌다.
  - 술래 외 학생들은 숨은 장소에서 움직일 수 없다.
  - 술래와 몸이 닿거나 술래의 폼스틱에 터치 당하면 아웃이다.
  - 아웃이 된 학생들은 아웃존에서 대기한다.
❸ 정해진 시간이 됐을 때 살아남은 학생이 승리한다.
❹ 놀이가 끝난 후에는 다 같이 박수로 놀이를 마무리한다.
❺ 술래를 바꿔서 놀이를 이어 나간다.

활동 TIP

- 이 놀이는 승패가 나뉘어져 있지 않으며, 교실에서 짧은 시간에 가볍고 안전하며 즐겁게 술래잡기를 하는 것에 목적을 둔 활동이다.
- 교사는 학생들이 위험한 곳이 아닌 안전한 장소에 숨을 수 있도록 지도하고, 안대를 쓴 술래가 부딪히지 않도록 주시한다.
- 술래가 안대를 쓰고 맨손으로 활동을 하면 실수로 다른 학생 신체의 민감한 부분을 건드릴 수도 있으므로 반드시 폼스틱 등 도구를 활용하여 놀이를 진행한다.

안대 놀이

준비물
- 안대 1개
- 폼스틱 1개

170 안대 쓰고 손뼉치기 술래잡기

활동 전 준비

❶ 술래 1명을 뽑는다.
❷ 술래에게 안대 1개와 폼스틱 1개를 준다.

활동 방법

❶ 술래는 안대를 쓴 상태로 대기하고, 다른 학생들은 교실 곳곳에 자유롭게 숨는다.
❷ 10초 동안 술래 외의 학생들은 교실 곳곳에 숨는다.
❸ 10초 후에 술래는 다른 학생들을 찾아다닌다.
   - 술래 외의 학생들은 자유롭게 돌아다니며 박수로 술래에게 자신의 위치를 알린다.
   - 술래와 몸이 닿거나 술래의 폼스틱에 터치 당하면 아웃이다.
   - 아웃이 된 학생들은 아웃존에서 대기한다.
❹ 정해진 시간이 됐을 때 살아남은 학생이 승리한다.
❺ 놀이가 끝난 후에는 다 같이 박수로 놀이를 마무리한다.
❻ 술래를 바꿔서 놀이를 이어 나간다.

활동 TIP

- 학생들이 술래를 지나치게 놀리지 않도록 지도한다.
- 술래를 2명 또는 3명으로 하면 조금 더 긴장감 있는 놀이가 된다.
- 책상과 의자를 밀고 공간을 넓게 확보한 후에 놀이를 진행하면 학생들의 이동이 더 수월해져서 조금 더 활동적인 느낌의 놀이 진행이 가능하다.

171 안대 쓰고 제자리걸음 협동 놀이

안대 놀이

준비물
- 안대 4개
- 라인테이프

영상 보러 가기

1. 모둠에서 1명은 안대를 쓰고 네모 칸 안에서 제자리걸음

2. 안대 쓴 모둠원이 네모 칸을 벗어나면 다른 모둠원이 알려 주기

3. 시간이 종료되었을 때, 네모 칸 안에 안대 쓴 모둠원이 서 있다면 점수 획득!!

활동 전 준비

❶ 라인테이프를 활용하여 바닥에 정사각형 4개를 만든다.

❷ 학생들을 네 팀으로 나눈다.

활동 방법

❶ 팀별로 자신의 팀 정사각형 근처에 모여 앉는다.

❷ 팀별로 도전 순서를 정하고 순서에 맞게 1명씩 도전한다.

❸ 도전 방법
  - 정사각형 안에 들어가서 안대를 착용한다.
  - 안대를 착용한 상태로 1분 동안 제자리걸음을 한다.
  - 1분이 됐을 때 정사각형 안에 있으면 성공이다.

❹ 개별 도전이 끝나면 팀별 협동 도전을 진행한다.

❺ 팀별 협동 도전에서는 팀원들이 안대를 착용하고 도전하고 있는 학생들을 도와준다.
  - 예를 들어 안대를 착용한 학생이 정사각형 밖으로 나오려고 하면 왼쪽, 오른쪽 등 방향을 알려줌으로써 정사각형 안으로 들어갈 수 있도록 한다.

❻ 정해진 시간이 될 때까지 놀이를 반복한다.

활동 TIP

- 도전 시간을 1분에서 좀 더 늘리거나 줄이면 난이도를 조절할 수 있다.
- '모든 팀이 동시에 도전에 성공하면 보상 제공' 등 보상을 걸고 놀이를 진행하면 학생들의 협동심을 불러일으킬 수 있다.

폐교과서 놀이

준비물
- 폐교과서
- 테이프

172 책기둥 만들기 놀이

준비물

1 폐교과서 펼쳐 10~20장 겹쳐 중앙에 꽂기

2 모든 장을 중앙에 꽂은 뒤, 표지로 감싸기

3 풀리지 않게 표지를 테이프로 붙이기

활동 전 준비

❶ 책기둥을 만들 폐교과서와 테이프를 준비한다.
❷ 책상에 바른 자세로 앉는다.

활동 방법

❶ 폐교과서 첫 장을 펼친다.
❷ 첫 장과 마지막 장을 제외하고 교과서의 모든 책장을 10~20장 정도씩 잡고 둥글게 말아서 안으로 넣는다.
❸ 첫 장과 마지막 장을 활용하여 둥글게 만 부분을 감싼다.
  - 안쪽에 공간이 생기지 않도록 첫 장과 마지막 장으로 빈틈없이 감싼다.
❹ 첫 장과 마지막 장이 풀리지 않도록 테이프로 고정한다.

활동 TIP

• 책기둥을 활용하여 다양한 놀이를 즐기면 교과서가 손상되어 수업에 활용하기 어려워진다. 따라서 반드시 폐교과서로 책기둥을 만들도록 한다.

173 책기둥 쌓기 놀이

폐교과서 놀이

준비물
• 폐교과서로 만든 책기둥

영상 보러 가기

책기둥 만들기

폐교과서의 안쪽을 중앙에 끼우고 표지를 서로 맞붙여 책기둥 만들기

자자!! 조심조심 올라간다!!!

제한 시간 안에 가장 높게 쌓은 순서로 등수를 정한다!!

활동 전 준비

❶ 책상과 의자를 밀고 공간을 넓게 확보한다.

활동 방법

❶ 책기둥 높게 쌓기
- 학생들을 두 팀으로 나누고, 팀별로 각자 만든 폐교과서 책기둥을 가지고 모인다.
- 서로 협동하여 책기둥이 교실 천장에 닿을 때까지 높게 쌓는다.
- 정해진 시간 동안 가장 높게 쌓은 순서로 등수를 정한다.
- 다 함께 책기둥을 안전하게 무너뜨리며 놀이를 마무리한다.

활동 TIP

- 책기둥은 책상과 의자를 활용하여 쌓고, 안전사고가 발생하지 않도록 유의한다.
- 책기둥을 다 쌓고 난 후에 다 함께 모여서 인증샷을 찍으면 행복한 추억을 남길 수 있다.
- 아래와 같은 방법으로 책기둥 볼링 놀이를 진행할 수 있다.
  - 학생들은 4인 1조를 만들고, 조별로 자신의 책기둥을 가지고 모인다.
  - 책기둥을 볼링핀처럼 배치한다.
  - 볼링처럼 공을 굴려서 책기둥을 넘어뜨린다.
  - 상세한 규칙은 조별로 토의를 통해 자유롭게 정한다.
  - 다른 조의 영역을 침범하지 않도록 유의한다.

174 굴려라! 넘어트려라! 놀이

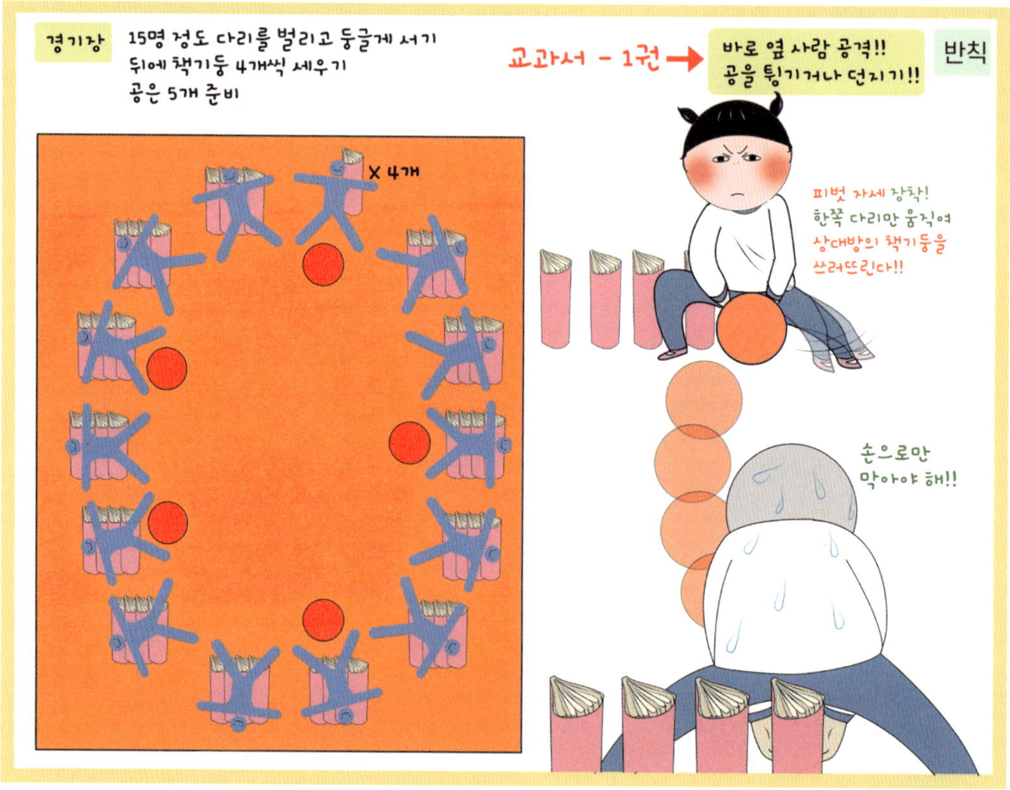

경기장: 15명 정도 다리를 벌리고 둥글게 서기
뒤에 책기둥 4개씩 세우기
공은 5개 준비

× 4개

교과서 - 1권

반칙: 바로 옆 사람 공격!!
공을 튕기거나 던지기!!

피벗 자세 장착!
한쪽 다리만 움직여
상대방의 책기둥을
쓰러뜨린다!!

손으로만
막아야 해!!

활동 전 준비

1. 책상과 의자를 밀고 공간을 넓게 확보한다.
2. 학생들을 두 개 조로 나눈다.

활동 TIP

- 공의 크기, 개수 등을 조정하여 놀이의 난이도를 조절한다.

활동 방법

1. 먼저 놀이에 참여할 1조는 교실 뒤에 모이고, 2조 학생들은 교실 앞에 모여서 놀이를 관전한다.
2. 놀이에 참여하는 학생들은 최대한 큰 원을 만들어서 둥글게 선다.
3. 자신의 뒤에 폐교과서로 만든 책기둥 4권을 세운다. 책기둥과 교실 벽 사이에 적절한 간격을 유지하여 책기둥이 공에 맞았을 때 넘어질 수 있도록 한다.
4. 모든 학생이 책기둥을 세우면 교사는 공 5개를 학생들에게 주고 놀이를 시작한다.
5. 놀이 규칙
   - 공을 굴려서 상대방 책기둥을 넘어뜨린다.
   - 공은 앉지 않고 서서 굴리고, 한 발만 움직일 수 있다.
   - 공을 3초 이상 가지고 있을 수 없다.
   - 책기둥이 모두 쓰러진 학생은 팔벌려 뛰기 3회 등 신체 과제를 수행한 후에 책기둥을 다시 세우고 놀이에 참여한다.
6. 다음은 반칙에 해당한다.
   - 자신의 좌우 바로 옆에 있는 학생을 공격한 경우
   - 공을 발로 막은 경우
   - 공을 잡아 던지거나 공을 띄운 경우
7. 반칙을 한 학생은 자신의 책기둥 1권을 넘어뜨린다.
8. 정해진 시간이 됐을 때 책기둥이 쓰러진 횟수가 가장 적은 학생이 승리한다.
9. 1조의 놀이가 끝난 후에 2조도 같은 방법으로 놀이를 진행한다.

175 책 치기 놀이

폐교과서 놀이

준비물
- 폐교과서 (학생 수)
- 팀조끼 (학생 수의 절반)
- 점수판 1개

영상 보러 가기

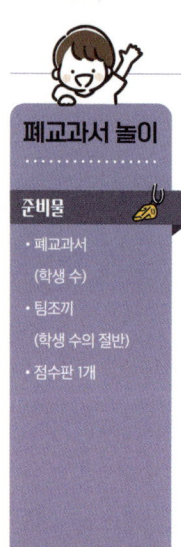

1. 내 책은 손 위에 올려 지키고 다른 손으로 다른 학생들 책 떨어뜨리기

개인전 누구의 책이든 떨어뜨릴 수 있다!!

2. 5회 이상 책을 떨어뜨리면 벌칙 수행 후, 다시 참여

안 돼애!!

책을 몸에 붙인 경우, 반칙!! 떨어뜨린 횟수 1회 추가!!

단체전 상대 팀 책을 떨어뜨린다!!

2. 5회 이상 책을 떨어뜨리면 상대 팀 점수를 1점 올리고 다시 참여!!

활동 전 준비

❶ 강당 등 넓은 공간으로 이동한다.
❷ 모든 학생은 폐교과서를 1권씩 준비한다.

활동 TIP

- 안전사고 예방을 위하여 놀이 시작 전에 다른 학생의 폐교과서를 손으로 너무 세게 치지 않도록 안전 지도를 한다.
- 고의로 다른 학생의 폐교과서를 너무 세게 치는 학생에게 경고 1회를 주고, 경고 2회가 누적된 학생은 놀이에서 제외시킨다.

활동 방법

❶ 개인전
- 모든 학생은 한 손에 자신의 폐교과서를 올린다.
- 교사의 시작 신호와 함께 돌아다니면서 자신의 폐교과서는 떨어뜨리지 않고 다른 학생의 폐교과서를 손으로 쳐서 떨어뜨린다.
- 폐교과서를 다섯 번 떨어뜨리면 바닥에 폐교과서를 내려놓고 팔벌려 뛰기 3회 등 신체 과제를 수행한 후에 놀이에 다시 참여한다.
- 자신의 폐교과서를 떨어뜨리지 않기 위해 폐교과서를 몸으로 붙이면 반칙이다. 반칙을 한 학생은 폐교과서를 떨어뜨린 횟수를 1회 추가한다.
- 폐교과서를 떨어뜨린 횟수가 가장 적은 학생이 승리한다.

❷ 단체전
- 학생들을 두 팀으로 나누고, 한 팀만 팀조끼를 입는다.
- 한쪽에 아웃존을 만들고 점수판을 둔다.
- 개인전과 똑같은 방식으로 진행하되, 폐교과서를 다섯 번 떨어뜨리면 아웃존으로 가서 신체 과제를 수행하고 점수판에서 상대 팀 점수를 올린다.
- 정해진 시간이 됐을 때 점수가 높은 팀이 승리한다.

176 교과서 도미노 놀이

폐교과서 놀이

준비물
- 폐교과서

1 폐교과서 모두 모아 준비

2 교실에 폐교과서 세워 도미노 만들기

3 도미노 쓰러뜨리기

조심~ 조심~

신중... 또 신중...

교과서를 다 쌓고 도미노라니!! 완전 재밌다!!

비어 있으면 도미노가 끊겨 버릴 거야!!

영상 보러 가기

활동 전 준비

❶ 책상을 모둠 형태로 배치한다.
❷ 공부가 끝난 폐교과서를 모두 꺼내 책상 위에 올려 둔다.

활동 방법

❶ 모둠별로 폐교과서 10권을 세워서 미니 도미노 놀이를 해 본다.
  - 폐교과서를 일정한 간격으로 세울 수 있도록 지도한다.
❷ 미니 도미노 놀이에 익숙해지면 폐교과서의 개수를 늘려서 도미노 놀이를 진행한다.
  - 처음에는 폐교과서를 일렬로 세워서 도미노 놀이를 진행한다.
  - 일렬로 세운 도미노를 성공하면 원형 형태로 폐교과서를 세워서 도미노를 진행한다.
❸ 모둠별로 도미노를 진행하는 것이 익숙해지면 모든 학생의 폐교과서를 모아서 교실 전체에 큰 도미노를 만들어 놀이를 진행한다.
  - 서로 탓하지 않고 협동하는 마음을 가질 수 있도록 지도한다.
❹ 놀이가 끝난 후에는 다 같이 박수로 마무리한다.

활동 TIP

- 1학기에 놀이를 진행한다면 2학기에 사용하는 교과서는 사물함에 따로 잘 정리해 두고 폐교과서만을 활용한다.
- 놀이가 끝난 후에는 다 같이 폐교과서를 정리하며 협동심을 기를 수 있도록 지도한다.
- 도미노가 끊기면 교사가 살짝 건드려서 도미노가 끝까지 갈 수 있도록 도와준다.

PART 07
기타 놀이

색다른 도구와 상황을 이용해 특별한 경험을 만드는 놀이입니다.

기타 놀이

분류가 어려운 다양한 놀이를 한 데 모았어요.
다양한 놀이를 통해 즐겁게 친구들과 친해지고 협동을 배우는 시간을 가져요.

177 지우개 잡기 놀이 11종

- 두 손으로 받기 5회
- 한 손으로 받기 5회
- 앗 뜨거 양손 받기 20회
- 오른손으로 던져 왼손으로 받기 / 반대 손으로 받기 10회
- 손뼉 치고 받기
  * 1-2-3회 치기
  * 가장 많이 치기
- 쓰레받기로 받기
- 쓰레받기로 던지고 받기
- 짝과 주고받기
  * 1개로 주고받기
  * 2개로 동시에 주고받기

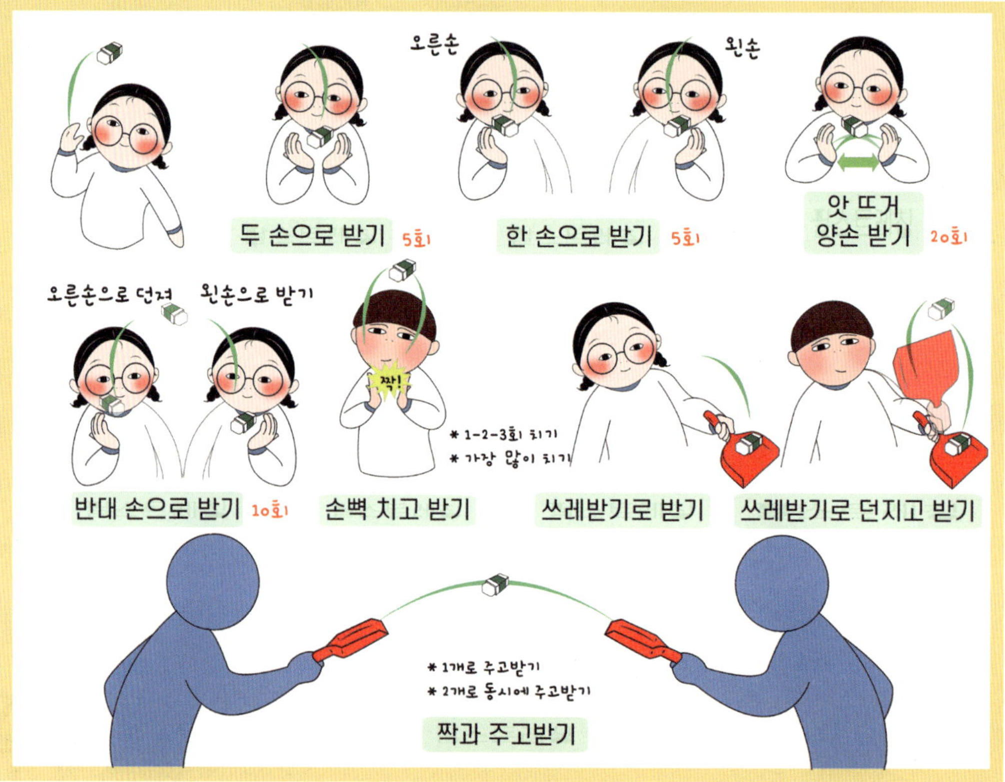

활동 전 준비

❶ 의자를 책상에서 뒤로 빼서 놀이 공간을 확보한다.
❷ 학생들은 의자에 바른 자세로 앉는다.

활동 방법

❶ 지우개를 한 번씩 잡을 때마다 개수를 외치고, 목표 개수를 잡은 후에는 "성공!"을 외치며 손뼉을 친다.
❷ 개인 활동
 - 놀이 1: 지우개를 한 손으로 던져 두 손으로 받기
 - 놀이 2: 지우개를 한 손으로 던져 한 손으로 받기(오른손)
 - 놀이 3: 지우개를 한 손으로 던져 한 손으로 받기(왼손)
 - 놀이 4: 지우개를 양손으로 왔다 갔다 이동시키기
 - 놀이 5: 지우개를 한 손으로 높게 던져서 반대 손으로 받기
 - 놀이 6: 지우개를 던진 후 손뼉 한 번 치고 잡기
 - 놀이 7: 지우개를 던진 후 손뼉 두 번 치고 잡기
 - 놀이 8: 지우개를 던져 미니 쓰레받기로 받기
 - 놀이 9: 지우개를 미니 쓰레받기로 던지고 미니 쓰레받기로 받기
❸ 짝 활동
 - 놀이 10: 미니 쓰레받기로 지우개 1개 던지고 받기
 - 놀이 11: 미니 쓰레받기로 지우개 2개 동시에 던지고 받기

활동 TIP
• 짝 활동 시작 전에 겸손, 협동, 우정 등의 인성 가치를 지도하면 좋은 인성 놀이 활동이 된다.
• 학생들에게 놀이 시작 전 놀이에 임하는 태도에 대해 지도한다.
 - 포기하지 않기
 - 천천히 하기
 - 무리하지 않기

기타 놀이

준비물

- 공 1개
- 볼링핀 4개
- 훌라후프 1개
- 원마커 15개

영상 보러 가기

178 볼링핀을 지켜라! 놀이

공격: 원을 만들어 서고 공으로 볼링핀 쓰러뜨리기
수비: 볼링핀이 쓰러지지 않게 방어하기
틈이 보인다!!
당했다!!
경기장
공격
수비
볼링핀 4개

활동 전 준비

❶ 책상과 의자를 밀고 공간을 넓게 확보한다.
❷ 학생들을 두 개 조로 나눈다.
❸ 교실 가운데에 훌라후프를 놓고 그 안에 볼링핀 4개를 놓는다.
❹ 훌라후프 밖에 적당한 간격을 두고 원형 형태로 원마커를 각 조 학생 수에서 2명을 뺀 만큼 놓는다.

활동 방법

❶ 1조 학생들 중 수비팀 학생 2명을 뽑는다.
❷ 수비팀 학생 2명은 훌라후프 쪽에 가서 선다.
  - 수비팀 학생 2명을 제외한 나머지 1조 학생들은 공격팀이 된다.
❸ 공격팀 학생들은 원마커로 표시된 자리에 가서 선다.
❹ 교사는 공격하는 학생들 중 1명에게 공을 준다.
❺ 교사의 시작 신호와 함께 공격팀 학생들은 공을 굴리거나 던져서 볼링핀을 쓰러뜨린다.
  - 볼링핀을 직접 공략하기 어려운 경우에는 같은 팀에게 공을 패스할 수 있다.
❻ 수비팀 학생들은 온몸을 활용하여 공을 막는다.
❼ 정해진 시간 내에 볼링핀을 모두 쓰러뜨리면 공격팀이 승리하고, 볼링핀이 1개라도 남으면 수비팀이 승리한다.
❽ 1조 놀이가 끝나면 2조도 같은 방식으로 놀이를 진행한다.

활동 TIP
- 많은 학생이 골고루 공을 잡을 수 있도록 '3회 이상 다른 학생에게 패스한 후 공격하기' 등의 규칙을 정한다.
- 수비팀이 너무 불리하면 수비팀 학생 수를 늘린다.
- 볼링핀의 개수를 조정하여 놀이의 난이도를 조절한다.

179 손잡고 협동 놀이

기타 놀이

준비물
- 훌라후프 (팀의 수)
- 풍선 (팀의 수)
- 원마커 (팀의 수)

오래 치기
풍선

기본 대형

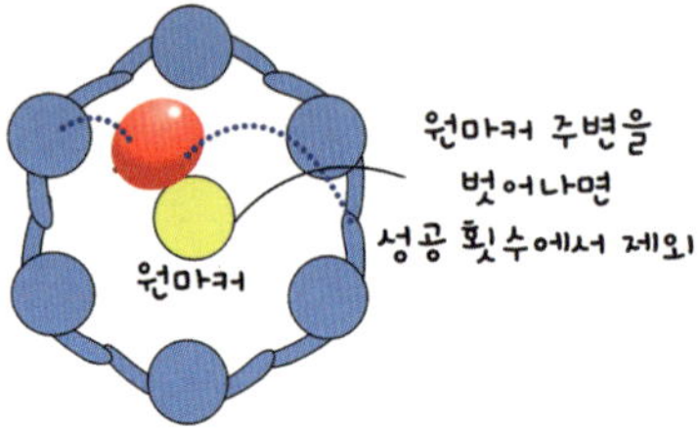

원마커 주변을 벗어나면 성공 횟수에서 제외

원마커

손을 잡은 상태에서 풍선이 떨어지지 않도록 치기
가장 많이 친 팀이 승리!!

빨리 넘기기
훌라후프

기본 대형

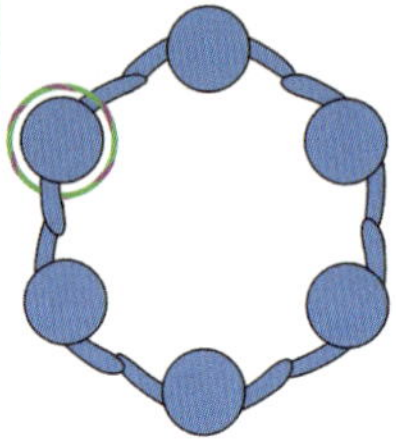

손을 잡은 상태에서 훌라후프를 통과하기

1바퀴 돌기를 성공한 팀은 성공! 외치기

영상 보러 가기

활동 전 준비

❶ 책상과 의자를 밀고 공간을 넓게 확보한다.
❷ 학생들은 6인 1팀을 만든다.

활동 TIP

- 풍선과 훌라후프의 개수를 늘려서 놀이를 진행해도 된다.

활동 방법

❶ 오래 치기 풍선

- 팀별로 원형 형태로 서서 양옆의 같은 팀 학생과 양손을 모두 잡는다.
- 원 가운데에 원마커를 놓고, 팀별로 풍선 1개를 받는다.
- 교사의 시작 신호와 함께 손을 잡은 상태에서 팔로 풍선을 쳐서 주고받는다.
- 학생들은 원마커 주변을 벗어나면 안 되고, 항상 원마커를 중심으로 원형 형태를 유지해야 한다.
- 원마커 주변을 벗어난 상태에서 풍선을 치면 성공 횟수에서 제외한다.
- 정해진 시간이 됐을 때 풍선을 가장 많이 친 팀이 승리한다.

❷ 빨리 넘기기 훌라후프

- 팀별로 원형 형태로 서서 양옆의 같은 팀 학생과 양손을 모두 잡는다.
- 첫 번째로 훌라후프를 통과할 학생을 뽑는다.
- 첫 번째 학생과 두 번째 학생이 잡은 손에 훌라후프를 건다.
- 첫 번째 학생은 손을 잡은 채로 훌라후프에 자기 몸을 통과시켜서 다음 학생에게 훌라후프를 넘긴다.
- 두 번째 학생부터 마지막 학생까지 같은 방법으로 자신의 몸을 통과시켜서 다음 친구에게 훌라후프를 넘긴다.
- 모든 팀원이 훌라후프를 통과해서 훌라후프가 처음 위치로 다시 오면 다 함께 "성공!"을 외치며 앉는다.
- 가장 빠르게 성공한 팀이 승리한다.

기타 놀이

준비물
- 줄넘기 1개
- 플라스틱 통 1개
- 테이프
- 팀조끼 혹은 종이컵 여러 개

영상 보러 가기

180 줄 피해 보물 잡기 놀이

1 교사 주변에 보물(팀조끼, 컵 등)을 깔아 두기

2 교사는 가운데에서 긴 줄 돌리기

3 교사 주변에 둥글게 서서 줄을 피해 보물 가지고 가기

한 번에 1개씩만 가지고 갈 수 있다!!

오케이!!

윽!! 줄 피하기가 쉽지 않네!!

4 모든 보물이 다 사라지면 게임 끝!!

활동 전 준비

❶ 책상과 의자를 밀고 공간을 넓게 확보한다.
❷ 줄넘기 손잡이 부분에 플라스틱 통을 끼우고 테이프로 고정한다.
 - 플라스틱 통을 끼우는 이유는 혹시 모를 부상을 예방하기 위한 것이다.

활동 방법

❶ 교사는 교실 중앙에 줄넘기를 잡고 위치한다.
❷ 학생들은 교사 주위에 보물(팀조끼 또는 종이컵)을 배치한다.
❸ 학생들은 보물 배치가 끝나면 교사 주위에 둥글게 선다.
❹ 교사가 줄을 돌리기 시작하면 학생들은 줄을 피해 교사 주위에 있는 보물을 집어 온다. 교사는 줄을 돌릴 때 플라스틱 통이 끼워진 손잡이가 학생들을 향하도록 한다.
❺ 학생들이 모든 보물을 가져가면 놀이를 종료한다.
❻ 각자 가져온 보물의 개수를 확인한다.
❼ 가장 많은 보물 가지고 온 학생이 승리한다.

활동 TIP

- 학생들이 무서워서 보물을 잘 가져오지 못하면 줄을 피해 보물을 가지러 들어오는 시점을 알려 준다.
- 배경 음악으로 신나는 노래를 틀면 더 즐거운 놀이 분위기를 형성할 수 있다.
- 교사가 줄 돌리는 속도를 높이면 놀이의 난이도가 자연스럽게 올라간다.

기타 놀이

준비물
없음

181 목소리 듣고 이름 맞히기 놀이

활동 전 준비

❶ 책상을 모둠 형태로 배치한다.

❷ 교실을 돌아다니면서 친구들과 만나 인사를 나누고, 친구들의 이름과 목소리를 기억한다.

- 인사를 할 때는 자신의 이름을 소리내어 전달한다.

  (예: "안녕 내 이름은 성근이야.")

활동 방법

❶ 도전자 1명과 지목 역할을 할 학생 1명을 뽑는다.

- 도전자는 칠판 앞에 나가서 친구들을 등지고 서서 눈을 감는다.

❷ 지목 역할을 맡은 학생은 도전자가 알지 못하게 학생 1명을 지목한다.

❸ 지목받은 학생은 자연스럽게 도전자 이름을 부른다.

- 이름은 목소리를 변조하지 않고 평소 목소리로 또박또박 부른다.

❹ 도전자는 목소리로 누가 자신을 불렀는지 맞힌다.

- 정답을 모르면 찬스를 1회 사용할 수 있다.
- 도전자가 찬스를 사용하면 지목받은 학생은 도전자의 이름을 한 번 더 부른다.

❺ 도전자가 답을 말하면 정답 여부와 상관없이 다 같이 도전자에게 박수를 보낸다.

❻ 정해진 시간이 될 때까지 도전자와 지목 역할을 바꿔가며 놀이를 이어 나간다.

활동 TIP
- 고학년은 목소리 위치로 정답을 맞힐 수도 있다. 따라서 도전자가 눈을 감으면 자리를 무작위로 바꾸고 놀이를 시작하는 것이 좋다.
- 상황에 따라서는 지목 역할을 교사가 할 수도 있다.

182 가위바위보 공기 놀이

기타 놀이

준비물
- 공깃돌 60알 이상
- 담긴 통
- (모둠 수)

영상 보러 가기

1. 여러 개의 공깃돌 모아 두고 선생님과 가위바위보 하여 공깃돌 나누기

이기면 : 3개 / 비기면 : 2개 / 지면 : 1개

가위바위보	하나 빼기 가위바위보	팔벌려 가위바위보
		 바위 / 가위 / 보

2. 나눈 공깃돌로 친구 만나 가위바위보 하기

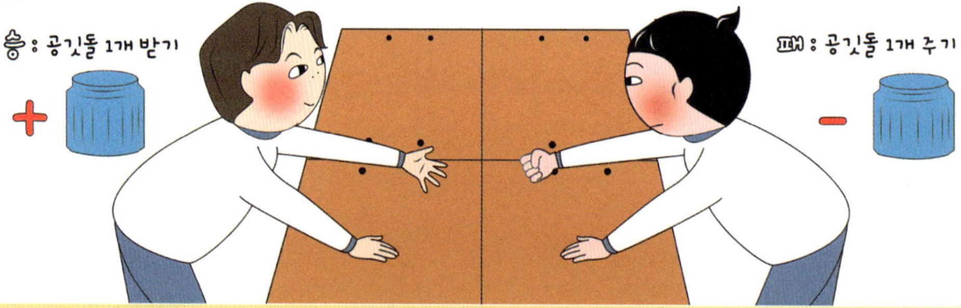

승 : 공깃돌 1개 받기   패 : 공깃돌 1개 주기

활동 전 준비

❶ 책상을 모둠 형태로 배치한다.
❷ 모둠별로 책상 가운데에 공깃돌을 60알 이상 놓는다.

활동 방법

❶ 모든 학생은 교사와 가위바위보를 한다.
❷ 가위바위보 결과에 따라 책상 위에 있는 공깃돌을 가져간다.
  - 이기면 3개, 비기면 2개, 지면 1개를 가져간다.
❸ 모둠 내에 있는 공깃돌을 모두 나눠 가지면 자유롭게 돌아다니며 다른 학생을 만나 가위바위보를 한다.
❹ 가위바위보에서 진 학생은 이긴 학생에게 공깃돌 1개를 준다.
❺ 정해진 시간이 됐을 때 공깃돌을 가장 많이 가지고 있는 학생이 승리한다.

활동 TIP

- 일반 가위바위보 대신 변형 가위바위보를 활용해도 좋다. (예: 하나 빼기 가위바위보, 팔 벌려 가위바위보 등)
- 모둠 내에서 나눠 가질 공깃돌이 부족할 수 있으므로 가능한 한 많은 수의 공깃돌을 확보하고 놀이를 시작한다.

기타 놀이

준비물
- 공깃돌 1통
(모둠당 1개)

영상 보러 가기

183 공깃돌 제로 놀이

1 공깃돌 하나에 손가락 하나씩 대고 있기

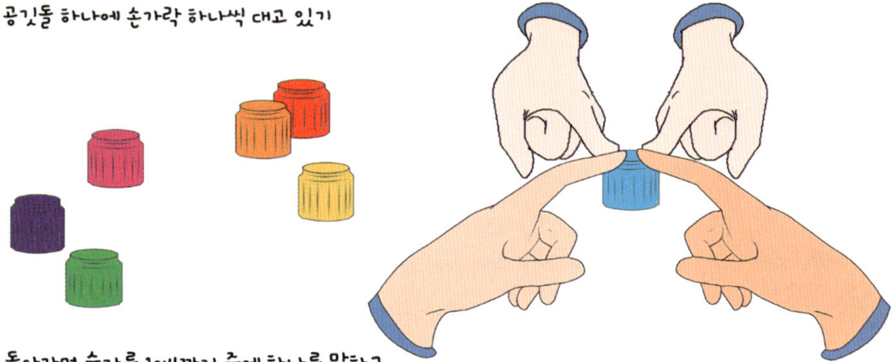

2 돌아가며 숫자를 1~4까지 중에 하나를 말하고
말한 숫자와 공깃돌에 붙어 있는 손가락의 수가 같으면 공깃돌 1개씩 가지고 가기

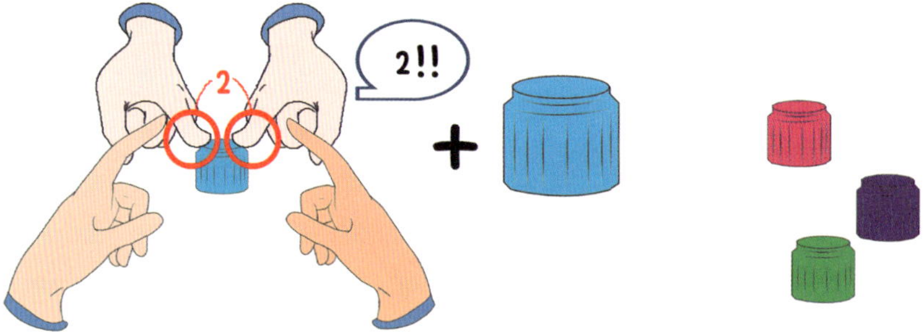

2!!

활동 전 준비

❶ 책상을 모둠 형태로 배치한다.
❷ 모둠별로 공깃돌을 1통씩 나눠 준다.

활동 방법

❶ 모둠 안에서 1번부터 4번까지 순서를 정한다.
❷ 책상 가운데에 공깃돌 1개를 놓는다.
❸ 공깃돌 위에 4명의 모둠원 모두 검지 끝을 올려놓는다.
❹ 1번부터 공격을 시작한다.
  - "하나, 둘, 셋!"을 외친 후 0부터 4까지 원하는 숫자를 말한다.
❺ 공격하는 학생이 말한 숫자만큼 공깃돌 위에 검지가 붙어 있으면 성공이다.
  - 성공하면 공격하는 학생이 공깃돌을 가져가고, 기회는 다음 학생에게 넘어간다.
  - 실패하면 공격하는 학생은 공깃돌을 가져갈 수 없으며, 기회는 다음 학생에게 넘어간다.
❻ 정해진 시간이 될 때까지 순서에 맞게 놀이를 반복한다.
❼ 정해진 시간이 됐을 때 공깃돌을 가장 많이 가지고 있는 학생이 승리한다.

활동 TIP

- 성공한 숫자만큼 공깃돌을 가져가는 방식으로 놀이를 진행하는 것도 가능하다. (예: "셋"을 외쳐서 성공하면 공깃돌 3개 가져가기)

기타 놀이

준비물
- 물병 2개

184 물병 따라 하기 놀이

2줄로 서서 왼쪽 줄은 왼손, 오른쪽 줄은 오른손 움직임 따라 하기

물병 움직임 예시

인사하기

안아 주기

점프하기

활동 Tip!!
양 손의 움직임을 다르게 하여 긴장감을 준다!

활동 전 준비

❶ 책상과 의자를 밀고 공간을 넓게 확보한다.
❷ 학생들을 두 팀으로 나눈다.

활동 방법

❶ A팀은 두 줄로 서고, B팀은 교실 한쪽에서 대기한다.
❷ 교사는 양손에 물병을 1개씩 든다.
❸ 물병은 학생을 뜻한다. 학생들은 물병의 움직임을 보고 그대로 따라 한다.
  - 오른쪽 물병이 움직이면 오른쪽에 서 있는 학생들이 움직인다.
  - 왼쪽 물병이 움직이면 왼쪽에 서 있는 학생들이 움직인다.
  - 물병이 위로 올라가면 물병이 내려올 때까지 학생들은 멈추지 않고 계속 점프를 해야 한다.
❹ 정해진 시간이 되면 B팀도 같은 방식으로 놀이를 진행한다.

활동 TIP

- 교사는 점프, 앉기, 한 바퀴 돌기, 좌우로 인사, 앞뒤로 인사, 좌우 자리 바꾸기 등 다양한 움직임을 제시하여 놀이가 흥미진진해질 수 있도록 한다.
- 학생들이 놀이에 충분히 적응되었으면 교사 역할을 할 학생을 따로 뽑아서 놀이를 진행하는 것도 좋은 방법이다.

185 물병 세우기 빙고 놀이

기타 놀이

준비물
- 물병 (모둠 수)

영상 보러 가기

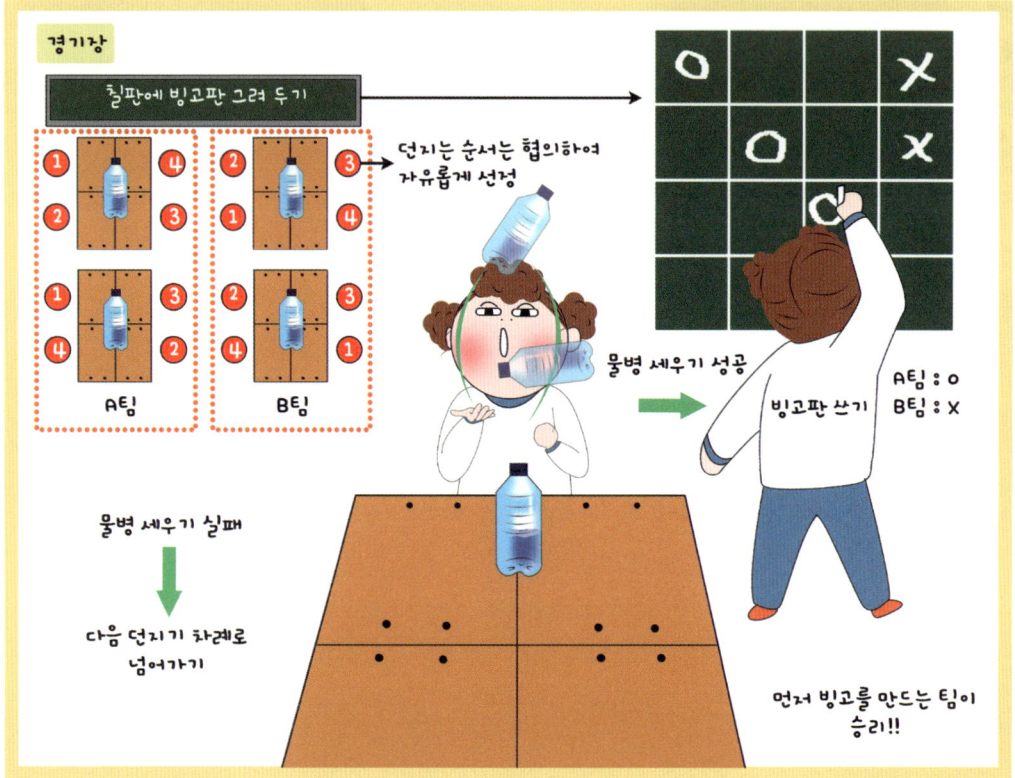

활동 전 준비

❶ 책상을 모둠 형태로 배치한다.
❷ 칠판에 4×4 빙고판을 그린다.

활동 방법

❶ 1, 2 모둠을 합쳐서 A팀을 만들고, 3, 4 모둠을 합쳐서 B팀을 만든다.
❷ 모둠 내에서 물병을 던질 순서를 정한다.
❸ 모둠 내에서 순서대로 물병 던지기를 시도한다.
❹ 물병 세우기에 성공하면 빙고판에 O, X 등으로 자기 팀 표시를 한다.
❺ 물병 세우기에 실패하면 모둠 내 다음 순번의 학생에게 물병을 넘긴다.
❻ 먼저 정해진 빙고 수를 만드는 팀이 승리한다.

활동 TIP

- 물병 속 물의 양을 조정하여 물병 세우기 난이도를 조절한다.
- 종이와 사인펜을 사용하면 개인전으로 놀이 진행이 가능하다.
  - 모둠 내에서 2인 1조를 만든다.
  - 물병, 종이, 사인펜을 조의 수만큼 준비한다.
  - 조별로 종이에 4×4 빙고판을 만든다.
  - 같은 조 내에서 도전 순서를 정한다.
  - 순서에 맞게 서로 번갈아 가면서 물병 세우기에 도전한다.
  - 물병 세우기에 실패하면 빙고판에 표시를 할 수 없고 상대방에게 기회가 넘어간다.
  - 물병을 세우면 빙고판에 O, X 등으로 자신만의 표시를 한다.
  - 정해진 빙고 수를 먼저 만드는 학생이 승리한다.

기타 놀이

준비물
- 12색 색연필
  (조당 1개)

영상 보러 가기

186 색연필 먼저 잡기 놀이

1 책상 중앙에 색연필을 깔아 두고 대결하는 학생들은 마주 보기

2 심판 보는 학생이 부르는 색의 색연필을 먼저 가지고 가는 사람이 점수 획득!!

남!!!

5등1~!!

빛보다 빠르게 샤샤샥!!

뭐...뭐가 지나갔지??

활동 전 준비

❶ 책상을 모둠 형태로 배치한다.
❷ 학생들은 4인 1조를 만든다.
❸ 조별로 12색 색연필 1세트를 준비한다.
❹ 12색 색연필을 책상 위에 일렬로 배치한다.

활동 방법

❶ 조 내에서 먼저 놀이에 참여할 2명을 뽑는다.
- 나머지 2명 중 1명은 놀이를 진행하고, 1명은 심판 역할을 한다.

❷ 놀이를 진행하는 역할을 맡은 학생은 "하나, 둘, 셋!"을 외친 후에 색연필 색 중 하나를 말한다. (예: "하나, 둘, 셋, 파랑!")

❸ 놀이에 참여하는 2명 중 먼저 해당 색의 색연필을 잡는 학생이 승리한다.
- 승리한 학생은 색연필을 가져간다.
- 둘이 동시에 색연필을 잡으면 가위바위보로 승자를 가린다.

❹ 12개 색연필이 모두 없어질 때까지 놀이를 계속한다.
❺ 놀이가 끝났을 때 색연필을 더 많이 가지고 있는 학생이 승리한다.
❻ 정해진 시간이 될 때까지 역할을 바꿔 가며 놀이를 계속한다.

활동 TIP

- 저학년은 경기 규칙 이해를 돕기 위해 연습 놀이를 한 후에 본 놀이를 진행하는 것이 좋다.
- 손톱이 길면 상대방을 다치게 할 수 있으므로 놀이 시작 전 손톱이 긴 학생이 있는지 확인한다.
- 시간에 여유가 있다면 각 조의 이긴 학생끼리 승자전을 진행하고 진 학생끼리 패자전을 진행한다.
- 색연필이 없으면 사인펜 등 색이 있는 다양한 물건으로 놀이를 진행해도 된다.

기타 놀이

준비물
- 사인펜 (학생 수)

영상 보러 가기

187 손끝 사인펜 협동 놀이

사인펜 잡기

한 손가락 끝으로 양쪽에서 협동하여 사인펜 들기

1. 손가락으로 옆 사람과 사이사이에 사인펜을 들고 둥글게 서기

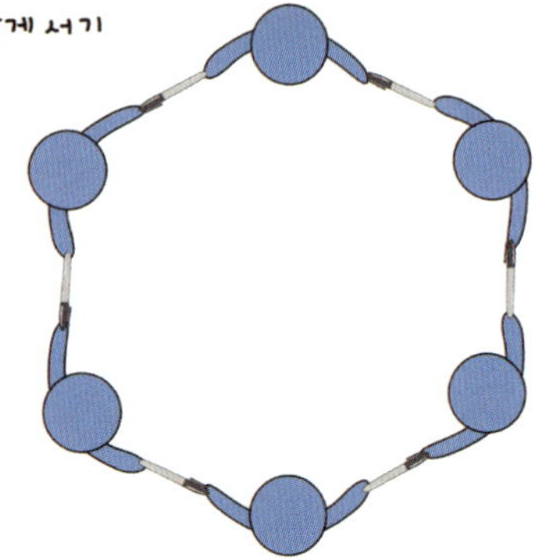

2. 사인펜을 떨어뜨리지 않고 한 바퀴 돌기

3. 사인펜을 떨어뜨리지 않고 다 같이 제자리에서 앉았다 일어나기

활동 전 준비

❶ 학생들은 각자 사인펜 1개를 준비한다.
❷ 학생들은 6인 1팀을 만든다.

활동 방법

❶ 같은 팀 2명이 한 손가락 끝으로 양쪽에서 협동하여 사인펜을 든다.
❷ ❶과 같은 방법으로 모든 팀원이 손가락으로 옆 친구 사이사이에 사인펜을 들고 둥글게 원을 만들어 선다.
❸ 사인펜이 떨어지지 않게 팀원과 협동하여 천천히 한 바퀴 회전한다.
❹ 한 바퀴 회전 후에 팀원과 동시에 제자리에서 앉았다가 일어선다.
❺ ❷, ❸번 과정에서 사인펜이 떨어지면 처음부터 다시 도전한다.
❻ 모든 팀이 도전에 성공하면 놀이를 종료한다.

활동 TIP

- 학기 초에 친구들과 어색함을 풀기 위한 용도로 활용하기 좋은 놀이이다.
- 빠르게 성공하려다가 사인펜이 떨어져서 오히려 더 늦어질 수 있으므로 침착하게 하는 것이 중요하다는 것을 지도한다.
- 이 놀이는 다른 팀보다 빠르게 성공하는 것이 목적이 아니라 팀원과 협동하는 방법을 배우고 즐겁게 협동하며 공동의 목표를 달성하는 것이 목적이라는 것을 지도한다.
- 팀당 인원수를 조정하여 놀이의 난이도를 조절한다. 팀당 인원수가 많아질수록 놀이의 난이도는 올라간다.

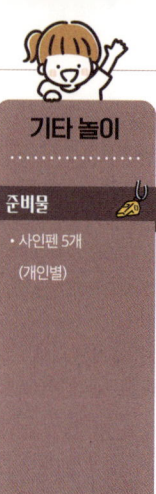

188 손가락 사인펜 놀이

기타 놀이

준비물
- 사인펜 5개
  (개인별)

영상 보러 가기

활동 전
- 손가락 번호 정하기
- 사인펜 잡기 연습

활 동
교사가 말하는 번호의 손가락으로만 사인펜 잡기

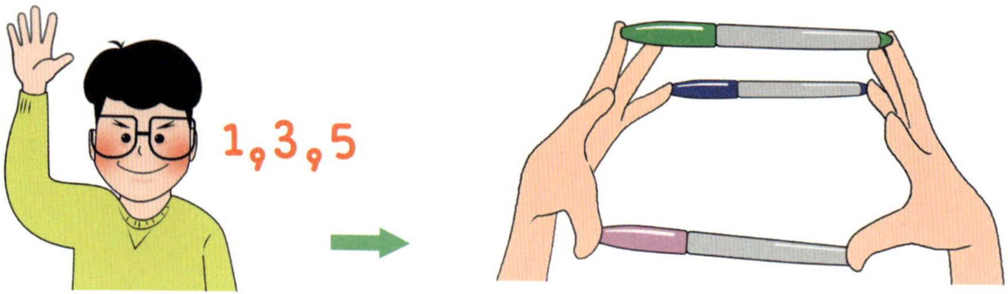

1, 3, 5

저학년은 잡는 놀이로, 중-고학년은 경쟁 놀이로 변형 가능!

활동 전 준비

❶ 책상을 모둠 형태로 배치한다.

활동 방법

❶ 손가락에 번호를 정한다.
(예: 엄지손가락 - 1, 검지 - 2, 중지 - 3, 약지 - 4, 새끼손가락 - 5)

❷ 연습할 때는 양손의 엄지손가락, 검지, 중지, 약지, 새끼손가락을 모두 활용하여 사인펜을 잡는다.

❸ 연습이 끝난 후 교사가 말하는 번호의 손가락으로만 사인펜을 잡는다.

❹ 교사와의 활동이 끝난 후에는 모둠별로 활동한다.
 - 모둠별로 손가락 번호를 말할 학생을 1명 뽑는다.
 - 손가락 번호를 말하면 그 번호의 손가락으로만 사인펜을 잡는다.

활동 TIP

- 저학년은 특별한 경쟁 없이 단순히 사인펜을 잡는 활동만으로도 놀이가 된다.
- 중, 고학년은 모둠 내 경쟁 활동, 모둠 간 경쟁 활동, 전체 경쟁 활동 등의 형식으로 진행하면 더 재미있게 놀이를 즐길 수 있다.
- 경쟁 활동은 지정된 손가락에 사인펜을 더 빨리 끼우는 형식으로 진행한다.

189 탈락 없는 눈치 놀이

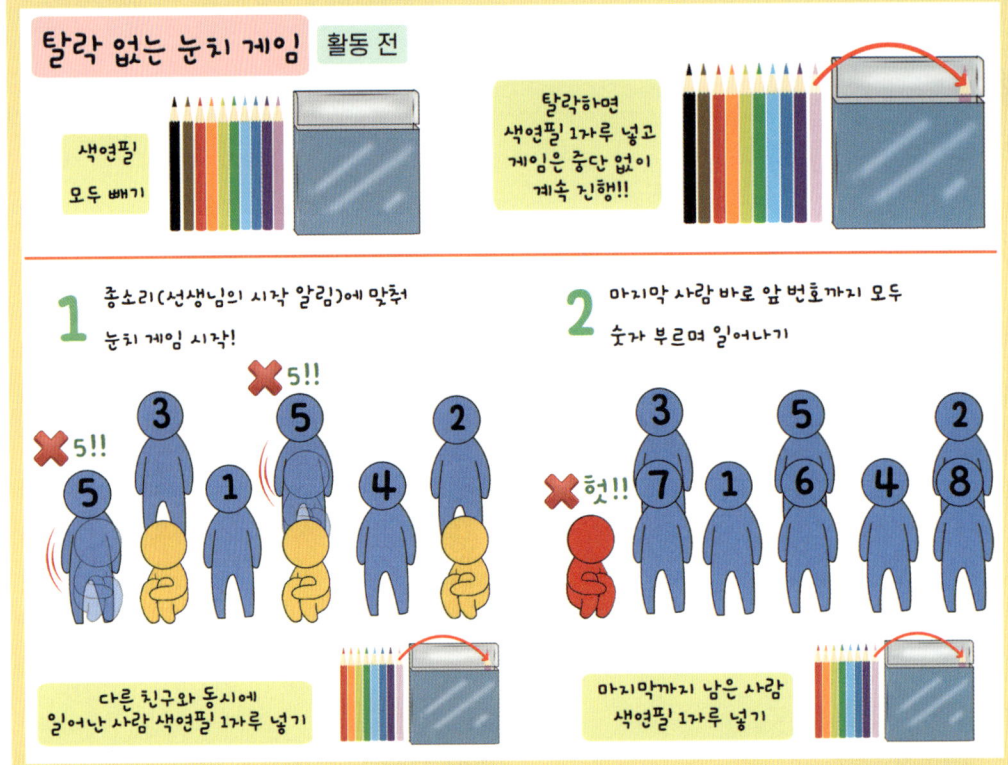

활동 전 준비

❶ 학생들은 각자 자기 자리에 앉는다.
❷ 책상 위에 색연필 12개를 가지런히 모아 놓는다.

활동 방법

❶ 교사의 시작 신호와 함께 순서에 맞게 큰 소리로 숫자를 부르며 일어난다.
❷ 중간에 실패한 학생이 생기면 그 학생은 자리에 앉고, 그 지점부터 놀이를 이어 나간다.
  - 예를 들어 5에서 2명이 동시에 일어나면 그 2명만 자리에 앉고 5부터 놀이를 이어 나간다.
  - 만약 6을 외쳐야 하는데 7을 외치며 일어난 학생이 있으면 그 학생만 자리에 앉고 6부터 놀이를 이어 나간다.
❸ 자리에 앉은 학생은 색연필을 제거한 후에 놀이에 다시 참여할 수 있다.
❹ 마지막 1명이 남을 때까지 놀이를 이어 나간다.
  - 예를 들어 학급에 10명의 학생이 있으면 9명이 일어나고 1명이 남을 때까지 놀이를 진행한다.
❺ 마지막에 남은 학생은 책상에서 자신의 색연필 1개를 제거한다.
❻ 놀이가 끝났을 때 색연필을 가장 적게 제거한 학생이 승리한다.

활동 TIP

- 학생 1명에게 주어진 몫의 개수를 줄이거나 늘리면서 놀이의 난이도를 조절한다.
- 색연필이 없으면 사인펜, 지우개 등 몫을 표현할 수 있는 다른 물건을 활용하여 놀이를 진행한다.

190 무게 맞추기 협동 놀이

기타 놀이

준비물
- 전자저울
  (모둠 수)

영상 보러 가기

무게 익히기

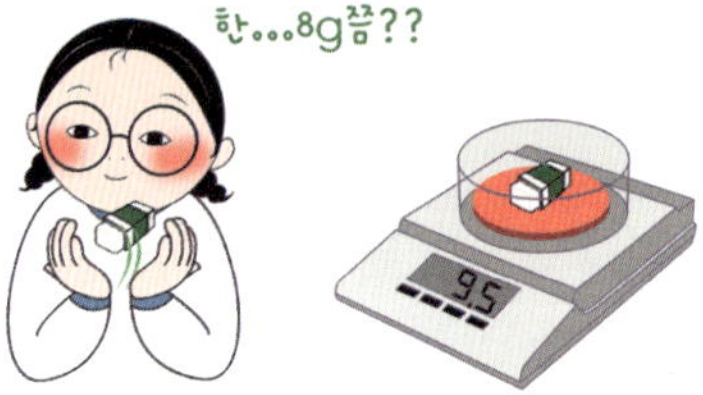

한...8g쯤??

손으로 무게 들어 예측해 보고
저울로 무게가 얼만큼 되는지 익히기

1 선생님이 말하는 목표 무게 확인하기

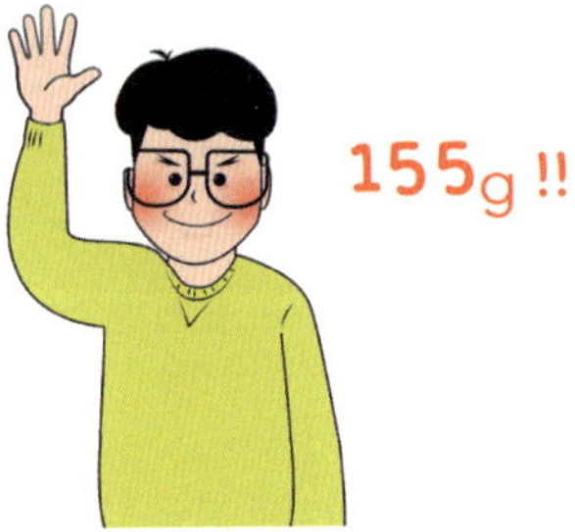

155g !!

2 팀원들의 물건을 조합하여 목표 무게 만들기

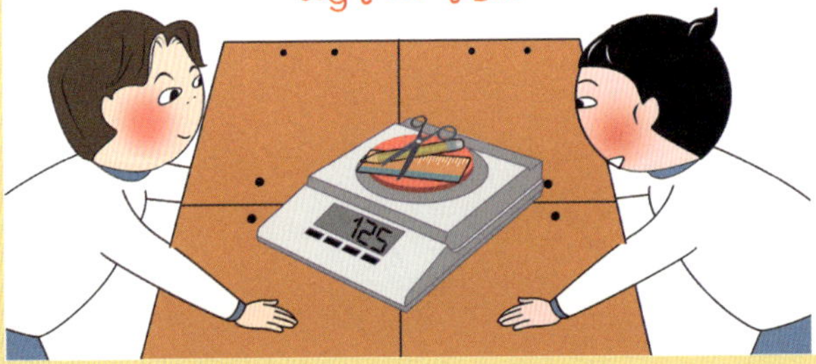

앗!! 125!!!
30g만 더하면 돼!!

3 목표 무게를 만든 팀은 성공!!

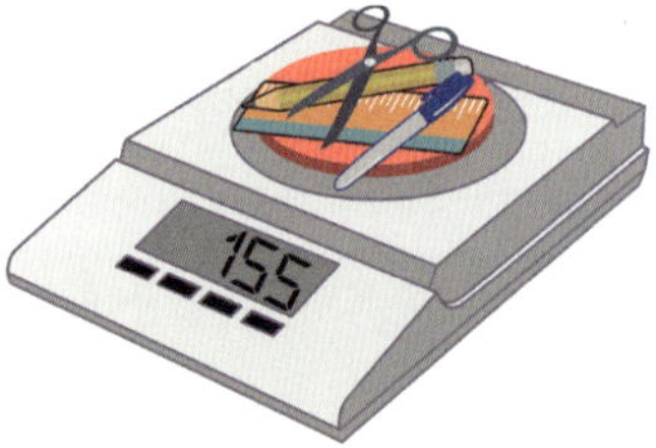

활동 전 준비

1. 책상을 모둠 형태로 배치한다.
2. 각 모둠 책상 위에 전자저울 1개를 놓는다.

활동 방법

1. 놀이를 시작하기 전 각자 무게 감각을 익히는 시간을 갖는다.
   - 물건을 들어서 무게를 예상하고, 자신의 예상이 맞는지 전자저울을 통해 확인하는 작업을 여러 번 반복한다.
2. 놀이가 시작되면 교사는 칠판에 목표 무게를 크게 적는다.
3. 목표 무게에 맞게 전자저울에 물건을 올린다.
   - 펜, 지우개, 교과서 등 다양한 물건을 활용한다.
4. 교사가 제시한 목표 무게를 만들면 성공이다.
5. 목표 무게를 바꿔 가며 놀이를 진행한다.

활동 TIP

- 놀이를 통해 무게에 대한 감각을 익히면서 동시에 모둠원 간에 협동심을 기를 수 있도록 지도한다.
- 제한 시간을 두고 가장 빠르게 목표 무게를 만드는 모둠이 승리하는 방식으로 놀이를 진행할 수도 있다.

미리 준비하는 신학기 필수 노트 15종

「선생님 도움 필요없는 #학생_자율노트 모음전」　N 쑹쌤교육연구소

글이랑 노트 (문해력 & 주제 글쓰기)
#교과__어휘 #주제__글쓰기 #맞춤법+속담

책이랑 (독서 달력 + 독후 활동)
#매일기록 #독서놀이+활동

한 줄 독후감 (독서 통장)
#100권__도전 #생각적기

수랑 노트 (아침 수학)
#아침__수학 #친절한__수학 #학생__자율

가로 15칸 × 세로 10칸 한글 쓰기
#받아쓰기 #한글쓰기

안전 지킴이 알림장
#96개__안전 #글씨점수

인생 노트
#기본생활습관

초등학교 학생과 선생님을 위한 추천 도서

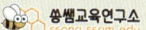

국수사과 어휘 초성 퀴즈 365
새 초등교육과정 필수 어휘 반영

초등학생의 어휘력과 문해력 향상을 위해 현직 초등교사가 현장의 경험을 바탕으로 직접 집필하였습니다. 교실에서 학생들과 함께한 경험을 토대로 학생들이 어려워하는 어휘를 골라, 학생들이 어휘를 쉽게 이해하고 활용하도록 그림과 예문이 함께 구성되어 있어 초등학생뿐만 아니라 교사와 학부모에게도 학생의 교육에 활용할 수 있습니다.

글: 송성근 서민지 선주리 | 그림: 김서리 | 22,000원

바른 인성 습관 365
인성이 미래다!

초등학생의 올바른 인성 형성을 목표로 현직 초등교사가 교실 현장에서 직접 경험한 내용에 기반하여 집필하였습니다. 삶에서 꼭 필요한 인성 요소들을 뽑아 이해하기 쉽게 글을 썼고, 각 장마다 삽화를 넣어 학생들이 재미있게 읽을 수 있게 구성하였습니다. 또한, 학생들이 읽은 바를 실생활에 적용하면서 인성을 기를 수 있도록 교실에서 자주 일어나는 다양한 상황을 담았습니다.

글: 송성근 김휘진 서민지 | 그림: 해파리 | 22,000원

놀이와 함께하는 인성 컬러링북
즐거움 레고 학교 영상과 컬러링 활동의 자율 인성 함양 프로젝트

20가지 놀이 상황과 관련한 인성 요소를 학생 눈높이에 맞춰 재미있는 활동으로 묶었습니다. 놀이 전 인성 교육을 통해 문제 상황을 적극적으로 예방할 수 있으며, 다양한 활동거리로 혼자서도 재미있게 인성 교육을 할 수 있습니다. 놀이 중 돌발 상황이 발생했을 때 어떻게 말하고 행동하는 것이 올바른지 스스로 생각해 볼 수 있는 인성 실천 길잡이입니다.

글: 송성근 김서리 레고학교 | 8,000원

컬러링과 함께하는 입체 미술 종이접기
초등 저학년부터 어른신까지 모두가 좋아하는

단순한 컬러링을 넘어 색칠하고 오리고 붙여 입체 미술 작품을 만들 수 있습니다. QR코드를 스캔하여 제작 영상을 보며 누구나 쉽게 다양하고 멋진 미술 작품을 만들 수 있습니다. 또한, 미술 활동을 통해 특별한 날을 더욱 특별하고 재미있게 보낼 수 있습니다. 무엇보다 연필, 지우개, 가위, 풀, 색연필 등 기본 용품 외의 추가 준비물이 없어 언제 어디서든 부담 없이 미술 활동을 할 수 있습니다.

글 그림: 송성근 김서리 | 8,000원

선생님이 들려주는 인생 수업 190
아이들의 하루를 채우는 성장과 지혜의 이야기

현직 초등교사들이 학사 일정을 바탕으로 수업 중에, 쉬는 시간에 그리고 친구와의 관계 속에서 아이들이 맞닥뜨리는 다양한 상황에 대한 이야기를 모았습니다. 또한, 학교생활에 국한하지 않고 삶 전반에 걸쳐 의미를 찾을 수 있는 조언과 통찰을 함께 담았습니다. 190일의 수업 일수에 맞춰 구성되어 매일 한 쪽씩 그날의 이야기를 함께 읽다 보면, 짧지만 깊은 이 글들이 하루의 작은 쉼표가 되고, 스스로를 돌아보는 시간이 될 것입니다.

글: 송성근 김휘진 서민지 정수민 | 그림: 해파리 | 19,000원

알짜배기 교직 실무의 모든 것!
학교 현장에 꼭! 필요한

본책의 연수 과정은 교직 생활에 필요한 학사 및 인사 실무, 교육 관련 법규 및 학교 조직, 교육과정과 수업, 평가, 학급 경영, 학생생활지도, 학부모 관계 등 다양한 분야의 내용을 담고 있습니다. 본 과정은 질 높은 교육 활동을 진행할 수 있도록 구성, 다양한 정보 습득은 물론 교직 실무 업무에 대한 이해도를 높일 수 있으며, 교직 실무 핵심 내용을 통해 교원으로서의 업무 및 학생 교육에 대한 전문성 또한 높일 수 있습니다.

글: 이강길 홍종기 천경호 박상준 조현빈 하우영 | 기획: 송성근 | 25,000원

교사들을 위한 쉼표, 그리고 숨표
재미있는 맘껏껏 오페라 클래식 이야기

본책과 연수에서는 오페라와 뮤지컬의 줄거리 및 대표 수록곡으로 각 작품을 이해할 수 있고, 실제 공연 연출과 출연 배우를 통해 작품을 분석하며, 작품의 탄생부터 공연 뒷이야기까지 깊이를 더합니다. 또한, 바로크부터 현대까지 음악사 흐름에 따라 클래식 작곡가와 대표곡을 배우다 보면 자신만의 클래식 취향을 알게 되며, 특별편을 통해 오케스트라 악기의 특징과 클래식 공연 관람 방법까지 배워 음악적 소양을 넓히고 클래식을 즐길 수 있게 될 것입니다.

글: 김효민 | 18,000원

준비부터 마무리까지 초등 영어 수업의 모든 것
학생과 선생님 모두 즐거운 참여형 수업 활동 가이드북

현직 초등 영어교사의 영어 수업 경험과 노하우를 담은 실전형 가이드북입니다. 영어교사의 역할과 요건을 시작으로 수업 단계별 운영 방법 및 학생 참여형 활동을 어떻게 설계하고 이끌어야 하는지를 구체적으로 안내합니다. 특히 각 차시에 맞는 수업 흐름과 활동 예시는 물론, 수업 전략 수립, 교실 영어 표현, TEE, 차시별 수업 구성 등 실전에 바로 적용 가능한 내용으로 구성되어 있습니다.

글: 조성호 | 20,000원